IL LIBRO DELLA SCIENZA

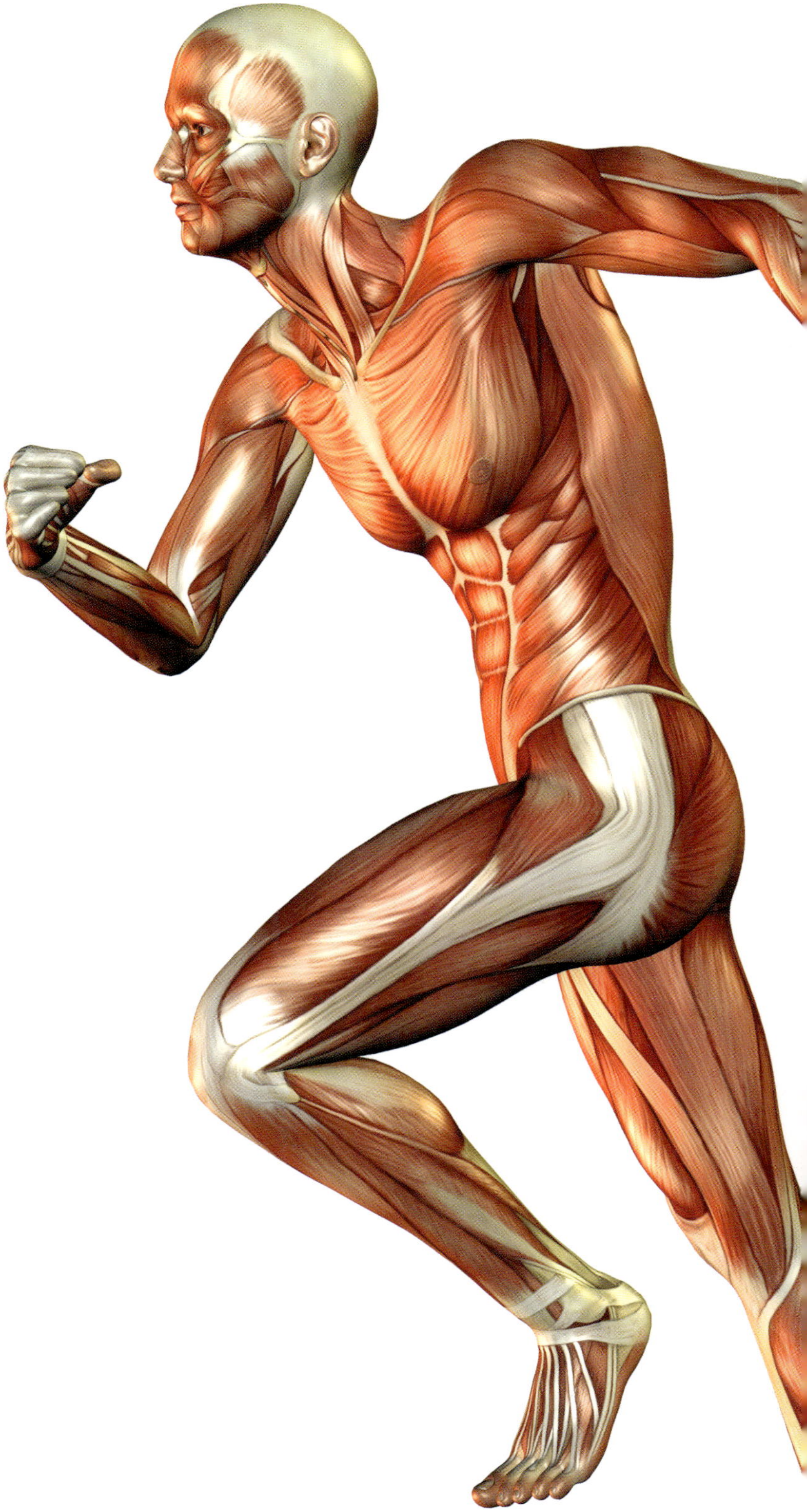

EDICART è un marchio EDICART Style
Via Jucker, 28 - Legnano (MI) - Italia
Titolo originale: *The Science Book*
Traduzione dall'inglese di *Mirta Cimmino*

www.edicart.it

IL LIBRO DELLA SCIENZA

A cura di
John Farndon
Ian Graham
Clint Twist
Clive Gifford
Steve Parker

EDICART

Indice

Scoperte incredibili **6–41**

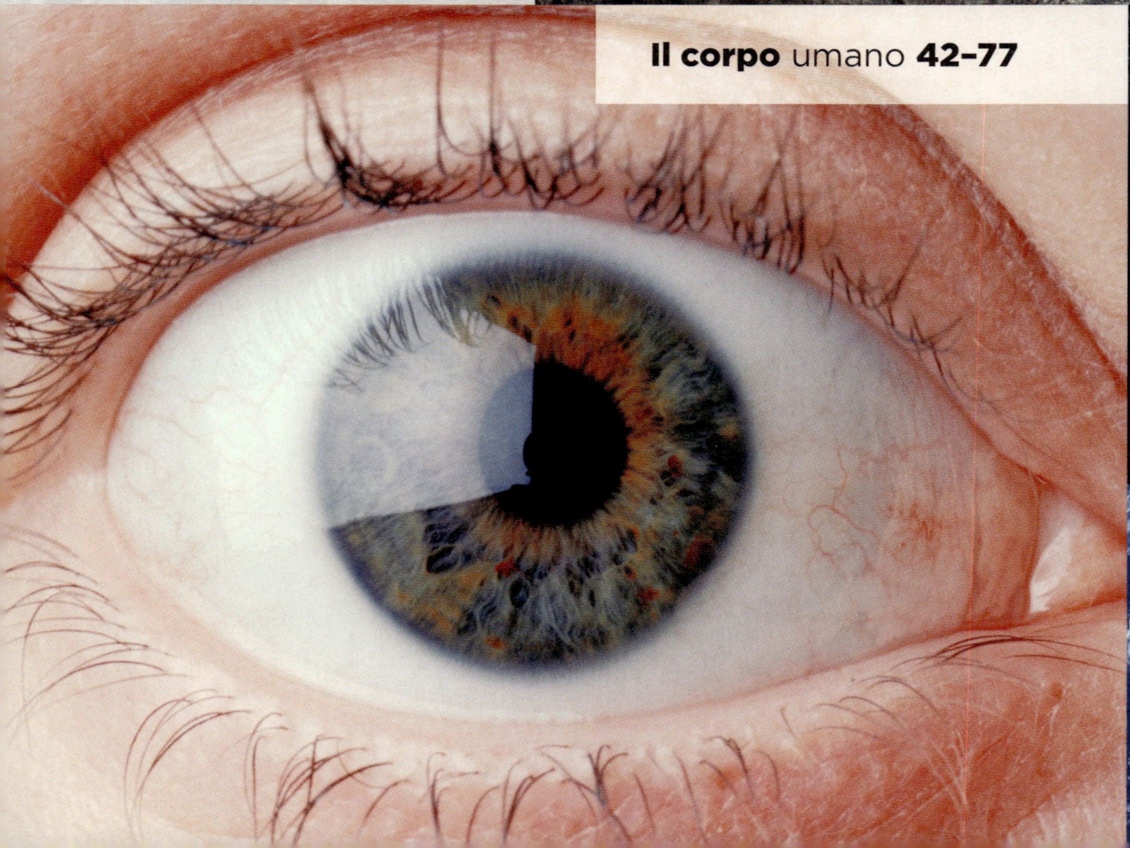

Il corpo umano **42–77**

Materiali sorprendenti **78–113**

Universo sconfinato **114–149**

Indice analitico **150**

Referenze fotografiche **158**

Scoperte INCREDIBILI

Un viaggio attraverso le scoperte che hanno cambiato il mondo e le rivelazioni che la scienza ci offre sul nostro straordinario Universo.

Big Bang 8
Scontri chimici 10
Materiali portentosi 12
Gelo totale 14
Caldo rovente 16
Universo gigantesco 18
Megaidee 20
Micromondo 22
Microzoo 24
Luce fantastica 26
Condizioni estreme 28
Che forza! 30
Strane menti 32
Buchi neri 34
Un enorme mistero 36
Energia sprigionata 38
Com'è nato l'Universo 40

◀ Ingrandendo la testa di un piccolo moscerino della frutta tramite un potente microscopio elettronico a scansione (SEM), si possono osservare le 800 lenti che formano ciascuno dei suoi occhi composti.

Big BANG

Le esplosioni sono gli eventi più potenti dell'Universo, in grado di far saltare in aria improvvisamente qualsiasi cosa, dalle rocce alle stelle giganti. Si verificano quando il calore, le reazioni chimiche o quelle nucleari causano una brusca e istantanea espansione di gas. Alcune colossali esplosioni, come quelle delle supernove e dei vulcani, sono fenomeni naturali, ma anche quelle provocate dall'uomo possono essere molto potenti.

Stelle esplosive

L'esplosione più grande dell'Universo è la supernova, che pone fine alla vita di una stella supergigante. Rimane visibile solo per una settimana, ma può essere vista in tutto l'Universo ed è luminosa quanto una galassia di 100 miliardi di stelle.

▼ La Nebulosa Granchio è quel che resta di una supernova osservata da alcuni astronomi cinesi nel 1054.

Buttalo giù!

Per demolire un edificio senza danneggiare ciò che lo circonda, gli ingegneri devono farlo implodere (cioè esplodere verso l'interno). Per farlo, posizionano cariche esplosive nei punti più deboli dell'edificio, poi le azionano seguendo un ordine preciso.

▲ Gli esperti devono posizionare gli esplosivi con molta cura per abbattere un edificio indesiderato, come questo condominio di 18 piani a Shenyang, in Cina.

Trappola mortale

Le mine terrestri sono bombe che vengono sepolte appena sotto la superficie del terreno. Contengono una sostanza chimica chiamata tritolo o trinitrotoluene (TNT) ed esplodono per detonazione: vengono attraversate da una potente onda d'urto che trasforma tutto il TNT in gas. Il gas si espande violentemente, provocando danni terribili. Il detonatore (un piccolo dispositivo interno) innesca l'esplosione. I detonatori sono progettati per attivarsi quando qualcuno calpesta la mina o guida un veicolo nelle vicinanze.

FORZA ESPLOSIVA

La potenza delle esplosioni si esprime spesso usando il peso equivalente di TNT.

ESPLOSIONE	POTENZA
1. Bomba a mano	85 g di TNT
2. Bomba della II guerra mondiale	2,7 kg di TNT
3. Bomba "anti-bunker"	1 ton di TNT
4. Bomba atomica di Hiroshima	15 kiloton di TNT
5. Bomba all'idrogeno	50 megaton di TNT
6. Eruzione del vulcano Toba	85 megaton di TNT
7. Supernova	1.000 trilioni di trilioni di ton di TNT

▶ L'intera parete rocciosa di una cava viene spazzata via da una serie di esplosioni simultanee.

Violenza vulcanica

Il VEI (Indice di Esplosività Vulcanica) valuta la potenza delle eruzioni vulcaniche in una scala da 0 a 8. L'eruzione del monte Sant'Elena del 1980 fu classificata come evento VEI-5. Quando il vulcano Toba, in Indonesia, eruttò circa 75.000 anni fa, il VEI era 8, cioè 10.000 volte più potente di quello dell'eruzione del monte Sant'Elena: fu una delle più grandi esplosioni mai avvenute sulla Terra.

▼ Le eruzioni vulcaniche sono le più potenti esplosioni naturali della Terra.

Esplosioni di rocce

Per far saltare in aria le rocce, nelle cave si usa la dinamite, inventata dal chimico svedese Alfred Nobel (1833–1896). Fu il primo esplosivo ad alto potenziale, ed è costituita da candelotti di segatura imbevuti di nitroglicerina e avvolti nella carta. La quantità di ossigeno contenuta nella nitroglicerina fa sì che questa esploda facilmente se riscaldata. Di solito, la fonte di calore è la corrente elettrica veicolata da un filo che attraversa la dinamite.

Scontri chimici

Quando una candela brucia, il metallo arrugginisce o una torta lievita in forno, si verifica una reazione chimica. Incontrandosi e reagendo, le sostanze chimiche si trasformano a vicenda, formandone di nuove. Ma non tutte le reazioni chimiche sono innocue.

ALL'INTERNO DEI 100 TRILIONI DI CELLULE CHE COMPONGONO IL NOSTRO CORPO AVVENGONO CONTINUAMENTE REAZIONI CHIMICHE: POSSONO ADDIRITTURA VERIFICARSENE PIÙ DI 400 MILIARDI AL SECONDO!

Bibite esplosive

Se immergi delle Mentos nella Coca-Cola, otterrai un'improvvisa fontana di schiuma. I due prodotti reagiscono chimicamente, creando in un attimo bolle di anidride carbonica che fanno zampillare la bibita. Anche altre sostanze formano bolle nelle bevande frizzanti, ma quelle contenute nelle Mentos rendono la reazione particolarmente violenta.

▲ Le Mentos sono coperte di piccoli pori che fungono da siti di nucleazione, cioè punti che favoriscono la formazione di gas.

▲ Reagendo con l'ossigeno nell'aria, l'acciaio arrugginisce, trasformandosi in ossido di ferro marrone e friabile.

Allarme acido

A causa della potenza con cui reagiscono, gli acidi forti sono sostanze chimiche pericolose. Essi contengono idrogeno, i cui atomi si scindono a contatto con l'acqua, liberando ioni altamente reattivi. Se versati sulla pelle, gli acidi possono provocare terribili ustioni, assorbendo l'acqua e generando molto calore. Gli acidi forti possono addirittura corrodere i metalli.

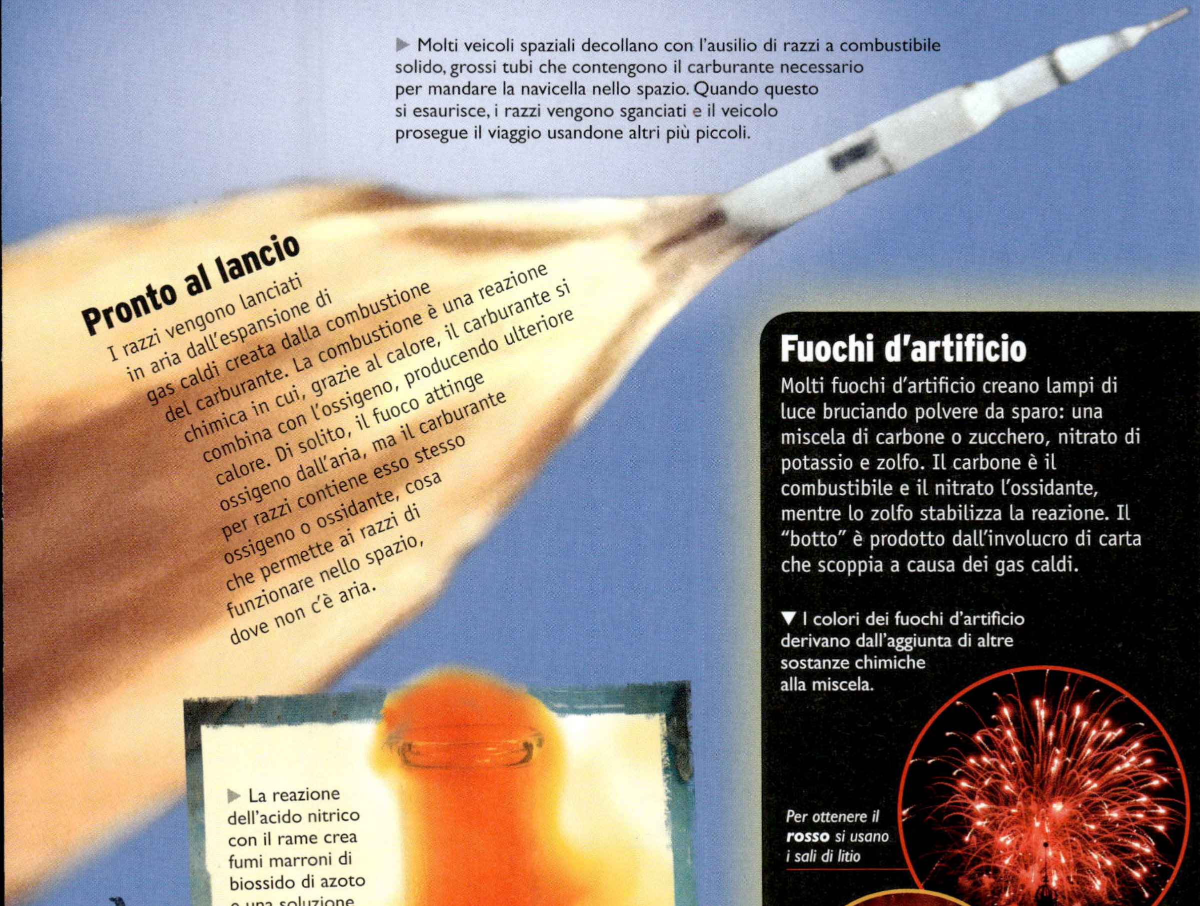

Molti veicoli spaziali decollano con l'ausilio di razzi a combustibile solido, grossi tubi che contengono il carburante necessario per mandare la navicella nello spazio. Quando questo si esaurisce, i razzi vengono sganciati e il veicolo prosegue il viaggio usandone altri più piccoli.

Pronto al lancio

I razzi vengono lanciati in aria dall'espansione di gas caldi creata dalla combustione del carburante. La combustione è una reazione chimica in cui, grazie al calore, il carburante si combina con l'ossigeno, producendo ulteriore calore. Di solito, il fuoco attinge ossigeno dall'aria, ma il carburante per razzi contiene esso stesso ossigeno o ossidante, cosa che permette ai razzi di funzionare nello spazio, dove non c'è aria.

La reazione dell'acido nitrico con il rame crea fumi marroni di biossido di azoto e una soluzione verde di nitrato di rame.

Dissoluzione del rame

Versando acido nitrico sul rame si produce una reazione sorprendente: il rame si dissolve formando una soluzione di nitrato di rame scura e verdastra e velenosi fumi marroni di biossido di azoto. Una volta diluita con acqua, la soluzione acquisisce un colore azzurrino.

Fuochi d'artificio

Molti fuochi d'artificio creano lampi di luce bruciando polvere da sparo: una miscela di carbone o zucchero, nitrato di potassio e zolfo. Il carbone è il combustibile e il nitrato l'ossidante, mentre lo zolfo stabilizza la reazione. Il "botto" è prodotto dall'involucro di carta che scoppia a causa dei gas caldi.

I colori dei fuochi d'artificio derivano dall'aggiunta di altre sostanze chimiche alla miscela.

*Per ottenere il **rosso** si usano i sali di litio*

*Per l'**arancione** i sali di calcio*

*Per il **blu** composti di rame*

*Per il **verde** composti di bario*

*Per il **viola** un mix di composti di stronzio e rame*

MATERIALI portentosi

In natura esistono materiali incredibilmente resistenti, come il diamante e la seta. Tuttavia, oggi gli scienziati ne creano di nuovi, interamente prodotti dall'uomo. Alcuni puntano sulla leggerezza, altri sulla forza, altri ancora su entrambe.

◀ Grazie alle fibre di carbonio, questa plastica è ottima per assorbire la pressione. La combinazione di forza e flessibilità conferisce alle aste usate dagli atleti una migliore capacità di spinta.

Flessibilità e forza

La plastica rinforzata con fibre di carbonio è un materiale creato in laboratorio. La plastica lo rende molto leggero, ma le fibre di carbonio garantiscono forza e flessibilità: queste caratteristiche ne fanno il materiale perfetto per l'asta utilizzata dai saltatori. Viene considerato un materiale "composito" per la combinazione di plastica e carbonio.

LE FIBRE DI CARBONIO PESANO UN QUARTO DELL'ACCIAIO E SONO QUATTRO VOLTE PIÙ RESISTENTI.

Leggerezza gelatinosa

Gli aerogel sono sostanze così leggere che sembrano quasi fluttuare. Si ottengono a partire dai gel, sostituendo il componente liquido con del gas. Oltre a rendere gli aerogel molto leggeri, il gas funge anche da barriera contro il calore.

▶ L'aerogel impedisce al calore della fiamma del bruciatore di raggiungere il fiore.

▶ Durante la missione LCROSS, un razzo con la punta di nitruro di boro in forma di wurtzite è stato fatto schiantare sulla Luna per analizzare la polvere sollevata.

Superforza

Il nitruro di boro in forma di wurtzite è il materiale più duro al mondo, persino più del diamante. È molto costoso e viene usato per produrre oggetti di durezza straordinaria, come le trivelle petrolifere e le bombe "anti-bunker".

Resistenza titanica

Le leghe si creano aggiungendo a un metallo altri elementi. Quelle di alluminio e magnesio sono resistenti e leggere, e vengono usate per costruire aeromobili. Tuttavia, il calore generato dai jet ad alta velocità potrebbe rivelarsi troppo elevato per le leghe di alluminio; perciò i jet più veloci, come l'F22 Raptor, sono realizzati con leghe di titanio, ancora più resistenti e leggere.

▲ Grazie alla fusoliera (parte principale) in lega di titanio super-leggera e super-resistente, l'*F22 Raptor* può volare a 2.400 km/h.

▶ Il *Seabreacher* è un sommergibile fatto di kevlar. È così leggero e potente da poter saltare fuori dall'acqua come un delfino.

Le fibre più dure

Nel 1961, la chimica della DuPont Stephanie Kwolek (1923-2014) scoprì come ottenere fibre a partire da sostanze chimiche liquide, come l'olio. Queste fibre, dette "aramidiche", sono molto forti: una di esse, il kevlar, è cinque volte più resistente dell'acciaio. Le sue applicazioni sono molteplici, dagli pneumatici per biciclette ai cavi di rinforzo per ponti sospesi.

▶ Le fibre di Kevlar (una forma modificata di nylon) sono incredibilmente resistenti per quanto leggere, e vengono utilizzate per i giubbotti antiproiettile.

GELO totale

Il punto di congelamento dell'acqua, cioè quello in cui si trasforma in ghiaccio, non è poi così freddo in confronto al clima che si registra in Siberia o in Antartide. Eppure, altri luoghi del Sistema solare fanno sembrare torrida anche l'Antartide, e in laboratorio si possono creare temperature capaci quasi di congelare persino gli atomi.

1 Gelo assoluto

La temperatura più fredda possibile è detta zero assoluto. Corrisponde a 0 Kelvin, equivalenti a –273,15 °C (–459,67 °F). A questa temperatura gli atomi non hanno energia e non vibrano più.

3 Boomerang glaciale

Temperature vicine allo zero assoluto possono essere ottenute solo in laboratorio, ma c'è almeno un posto nell'Universo che ci arriva molto vicino: in una nube di gas nota come Nebulosa Boomerang, infatti, pare che la temperatura raggiunga 1 K (–272,15 °C o –457,87 °F).

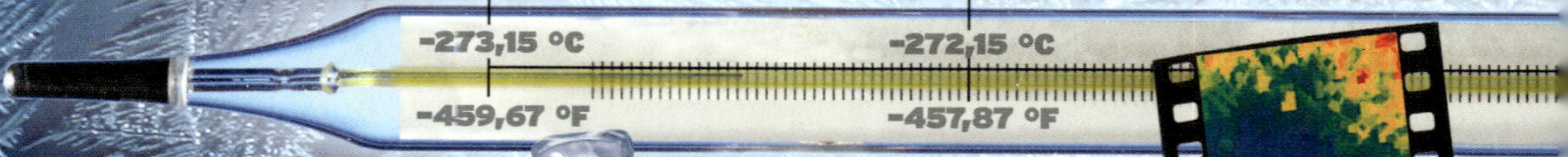

2 Freddo da record

Nel 2003 alcuni scienziati hanno raffreddato un gas di sodio raggiungendo la temperatura più bassa mai registrata sulla Terra: appena mezzo nanokelvin (mezzo miliardesimo di grado) sopra lo zero assoluto!

MISURAZIONI

Esistono tre diverse scale per misurare la temperatura. Di norma, si utilizzano i gradi Celsius (°C) o i Fahrenheit (°F). La formula per la conversione da °C a °F è piuttosto semplice: dividi per 5, moltiplica per 9 e aggiungi 32. Per passare da °F a °C, invece, sottrai 32, dividi per 9 e moltiplica per 5. Gli scienziati preferiscono usare la scala Kelvin, che funziona come la Celsius ma comincia in un punto diverso: mentre 0 °C è il punto di congelamento dell'acqua, 0 K (–273,15 °C o –459,67 °F) corrisponde allo zero assoluto.

Materia fredda

Una sostanza può presentarsi in uno dei tre stati (gassoso, liquido o solido) a seconda della temperatura. Ma a 17 nanokelvin sopra lo zero assoluto è possibile portare i gas a un altro stato, noto come condensato di Bose-Einstein (BEC). Gli atomi di un BEC hanno un livello di energia così basso che i fasci di luce che li attraversano si arrestano completamente.

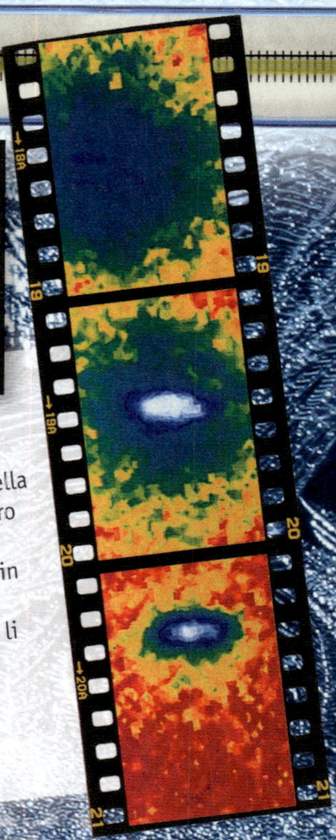

▶ Gli atomi di rubidio ultra-freddo (sopra) si condensano brevemente in un BEC (al centro) prima di evaporare nuovamente (sotto).

All'interno di questo recipiente, l'elio è stato raffreddato fino a farlo diventare liquido.

▶ Le temperature registrate in Antartide sono le più basse sulla Terra.

6 Stazione ghiacciata

La temperatura terrestre più fredda è stata di −89,2 °C (−128,6 °F), registrata il 21 luglio 1983 presso la base russa Vostok in Antartide.

4 Elio liquefatto

L'elio rimane allo stato gassoso anche a temperature molto basse. Diventa liquido solo a 4 K (−269 °C o −452,2 °F).

7 Brrrr!

Il 6 febbraio del 1933, in una delle città più fredde del mondo, Oymyakon, in Siberia, la temperatura precipitò a −67,7 °C (−90 °F).

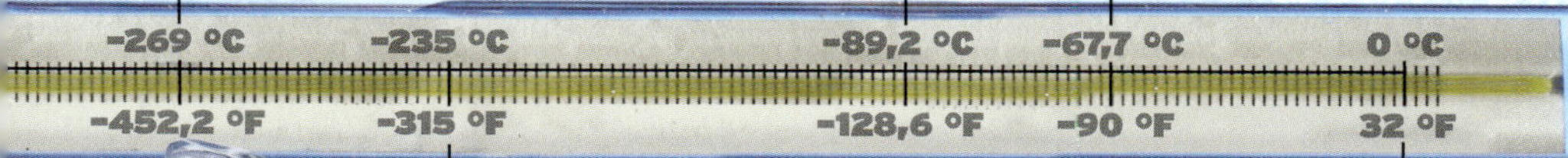

5 Gelida luna

Il luogo più freddo del Sistema solare è la luna di Nettuno, Tritone. È così lontana dal Sole da non ricevere alcun calore, e le sue temperature precipitano a −235 °C (−315 °F).

▼ Quando congela, l'acqua si espande e diventa meno densa: per questo gli iceberg galleggiano.

8 Congelamento!

Di norma l'acqua solidifica a 273,15 K (0 °C o 32 °F), diventando ghiaccio. L'aggiunta di sale o pressione la mantiene liquida a temperature leggermente più basse.

CALDO rovente

Il calore cresce di pari passo con l'aumento dell'energia. Il nostro corpo si riscalda grazie all'energia emessa dalle reazioni chimiche. Il Sole e le stelle traggono enormi quantità di calore dall'energia rilasciata quando gli atomi si fondono a causa della pressione nei loro nuclei.

▶ Sotto la coltre di nubi, la superficie di Venere è così calda da poter quasi fondere lo stagno.

3 In ebollizione

Il punto di ebollizione di un liquido è il più caldo che può raggiungere prima di diventare gas. Quello dell'acqua è a 100 °C (212 °F), ma sotto i geyser la pressione permette all'acqua di "surriscaldarsi" raggiungendo temperature più alte senza evaporare.

4 Calore in gabbia

La densa atmosfera di Venere intrappola il calore del Sole, portando le temperature superficiali a 480 °C (896 °F).

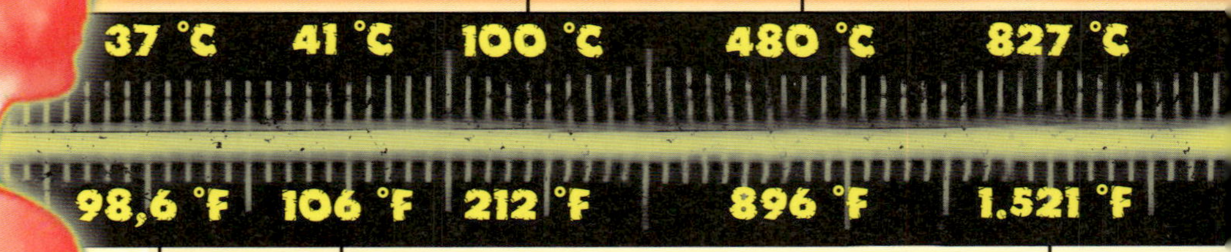

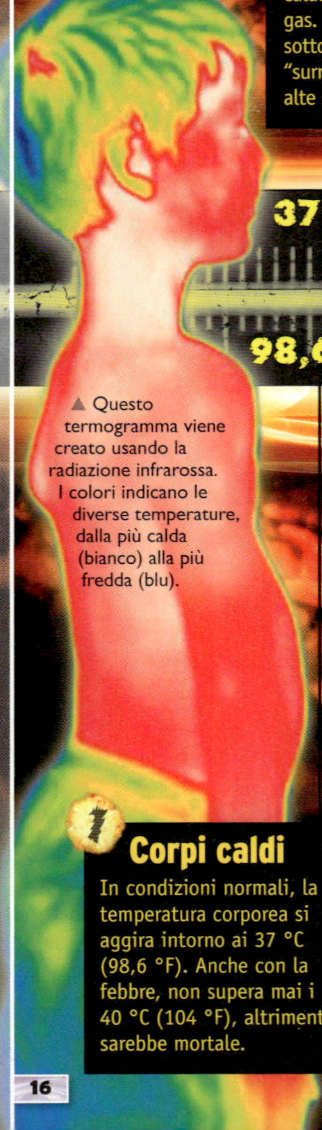

▲ Questo termogramma viene creato usando la radiazione infrarossa. I colori indicano le diverse temperature, dalla più calda (bianco) alla più fredda (blu).

2 Zone calde

A Dallol, in Etiopia, le temperature massime giornaliere hanno superato i 41 °C (106 °F) per sei anni tra il 1960 e il 1966!

5 Carboni ardenti

Quando brucia, il carbone può raggiungere gli 827 °C (1.521 °F).

◀ Queste pozze vulcaniche di acqua sulfurea si trovano in una delle regioni più calde della Terra: Dallol, in Etiopia.

1 Corpi caldi

In condizioni normali, la temperatura corporea si aggira intorno ai 37 °C (98,6 °F). Anche con la febbre, non supera mai i 40 °C (104 °F), altrimenti sarebbe mortale.

6 Metallo fuso

La maggior parte dei metalli fonde solo a temperature molto elevate, perché i legami tra gli atomi sono molto forti. Alcuni acciai fondono a 825 °C (1.517 °F), mentre il tungsteno arriva solo a 3.410 °C (6.170 °F).

8 Stella blu

La stella più calda dell'Universo è Eta Carinae. La sua superficie supera i 40.000 °C (72.000 °F), ed è per questo che produce luce blu.

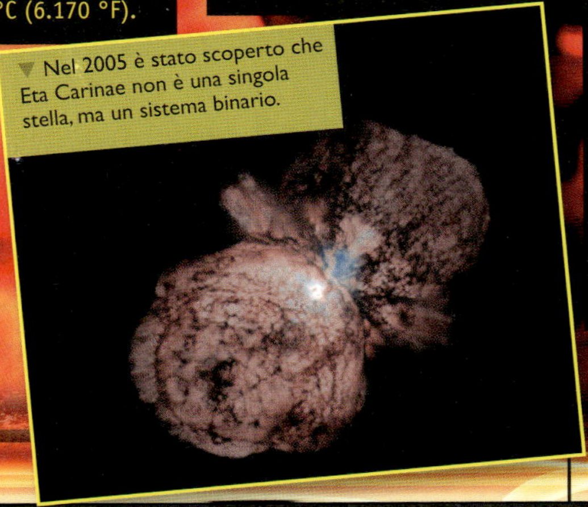

▼ Nel 2005 è stato scoperto che Eta Carinae non è una singola stella, ma un sistema binario.

10 Caldo da record

Nel febbraio 2010 gli scienziati al lavoro sull'RHIC (Relativistic Heavy Ion Collider), nei tunnel sotterranei del Brookhaven National Laboratory di New York, hanno creato la temperatura più alta dall'inizio dell'Universo. In questi tunnel gli atomi d'oro si scontrano tra loro quasi alla velocità della luce, creando temperature momentanee di 4 trilioni di °C (7 trilioni di °F).

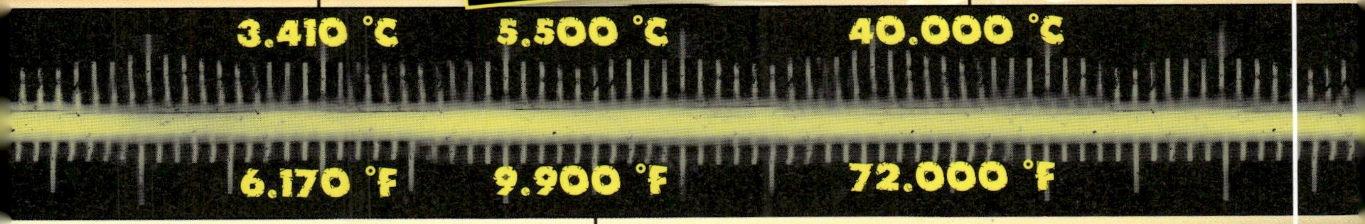

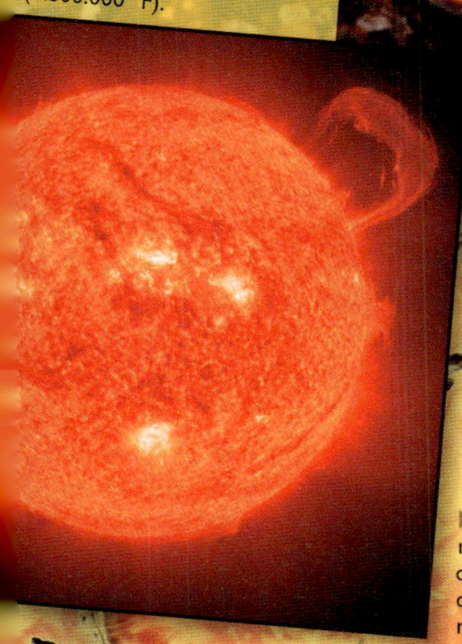

▼ L'atmosfera del Sole, o corona, raggiunge 1.000.000 °C (1.800.000 °F).

7 Sole bollente

La temperatura sulla superficie solare è di 5.500 °C (9.900 °F). Questo calore estremo conferisce ai suoi raggi il caratteristico colore giallo: se le temperature fossero più basse sarebbero rossastri. Nel nucleo si registrano 15 milioni di °C (24 milioni di °F)!

9 Calore primordiale

La temperatura più calda in natura si ebbe all'inizio dell'Universo, durante il Big Bang, quando si raggiunsero i 2-3 trilioni di °C (3-5 trilioni di °F).

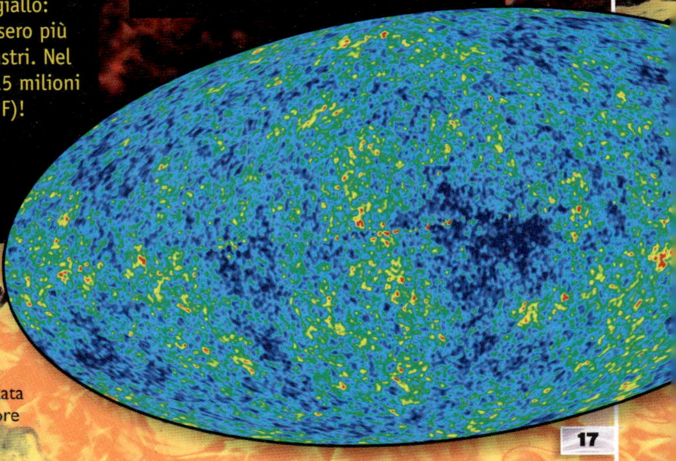

▶ Le variazioni della radiazione a microonde in questa mappa computerizzata del cielo mostrano il bagliore residuo del Big Bang.

Universo **GIGANTESCO**

A noi piccoli umani la Terra sembra piuttosto grande. Fino a qualche secolo fa si credeva che fosse l'oggetto più grande dell'Universo; ma con l'aiuto dei telescopi stiamo scoprendo quanto essa sia in realtà davvero piccola: in confronto ad altri corpi celesti la nostra intera galassia appare minuscola come un granello di sabbia.

Il diametro della Terra è di 12.756,1 km e il suo volume è 1.083.210 milioni di km^3.

1 Il pianetone

Giove è il pianeta più grande del Sistema solare. Ha un diametro di 142.984 km, cioè 11,2 volte superiore a quello della Terra, e il suo volume è di 1,43 x 10^{15} km^3: potrebbe contenere 1.300 volte la Terra e rimarrebbe ancora spazio!

2 Il Sole

Con un diametro di 1,4 milioni di km, il Sole è 109 volte più grande della Terra e fa impallidire anche Giove. Il suo volume è di 1.412 x 10^{16} km^3, abbastanza da poter contenere la Terra 1,3 milioni di volte.

3 Stella gigante

Il diametro della stella gigante Arturo è 25 volte quello del Sole. È la terza stella più luminosa del cielo notturno.

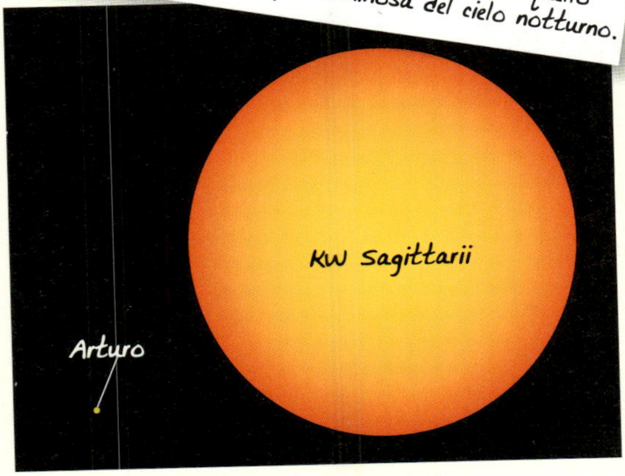

4 La stella più grande

La stella più grande che conosciamo è la supergigante KW Sagittarii. Con quasi 2 miliardi di km di diametro, è 60 volte più grande di Arturo e più di 1.500 volte più grande del Sole!

ANNI LUCE

Nello spazio, le dimensioni sono così grandi che non è pratico misurarle in chilometri. Gli astronomi preferiscono quindi usare gli anni luce. Dato che la luce viaggia sempre alla stessa velocità (299.792 km/sec), una distanza si può misurare tramite gli anni impiegati dalla luce per percorrerla. L'anno luce corrisponde alla distanza attraversata dalla luce in un anno, cioè 9.460 miliardi di km.

La Via Lattea

Se il Sole fosse grande quanto un granello di sabbia, la Via Lattea sarebbe grande quanto il Sole!

5 La nostra galassia

Nella Via Lattea ci sono circa 400 miliardi di stelle, e il nostro Sole è solo una di esse. La Via Lattea ha un diametro di 100.000 anni luce.

6 La galassia più grande

IC 1101 è una galassia con un diametro di 5 milioni di anni luce, 50 volte la Via Lattea.

7 Superammasso

La Via Lattea è una delle 2.000 galassie che compongono l'Ammasso della Vergine. Ma quest'ultimo è minuscolo in confronto a superammassi come quello di Perseo-Pesci, che con un diametro di oltre 300 milioni di anni luce è 3.000 volte più vasto della Via Lattea. Se il Sole fosse grande quanto un granello di sabbia, questo superammasso sarebbe grande quasi quanto il Sistema solare.

8 Grande muraglia di Sloan

L'Universo è strutturato come una gigantesca ragnatela. Tutte le stelle, le galassie e gli ammassi sono circoscritti da pareti ampie e sottili. La più grande è la Grande muraglia di Sloan, lunga più di 1,37 miliardi di anni luce: oltre 12.000 volte più della Via Lattea.

Mega IDEE

Per studiare i fenomeni del nostro mondo, gli scienziati hanno bisogno di apparecchiature enormi e complesse. Indagare la vastità dell'Universo richiede grossi telescopi e stazioni di ricerca nello spazio; ma, curiosamente, alcune delle macchine più grandi ed elaborate sono state costruite per studiare cose così piccole da risultare invisibili a occhio nudo.

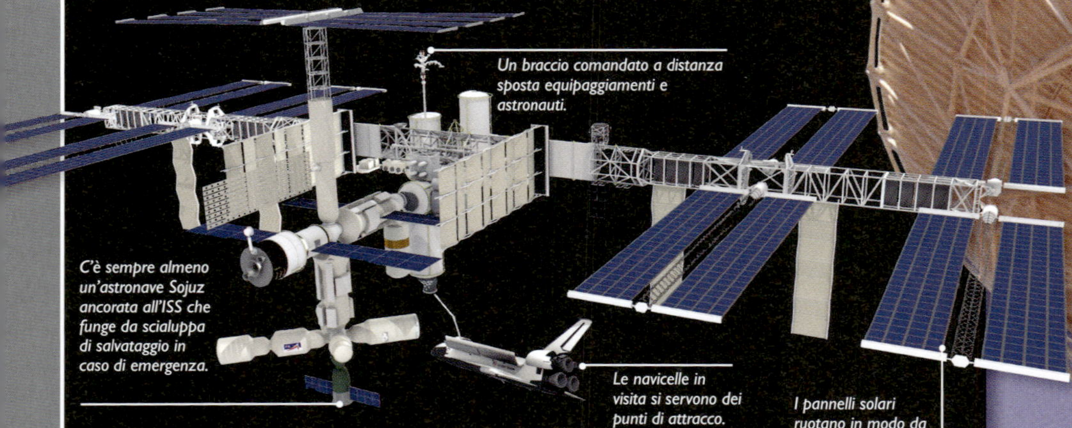

Stazione spaziale internazionale

La più grande stazione spaziale mai costruita, la ISS, orbita sopra la Terra a un'altitudine compresa tra i 278 e i 460 km. È così grande che è possibile vederla anche a occhio nudo. I pezzi che la compongono sono stati trasportati nello spazio uno per uno, e poi assemblati dagli astronauti in più di 130 spedizioni separate.

▲ L'ISS sfreccia intorno alla Terra a una velocità media di 27.743,8 km/h, completando 15,7 orbite al giorno.

Progetto genoma umano

Ogni cellula del nostro corpo veicola istruzioni necessarie a mantenerci in vita (e a generare figli), contenute in una minuscola stringa di DNA. Queste istruzioni si presentano come migliaia di sequenze chimiche dette geni. Il Progetto genoma umano è stato un programma internazionale finalizzato a mappare il genoma umano, cioè identificare esattamente dove si trova ogni singolo gene nel DNA. È cominciato nel 1990 ed è stato completato nel 2003.

▲ Un'immagine computerizzata mostra una piccola parte del DNA, in cui ogni barretta presenta una delle quattro basi chimiche che compongono il codice.

Very Large Array

Le onde radio sono molto lunghe, quindi captarne i segnali da stelle e galassie lontane richiede parabole gigantesche. Invece di un unico, enorme disco si può usare una serie di parabole, collegate tra loro e distribuite in una vasta area. Il Very Large Array (VLA) nelle pianure di San Agustin, in New Mexico (USA), comprende 27 parabole disposte a "Y" e distanti fino 36 km l'una dall'altra.

▲ Ognuna delle 27 parabole del VLA misura 25 m di diametro.

Millennium Run

Il Millennium Run è una delle più grandi simulazioni al computer mai realizzate. Si proponeva di creare un modello computerizzato di ogni particella presente in una sezione dell'Universo per verificare le teorie sullo sviluppo di quest'ultimo. Nel 2005 la prima simulazione ha monitorato l'evoluzione di dieci miliardi di particelle, coinvolgendo 20 milioni di galassie in una porzione di spazio di 2 miliardi di anni luce. Le immagini generate mostrano come la materia oscura (che non può essere rilevata dai telescopi perché non emette radiazioni) sia distribuita nell'Universo.

▼ Un'immagine generata dal Millennium Run mostra la distribuzione della materia oscura in un'area dell'Universo a 206 milioni di anni luce di distanza.

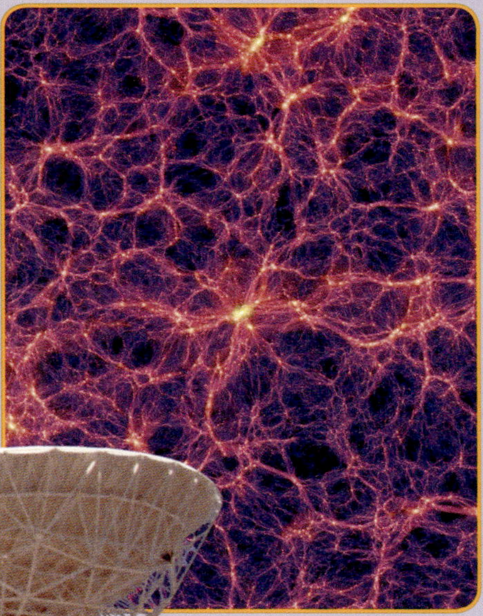

I RADIOTELESCOPI COME IL VLA HANNO ANALIZZATO NUBI DI GAS CHE MOSTRANO LA FORMA DELLA VIA LATTEA, E HANNO SCOPERTO QUELLO CHE SEMBRA ESSERE UN GROSSO BUCO NERO AL CENTRO DELLA GALASSIA.

Micro**MONDO**

Se guardi la tua pelle con una lente di ingrandimento vedrai moltissimi dettagli altrimenti invisibili. Grazie a microscopi sempre più performanti, oggi siamo in grado di osservare il mondo nelle sue minime parti. I microscopi a effetto tunnel più potenti possono ingrandire gli oggetti miliardi di volte, offrendo altissimi livelli di precisione e consentendo di studiare persino particelle più piccole degli atomi.

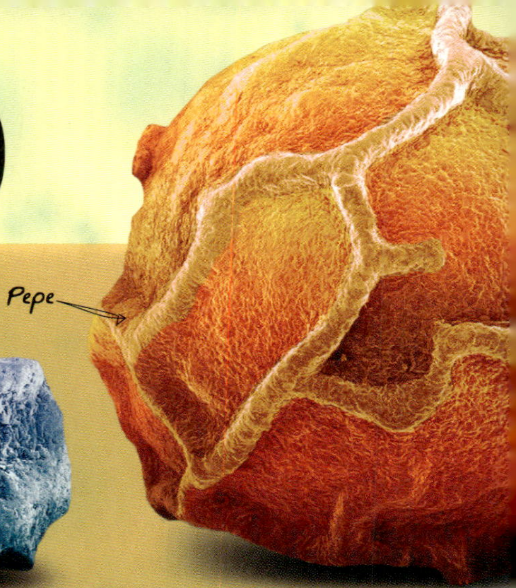

1 Sale e pepe

10^{-3} m (1 mm)

A occhio nudo il pepe può sembrare simile al sale, solo più scuro; ma un buon microscopio ottico rivela quanto in realtà siano diversi tra loro. Infatti, il pepe è il seme di una pianta, mentre il sale è un cristallo minerale.

2 Capelli umani

10^{-4} m (100 micron)

I capelli possono risultare lisci e morbidi al tatto, ma ognuno di essi, visto al microscopio, ha una superficie ruvida e somiglia a un piccolo tronco d'albero.

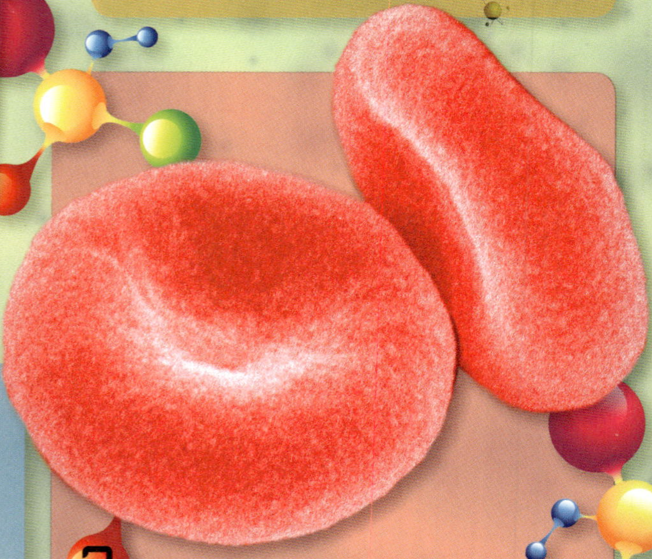

3 Globuli rossi

10^{-5} m (10 micron)

I microscopi ottici più potenti sono in grado di mostrare i globuli rossi del sangue, ma per osservarne la forma è necessario un microscopio elettronico a scansione (SEM). Grazie a questo strumento sappiamo che i globuli rossi sani sono a forma di dischi biconcavi.

4 Batteri

10^{-6} m (1 micron)

Con un microscopio ottico i batteri sono appena visibili, ma con un SEM è possibile osservarli nel dettaglio.

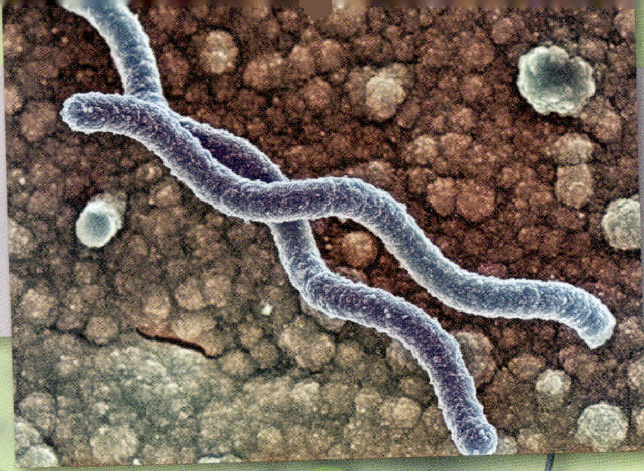

◀ Batteri come l'*Helicobacter pylori* vivono nello stomaco umano e possono causare vari disturbi.

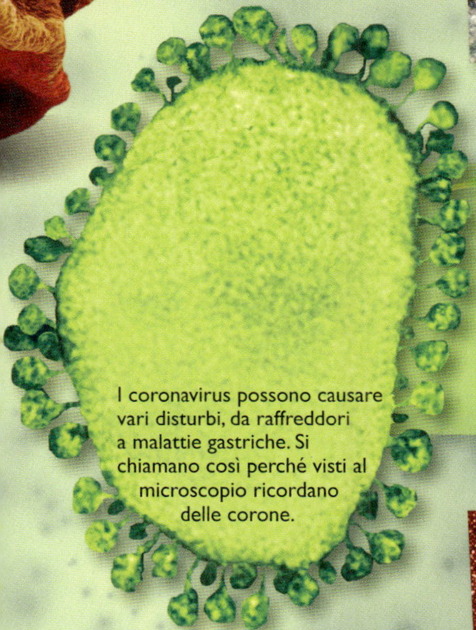

I coronavirus possono causare vari disturbi, da raffreddori a malattie gastriche. Si chiamano così perché visti al microscopio ricordano delle corone.

5 Virus

10^{-7} m (100 nanometri)

I virus sono molto più piccoli dei batteri e possono essere studiati solo con microscopi elettronici come quelli a trasmissione (TEM).

GLI SCIENZIATI POSSONO REALIZZARE DISPOSITIVI ELETTRONICI DELLA GRANDEZZA DI UN ATOMO. PRESTO, UN COMPUTER POTRÀ ESSERE PICCOLO COME UN GRANELLO DI SABBIA.

6 Molecole

10^{-8} m (10 nanometri)

I microscopi a forza atomica (AFM) e i TEM più potenti possono mostrare filamenti di DNA.

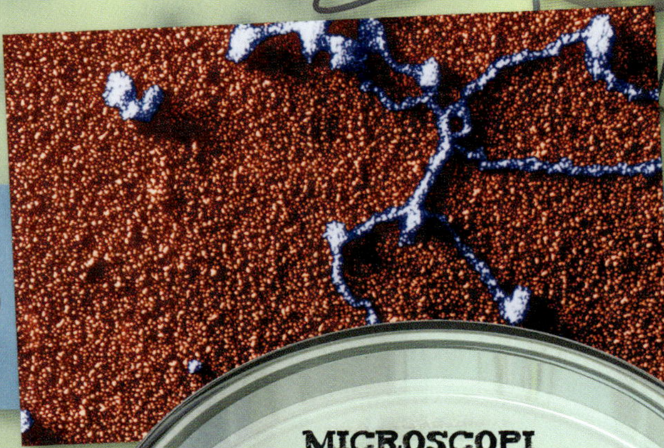

◀ Il DNA può essere osservato con un TEM, che lo ingrandisce mezzo milione di volte.

7 Atomi

10^{-9} m (1 nanometro)

Per vedere un atomo serve un microscopio a effetto tunnel (STM).

MICROSCOPI

I microscopi ottici usano combinazioni di varie lenti e possono ingrandire gli oggetti circa 2.000 volte. La grandezza minima che sono in grado di mostrare è di circa 500 nanometri (500 miliardesimi di metro).

I microscopi elettronici mostrano oggetti fino a 20.000 volte più piccoli. Non usano lenti, ma sparano elettroni contro i bersagli e registrano il modo in cui rimbalzano. Non si osserva direttamente un oggetto, ma la sua immagine che si crea su uno schermo.

I microscopi a effetto tunnel (STM) e quelli a forza atomica (AFM) scansionano gli oggetti toccandoli. Gli AFM possiedono una puntina acuminata, simile a quella dei giradischi. Questi microscopi sono in grado di mostrare gli atomi.

Micro ZOO

Recentemente, i microscopi elettronici a scansione e quelli a effetto tunnel sono stati usati nello studio degli insetti e dei microbi per mostrarli in modo chiaro e dettagliato. Grazie a queste tecnologie, anche la creatura più piccola appare gigantesca e mostruosa. Esistono molte più specie di questi minuscoli organismi di quante ce ne siano di tutti gli altri esseri viventi messi insieme.

◄▲ Un moscerino della frutta visto al SEM e un primo piano dei suoi "artigli" (a sinistra).

Piccola mosca

Questa immagine mostra i due "artigli" di una zampa di un moscerino della frutta, ingranditi più di 800 volte dal SEM. Sotto di essi, ci sono i cosiddetti "pulvilli", cuscinetti adesivi che permettono all'insetto di aggrapparsi a superfici verticali che all'occhio umano appaiono completamente lisce, come il vetro. Gli scienziati sperano di sviluppare nanomateriali artificiali che aderiscano in modo simile.

Insetto gastrico

I microscopi elettronici a trasmissione (TEM) rivelano il microzoo che vive nel corpo umano. Ecco il batterio *Helicobacter pylori* ingrandito 7.700 volte. Questo batterio prende il nome dalla parte pilorica (inferiore) dello stomaco, in cui prolifera. Vive nello stomaco di molte persone ma, per fortuna, di solito è innocuo.

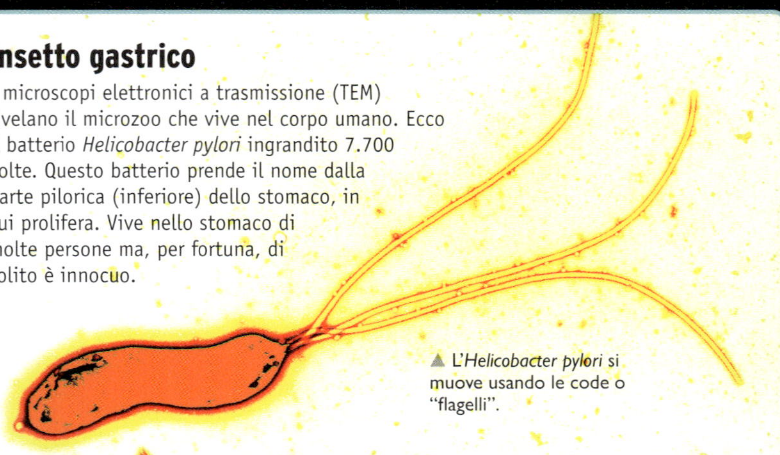

▲ L'*Helicobacter pylori* si muove usando le code o "flagelli".

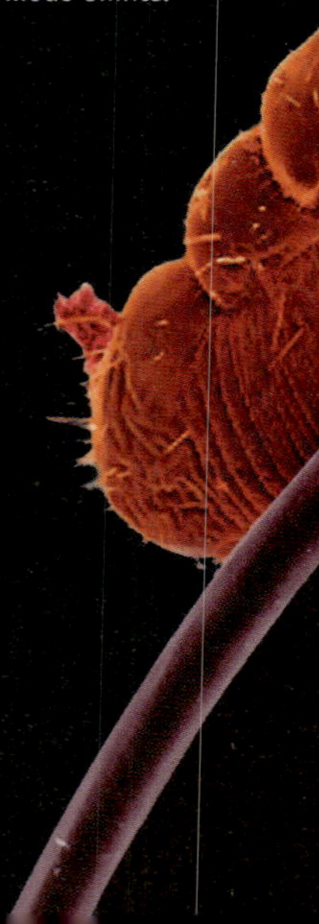

Gioielli viventi

Le diatomee sono alghe che fluttuano nell'acqua e traggono energia dal Sole, come le piante. Sono così piccole da poter essere viste solo al SEM. Il microscopio rivela la loro sorprendente bellezza: sembrano "gioielli" geometrici. Ne esistono più di 10.000 specie diverse.

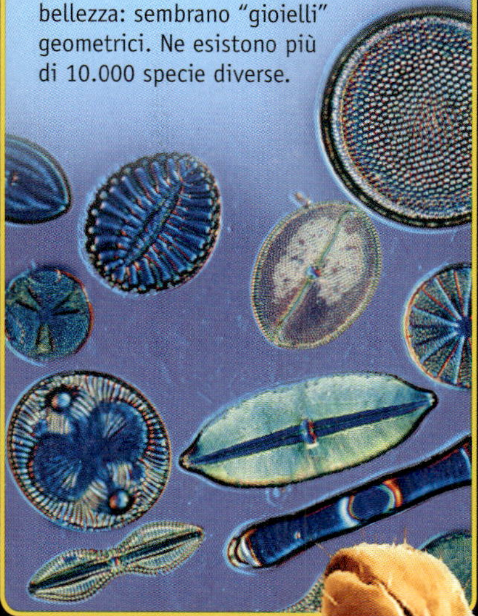

▲ Queste meravigliose diatomee sono larghe solo un centesimo di un capello umano.

▶ La superficie spinosa di questi minuscoli granelli di polline li aiuta ad aderire a piume e peli.

Scatola vegetale

I SEM rivelano le innumerevoli varietà di polline esistenti. Il polline è la sostanza polverosa che i fiori diffondono per riprodursi. Ogni granello funge da involucro per cellule sessuali maschili che devono arrivare agli ovuli femminili per creare il seme di un nuovo fiore. I granelli sono così duri da resistere per decine di migliaia di anni, perciò gli archeologi possono usare immagini al SEM di polline antico per identificare piante vissute molto tempo fa.

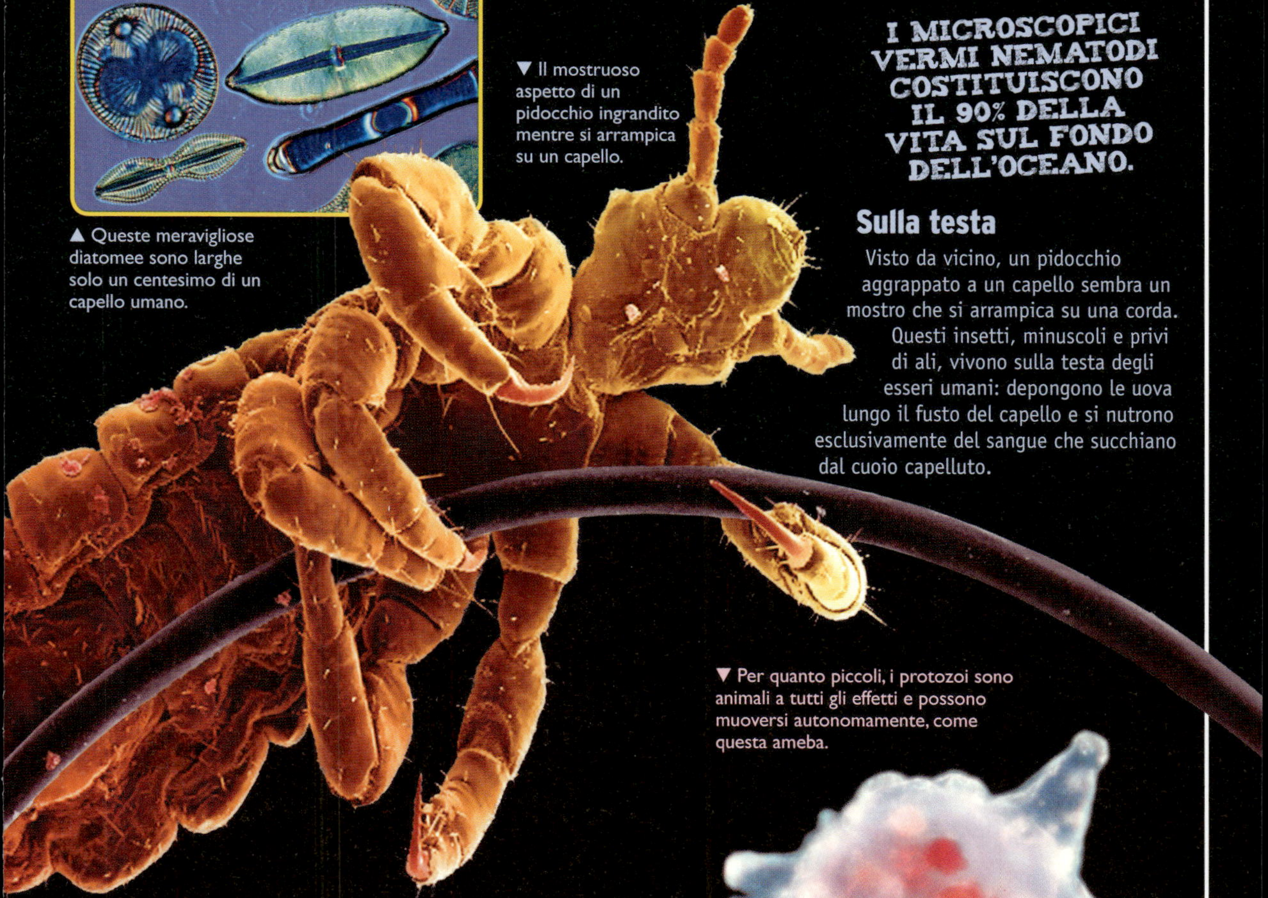

▼ Il mostruoso aspetto di un pidocchio ingrandito mentre si arrampica su un capello.

I MICROSCOPICI VERMI NEMATODI COSTITUISCONO IL 90% DELLA VITA SUL FONDO DELL'OCEANO.

Sulla testa

Visto da vicino, un pidocchio aggrappato a un capello sembra un mostro che si arrampica su una corda. Questi insetti, minuscoli e privi di ali, vivono sulla testa degli esseri umani: depongono le uova lungo il fusto del capello e si nutrono esclusivamente del sangue che succhiano dal cuoio capelluto.

▼ Per quanto piccoli, i protozoi sono animali a tutti gli effetti e possono muoversi autonomamente, come questa ameba.

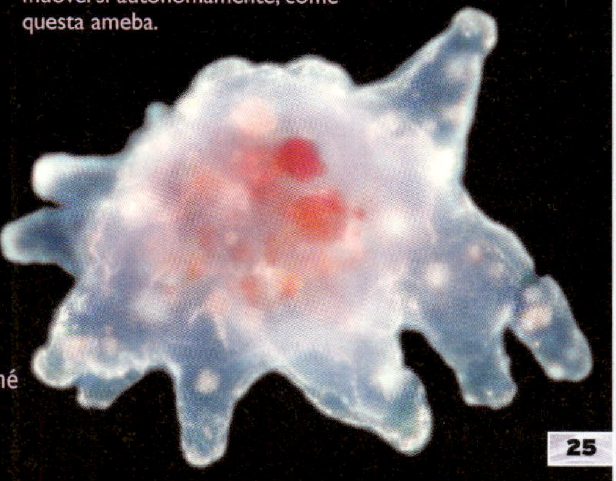

Gli animali più piccoli

I protozoi sono gli animali più piccoli del mondo e sono costituiti da un'unica cellula. Molti sono visibili solo al microscopio, ma respirano, si muovono e si riproducono come gli altri animali. Vivono in acqua o in luoghi umidi. Alcuni possono causare malattie gravi, altri sono utili perché mangiano batteri pericolosi e fungono da cibo per pesci e altri animali.

Luce FANTASTICA

Negli ultimi 50 anni gli scienziati hanno studiato la luce e le radiazioni così a fondo da poterle usare per fare cose che un tempo sarebbero sembrate magiche. Gli esperimenti più entusiasmanti, come la creazione di ologrammi e le misurazioni più precise, si ottengono con la luce laser, ma altri tipi di luce possono risultare utili in molti ambiti: per esempio per visualizzare un cervello umano all'opera o per identificare un'invisibile impronta digitale sulla scena di un crimine.

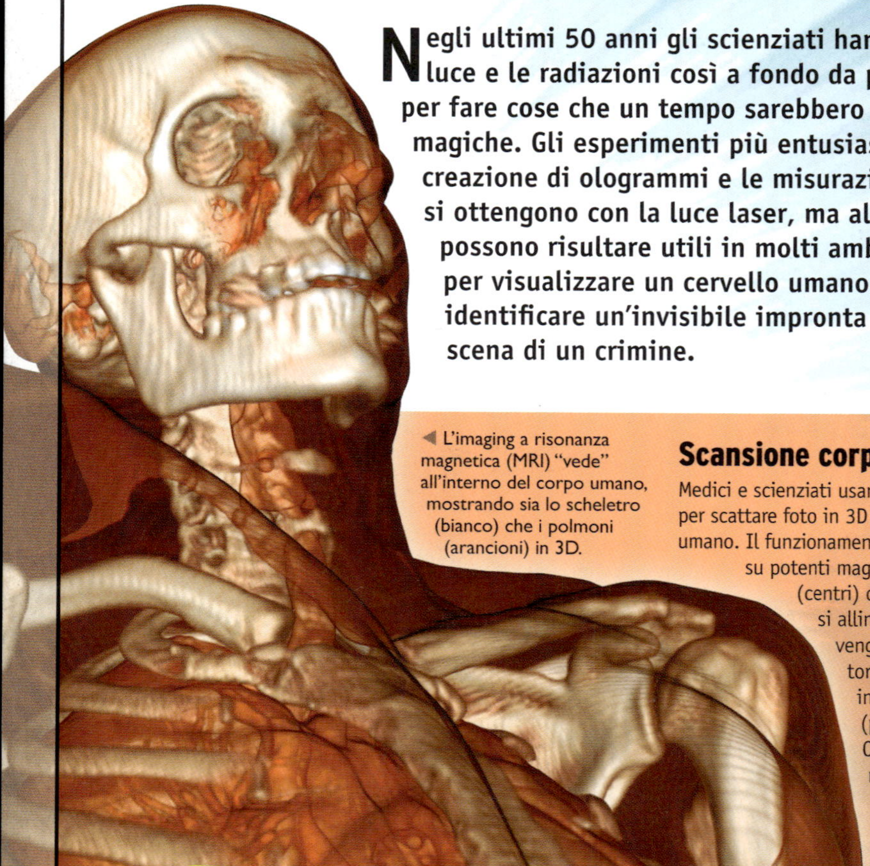

◄ L'imaging a risonanza magnetica (MRI) "vede" all'interno del corpo umano, mostrando sia lo scheletro (bianco) che i polmoni (arancioni) in 3D.

Scansione corporea

Medici e scienziati usano la risonanza magnetica per scattare foto in 3D dell'interno del corpo umano. Il funzionamento della risonanza si basa su potenti magneti grazie ai quali i nuclei (centri) di tutti gli atomi del corpo si allineano. Quando i magneti vengono spenti, i nuclei tornano nella loro posizione iniziale ed emettono fotoni (particelle di radiazione). Questi vengono registrati dai rilevatori che permettono al computer di costruire l'immagine 3D.

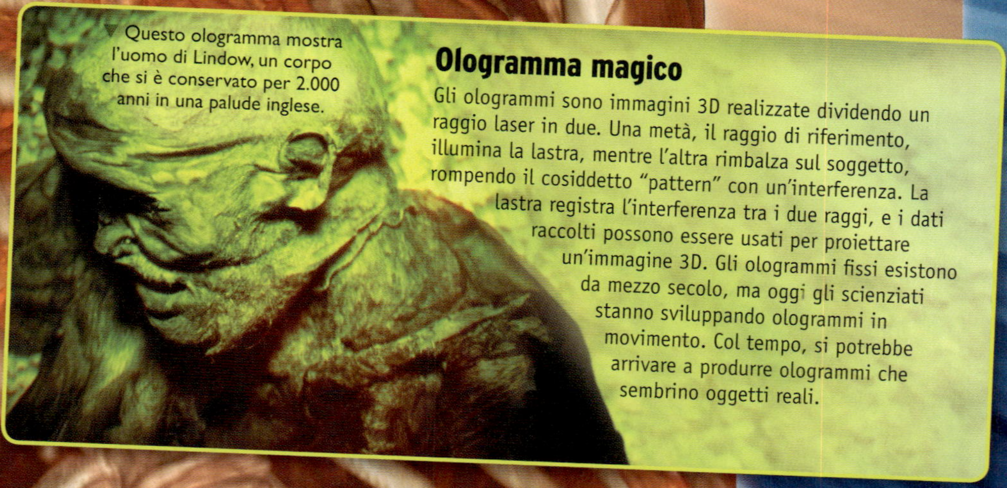

▼ Questo ologramma mostra l'uomo di Lindow, un corpo che si è conservato per 2.000 anni in una palude inglese.

Ologramma magico

Gli ologrammi sono immagini 3D realizzate dividendo un raggio laser in due. Una metà, il raggio di riferimento, illumina la lastra, mentre l'altra rimbalza sul soggetto, rompendo il cosiddetto "pattern" con un'interferenza. La lastra registra l'interferenza tra i due raggi, e i dati raccolti possono essere usati per proiettare un'immagine 3D. Gli ologrammi fissi esistono da mezzo secolo, ma oggi gli scienziati stanno sviluppando ologrammi in movimento. Col tempo, si potrebbe arrivare a produrre ologrammi che sembrino oggetti reali.

▼ La luce ultravioletta (UV) rivela tracce di sangue e altri liquidi corporei, altrimenti invisibili, sulla porta di una scena del crimine.

Sulle tracce del crimine

Anche il più attento dei criminali, suo malgrado, lascia delle tracce sulla scena del crimine. La radiazione ultravioletta (UV) è fatta di onde leggermente più corte di quella viola, che si trovano al di fuori dello spettro visivo umano. Perciò, la luce UV è in grado di mostrare chiaramente prove invisibili a occhio nudo, come impronte digitali e tracce di liquidi corporei.

LUCE LIGHT

I primi raggi laser furono creati nel 1960 da Theodore Maiman. La luce laser non somiglia a nessun altro tipo di luce naturale nell'Universo. La luce naturale è detta "incoerente" poiché è una miscela caotica di tanti fotoni (particelle di luce) con diverse lunghezze d'onda. Invece i fotoni del laser, tutti identici e sincronizzati, generano un intenso fascio di luce di un unico colore che si disperde molto meno rispetto alla luce normale: un unico raggio sottile potrebbe rimbalzare sulla Luna e tornare indietro rimanendo intatto!

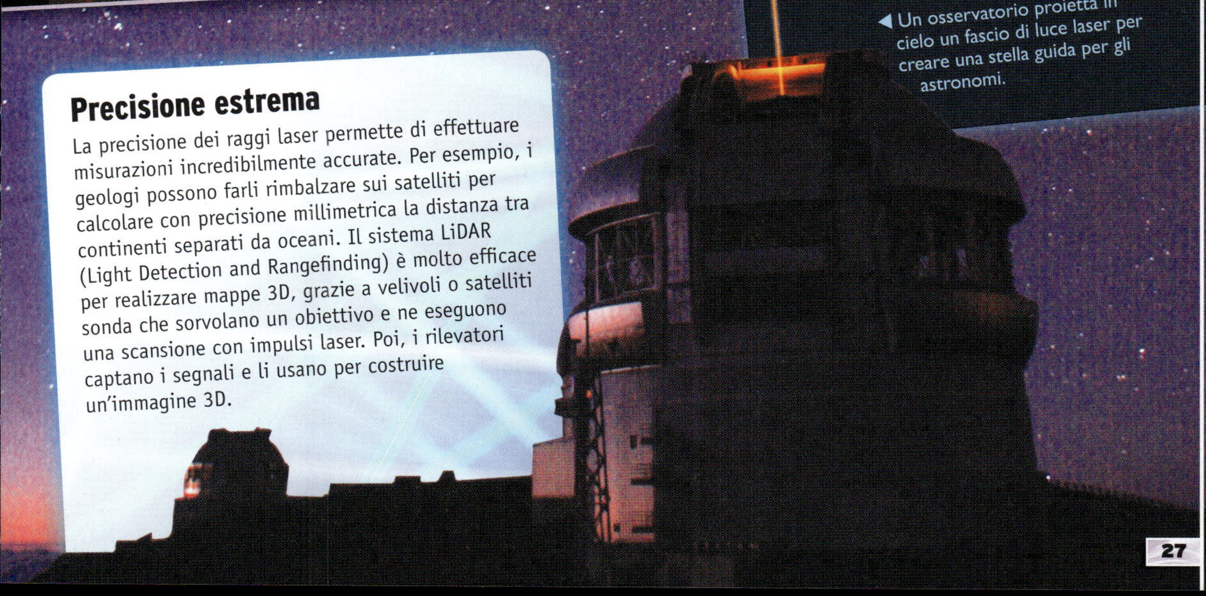

Stelle artificiali

Il movimento della polvere nell'aria rende difficile avere una visione chiara dello spazio, per questo le stelle sembrano luccicare. Gli astronomi correggono le immagini dei telescopi al computer, usando le stelle luminose come riferimento: questa tecnica è detta ottica adattiva (AO). Tuttavia, non sempre nella porzione di cielo analizzata ci sono stelle luminose, perciò è possibile creare delle stelle guida usando il laser. Quando viene proiettato in cielo, il laser colpisce alcuni atomi di sodio nell'atmosfera e li fa brillare, creando una piccola "stella".

◀ Un osservatorio proietta in cielo un fascio di luce laser per creare una stella guida per gli astronomi.

Precisione estrema

La precisione dei raggi laser permette di effettuare misurazioni incredibilmente accurate. Per esempio, i geologi possono farli rimbalzare sui satelliti per calcolare con precisione millimetrica la distanza tra continenti separati da oceani. Il sistema LiDAR (Light Detection and Rangefinding) è molto efficace per realizzare mappe 3D, grazie a velivoli o satelliti sonda che sorvolano un obiettivo e ne eseguono una scansione con impulsi laser. Poi, i rilevatori captano i segnali e li usano per costruire un'immagine 3D.

Condizioni estreme

Alcuni scienziati studiano il mondo nei laboratori, altri affrontano le condizioni più estreme per raccogliere dati e fare osservazioni. In nome della ricerca, alcuni sono disposti a volare nell'occhio di un ciclone, sopportare per mesi il freddo pungente dell'Antartide, entrare in un vulcano attivo, addentrarsi in caverne buie, tuffarsi nelle acque più profonde, arrampicarsi sugli alberi della foresta pluviale e tanto altro. Dovunque ci sia qualcosa da imparare, c'è uno scienziato.

Vulcanologi prelevano materiali da un vulcano attivo.

Rischio rovente

I vulcani sono estremamente pericolosi da vicino. Le tute protettive fungono da scudo contro calore e fumo, ma non possono salvare la vita in caso di eruzione. I due vulcanologi (esperti di vulcani) più famosi di tutti i tempi, Maurice e Katia Krafft, morirono insieme a 41 giornalisti durante alcune riprese sul monte Unzen in Giappone nel 1991. Il vulcano eruttò all'improvviso, e una violenta valanga di gas e ceneri roventi li travolse tutti in pochi secondi.

CENE PERICOLOSE

Cucinare a casa della chimica Helen Maynard-Casely può rivelarsi rischioso. Helen usa ingredienti semplici, come panna, zucchero e pane, ma li sottopone a pressioni e temperature estreme per vedere come si trasformano. Potrebbe decidere di raffreddare la panna con azoto liquido a -170°C, o di pressare un toast bruciato fino a trasformare il carbonio in diamanti. Un suo collega, Colin Pulham, membro dell'Edinburgh Centre for Science Under Extreme Conditions in Scozia, crea diamanti facendo esplodere il carbonio con la dinamite!

Scienziati con maschere respiratorie sfidano l'aria velenosa di una grotta per raccogliere campioni.

Cacciatori di tempeste

Un tornado è una tempesta incredibilmente potente, capace di spazzare via un edificio o sollevare un camion in aria. Di solito sono fenomeni localizzati e raramente durano più di 15 minuti. Scienziati come Chuck Doswell e Josh Wurman devono rincorrere queste trombe d'aria per studiarle, rischiando di esserne risucchiati. L'inseguimento è così elettrizzante che oggi molte persone lo praticano per puro divertimento, ma le autorità temono che qualcuno possa rimetterci la vita.

Sottoterra

La professoressa Hazel Barton è disposta a addentrarsi nelle viscere della Terra per studiare i batteri che vivono in condizioni estreme, presenti solo nelle grotte più inaccessibili. Per analizzarli, la microbiologa deve percorrere a nuoto laghi sottomarini e attraversare passaggi strettissimi dove la visibilità è nulla e l'aria è spesso velenosa.

Uno studioso si affretta a posizionare una sonda meteorologica sulla traiettoria di un tornado.

La sonda fornirà informazioni provenienti dal centro del tornado.

Questo piccolo squalo martello osservato da un biologo marino è innocuo, ma i suoi parenti sono molto più grossi e feroci.

Insidie oceaniche

Esplorare l'oceano può essere difficile e persino mortale. Nelle acque superficiali non si rischia solo di annegare, ma anche di ferirsi gravemente a causa di creature potenzialmente letali come squali, meduse e pesci pietra. Più in profondità l'acqua diventa gelida e buia, e la pressione è talmente forte che potrebbe schiacciare un'auto.

Che FORZA!

La forza è alla base di tutto ciò che accade: può spingere e tirare oggetti, accelerarli e rallentarli, avvicinarli e dividerli. Senza l'azione delle forze, niente potrebbe iniziare né finire. Alcune sono minime, come la forza necessaria agli occhi per leggere questa pagina; altre sono estremamente potenti. Le macchine ci offrono molta più forza di quella di cui dispone il nostro corpo, ma le forze più estreme sono naturali.

Muscle car

La potenza non riguarda solo la forza in sé, ma anche la velocità alla quale viene prodotta. Un chilowatt (kW) corrisponde alla forza emessa da un newton alla velocità di un metro al secondo. Un'utilitaria può funzionare con meno di 50 kW di potenza, ma per accelerare velocemente le auto ad alte prestazioni hanno bisogno di molta forza in poco tempo. Ecco perché il motore della SSC Ultimate Aero TT raggiunge i 960 kW.

▼ Nessuna nave può competere con la *Emma Maersk*. Il suo motore pesa oltre 2.200 tonnellate.

Potenza navale

Maggiore è il peso, maggiore è la forza necessaria a spostarlo, quindi i motori più potenti del mondo si trovano sulla nave più pesante del mondo: la *Emma Maersk*. È alimentata dal poderoso motore diesel Wärtsilä-Sulzer RTA96, che produce più di 83 megawatt (milioni di watt) di potenza: quanto 10.000 auto ad alte prestazioni!

MISURARE LA FORZA

Un newton è la forza che imprime a una massa di un chilogrammo un'accelerazione di un metro per secondo quadrato. Equivale all'incirca alla forza necessaria per gettare un grosso ciottolo in mare.

45 N	La forza necessaria a spingere un adulto
670 N	La forza di un colpo di karate che rompe una tavola
300–730 N	La forza di gravità che ci mantiene saldi a terra
2.000 N	Un bel calcio a un pallone
2.900 N	Un colpo di karate che rompe un blocco di cemento
7.000 N	La forza di un'auto che accelera
500.000 N	La forza di una grossa locomotiva
770.000 N	La spinta dei motori di un jumbo jet
33.000.000 N	La spinta del razzo Saturn V
200 milioni di trilioni di N	L'attrazione gravitazionale tra la Terra e la Luna
350 miliardi di trilioni di N	L'attrazione gravitazionale tra il Sole e la Terra

UNA DELLE MAGGIORI FORZE CREATE DALL'UOMO FU QUELLA DEL RAZZO SATURN V, CHE LANCIÒ LA NAVICELLA SPAZIALE APOLLO SULLA LUNA. IL PRIMO STADIO DEL RAZZO GENERÒ UNA SPINTA DI 3,4 MILIONI DI N.

▼ La SSC Ultimate Aero TT è l'auto sportiva più potente mai costruita e può raggiungere una velocità di oltre 430 km/h.

Forze fondamentali

Esistono diversi tipi di forze: quelle "di contatto" richiedono un contatto diretto tra i corpi, come quando si colpisce una palla; altre invece agiscono "a distanza". Le forze fondamentali dell'Universo (gravità, interazione elettromagnetica e le due forze nucleari che tengono insieme gli atomi) appartengono al secondo tipo e sono inversamente proporzionali alla distanza tra gli oggetti: si indeboliscono all'aumentare della distanza.

Terremoto stellare

Nell'Universo ci sono forze che fanno apparire quelle terrestri insignificanti. Il 27 dicembre del 2004 sulla stella SGR 1806-20 si è verificato un cosiddetto "terremoto stellare", dalla potenza di 10.000 trilioni di trilioni di trilioni di watt. Se la stella si fosse trovata a 10 anni luce dalla Terra, l'avrebbe devastata. Fortunatamente, era molto più lontana!

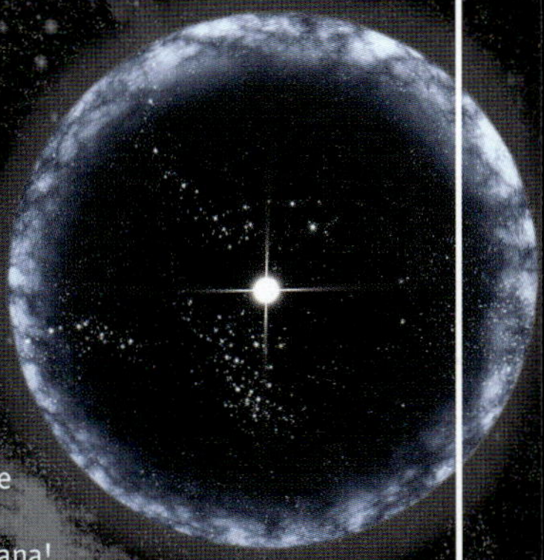

▲ L'energia emessa dalla stella SGR 1806-20 nel 2004 era così potente da essere visibile dalla Terra.

◀ Il terremoto di San Francisco del 1989 provocò il crollo di molti edifici.

SCOSSE DA RECORD

Perfino la potenza di un razzo come il Saturn V impallidisce davanti alle forze naturali coinvolte nei terremoti. La scossa più debole ha una potenza di 60 milioni di watt, mentre la più forte mai registrata, che colpì il Cile nel 1960, generò 11 milioni di miliardi di watt. Con una forza simile, i terremoti sono in grado di sollevare e abbattere intere montagne.

STRANE menti

Molti scienziati sono persone razionali e assennate, ma a volte lavorano su idee troppo complicate perché la gente comune possa capirle e possono dare l'impressione di essere un po' stravaganti. Alcuni sono così ossessionati dalle loro ricerche da comportarsi in modo davvero eccentrico (per usare un eufemismo). Ecco alcuni degli scienziati più strambi della storia.

ELISIR DI LUNGA VITA

L'alchimista, medico e teologo tedesco Johann Konrad Dippel (1673–1734) era convinto di poter trovare un elisir capace di donare l'immortalità alle persone e di resuscitare i morti. Visse nel castello di Frankenstein, in Germania, e le descrizioni dei suoi esperimenti con i cadaveri ispirarono la famosa storia di Mary Shelley sul dottor Frankenstein e il suo mostro. Dippel inventò anche il blu di Prussia, il primo dei coloranti chimici che oggi vengono usati per l'abbigliamento.

▲ Johann Dippel pensava di poter scoprire un liquido che avrebbe riportato in vita i morti.

Elettrizzato

L'uso moderno della corrente elettrica si deve all'americano di origine serba Nikola Tesla (1856–1943), il geniale scienziato che sperimentò l'uso della corrente alternata (CA) per trasportare l'energia. Tuttavia, Tesla aveva anche teorie leggermente più eccentriche. La sua idea di far viaggiare l'energia nell'aria senza l'ausilio di fili oggi sta diventando realtà, ma per fortuna l'enorme raggio della morte che stava progettando non è mai stato realizzato.

▶ Tesla immaginò anche di utilizzare bobine magnetiche per trasformare la Terra in un'enorme astronave.

SO VOLARE!

Gli scienziati che hanno tentato di volare sono sicuramente tra i più coraggiosi... o tra i più folli. Molti hanno indossato delle ali e si sono lanciati da luoghi sopraelevati, ma non sono sopravvissuti per raccontarlo. Uno dei più audaci e abili fu il pilota tedesco Otto Lilienthal (1848–1896), che compì oltre 2.000 pionieristici voli in aliante negli anni '90 dell'800. Purtroppo morì in un volo del 1896, ma i suoi esperimenti furono fondamentali per il famoso primo volo in aereo dei fratelli Wright, avvenuto sette anni dopo, nel 1903.

▶ Otto Lilienthal nel 1893 con uno dei suoi alianti sulle colline intorno a Berlino.

▶ Kevin Warwick mostra il braccio cyborg che comanda col pensiero.

Cyborg!

I cyborg sono creature fantascientifiche, metà umane e metà robot, ma lo scienziato britannico Kevin Warwick (nato nel 1954) si sta trasformando in uno di loro. No, non è pazzo: vuole sperimentare su di sé possibili modi di aiutare i disabili. Si è impiantato nel braccio dei dispositivi elettronici che collegano il suo sistema nervoso a un computer, in modo da poterlo controllare con la sola forza del pensiero.

ROCKET MAN

L'ingegnere americano di origini tedesche Wernher von Braun (1912–1977), uno dei pionieri della tecnologia spaziale, era ossessionato dai razzi sin da ragazzino. A 12 anni, riempì un carretto giocattolo di petardi e li accese, sparandolo dall'altra parte della strada sotto lo sguardo inorridito dei vicini. L'incidente si concluse con il suo arresto da parte della polizia, ma von Braun non era tanto folle quanto profondamente devoto alla scienza.

▶ Wernher von Braun fu l'ideatore del razzo V2 in Germania, cosa che lo portò a diventare una figura di spicco nel programma spaziale americano dopo la Seconda guerra mondiale.

BUCHI neri

I buchi neri sono luoghi in cui la gravità è così forte da risucchiare tutto, compresa la luce. Si formano quando una stella o parte di una galassia diventa così densa da collassare su sé stessa e restringersi fino a un punto infinitamente piccolo detto singolarità. La gravità intorno a questo punto è così forte da risucchiare la luce, lo spazio e persino il tempo.

NON POSSIAMO STUDIARE IL PUNTO IN CUI LA LUCE SCOMPARE IN UN BUCO NERO NELLO SPAZIO, MA GLI SCIENZIATI DELL'UNIVERSITÀ DI ST. ANDREWS, IN SCOZIA, HANNO CREATO UN BUCO NERO VIRTUALE IN LABORATORIO USANDO IMPULSI LASER.

Ex supernova

Alcuni buchi neri si formano quando una stella gigante collassa in una supernova. Gli astronomi non riescono a vederli, ma a volte è possibile rilevare la loro presenza in base agli effetti che producono su altri oggetti. Le stelle formano spesso sistemi binari: se una delle due è un buco nero, gli astronomi possono osservare le conseguenze della sua gravità sull'altra. Sono anche in grado di individuare i raggi X emessi dalla materia della stella compagna attratta dalla potenza del buco nero.

▶ La rappresentazione artistica di un sistema binario in cui un buco nero (a destra) risucchia materia dalla stella compagna (a sinistra).

Supermassiccio

Al centro della Via Lattea, in una zona chiamata Sagittarius A*, uno spazio dal diametro di appena 3 anni luce racchiude 20 milioni di stelle che sfrecciano a velocità incredibili. I calcoli dimostrano che sono attratte dalla gravità di un oggetto da due a tre milioni di volte più pesante del Sole ma grande solo il doppio. Si tratta di quello che gli astronomi chiamano un "buco nero supermassiccio", e si pensa che ce ne sia uno al centro di ogni galassia a spirale.

▲ La nube rosa nei pressi della galassia NGC 4438 potrebbe essere una bolla di gas emessa da un buco nero supermassiccio al centro di essa. NGC 4438 fa parte di una coppia di galassie chiamata Occhi della Vergine.

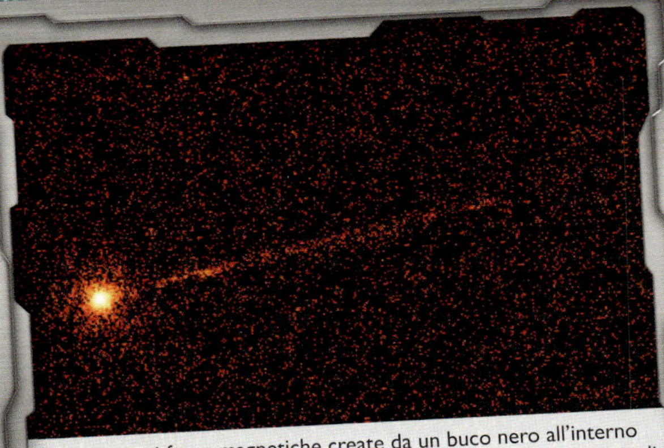

▲ Le potenti forze magnetiche create da un buco nero all'interno della galassia Pictor A emettono un getto di raggi X lungo migliaia di anni luce.

Propulsione a getto

I buchi neri non si limitano a risucchiare ogni cosa. Quando assorbono la materia che attirano possono emettere enormi getti di residui (elettroni e altre particelle subatomiche). Il gigantesco buco nero al centro della galassia M87 emana un fascio di residui straordinariamente brillante, che si propaga nell'oscurità per migliaia di anni luce come una sorta di riflettore galattico.

Tunnel spazio-temporale

Alcuni scienziati hanno ipotizzato l'esistenza dei buchi bianchi, come controparte dei buchi neri. Se esistessero davvero, i buchi bianchi sarebbero l'opposto dei neri, cioè luoghi da cui materia e radiazioni sgorgano come da una fontana. Secondo, alcune teorie i due tipi di buchi sarebbero collegati da un cunicolo spazio-temporale detto wormhole o ponte di Einstein-Rosen. Se questi tunnel esistessero davvero, sarebbe possibile attraversarli per percorrere in un attimo distanze enormi o persino per viaggiare nel tempo, raggiungendo il futuro o il passato.

DENTRO UN BUCO NERO

In ogni buco nero c'è un punto di non ritorno, detto orizzonte degli eventi. Oltre questo punto, il tempo non esiste e nemmeno la luce può uscire.

Se guardassimo qualcuno cadere in un buco nero, non lo vedremmo raggiungere l'orizzonte degli eventi, ma rallenterebbe costantemente diventando sempre più rosso e meno visibile, fino a svanire del tutto.

Se qualcuno cadesse in un buco nero si allungherebbe come uno spaghetto, poiché la forza di gravità agirebbe in modo molto più forte sui piedi che sulla testa. Secondo gli astronomi, questa "spaghettificazione" porterebbe poi alla morte per lacerazione.

Durante la caduta, il tempo accelererebbe drasticamente e si potrebbe vedere il futuro fuori dal buco. Ma sarebbe impossibile uscire o inviare un messaggio, giacché nemmeno la luce può sfuggire a un buco nero.

Un ENORME mistero

In profondità, al di sotto delle campagne al confine tra Svizzera e Francia, si snoda un tunnel circolare lungo oltre 27 km. Al suo interno si trova la macchina più grande del mondo: il Grande Collisore di Adroni (LHC), un lungo tubo a forma di anello in cui gli adroni (particelle subatomiche) girano raggiungendo velocità incredibili e scontrandosi tra loro. Ciò che gli scienziati sperano di vedere nei frammenti ottenuti potrebbe rispondere a domande fondamentali sull'Universo, spiegando ad esempio concetti come massa, quantità di moto e inerzia.

▼ L'LHC funziona a temperature bassissime. Questo è l'impianto criogenico, o di refrigerazione.

▶ Questa simulazione al computer dello schermo dell'LHC mostra un ipotetico bosone di Higgs (a destra) che, rompendosi, sparge particelle subatomiche.

◀ L'LHC usa potenti magneti per accelerare le particelle, sparandole attraverso un tubo circolare in direzioni opposte e a velocità elevate, per poi farle scontrare. Dei sensori speciali monitorano le nuove particelle che si creano dalla rottura di quelle accelerate.

Un crash test mostra gli effetti della quantità di moto: l'auto comincia ad accartocciarsi un attimo prima che il manichino venga sbalzato in avanti.

ALLA RICERCA DEL BOSONE DI HIGGS

Forze come la radiazione elettromagnetica vengono trasmesse da particelle "messaggere" dette bosoni. Gli scienziati non sanno con certezza cosa siano massa, quantità di moto e inerzia, che potrebbero tutte dipendere da una particella chiamata bosone di Higgs.

Per capire come funziona, basta immaginare l'arrivo di una celebrità a una festa. Quando entra, è circondata dai fan (i bosoni di Higgs), che le conferiscono massa. La folla le ostacola i movimenti, portando all'inerzia, ma quando tutti cominciano a muoversi è difficile fermarli, quindi si ha quantità di moto.

Tra gli obiettivi dell'LHC c'è quello di scoprire qualcosa in più sul misterioso bosone di Higgs.

Quantità di moto

Quando un oggetto inizia a muoversi, non si ferma a meno che non sia costretto, poiché viene spinto dalla sua massa. Questo dipende dalla quantità di moto, cioè il prodotto tra massa e velocità, che mantiene i pianeti in orbita attorno al Sole e permette alle montagne russe di accelerare tra un pendio e l'altro. I crash test costituiscono un esempio perfetto: la forza con cui l'auto si schianta contro il muro dipende dal fatto che la sua quantità di moto cerca di farla avanzare ancora.

Per scagliare il peso, il lanciatore deve superare la sua inerzia.

Inerzia

Ci vuole forza per far muovere un oggetto, poiché la sua massa lo tiene fermo in virtù di una proprietà detta inerzia. Perciò, un lanciatore di pesi deve essere molto forte per imprimere movimento a un oggetto pesante.

Massa

Quantità di moto e inerzia dipendono dalla massa, cioè la quantità di materia coinvolta: maggiore è il peso (e quindi la massa), maggiori saranno queste altre due proprietà.

Energia SPRIGIONATA

La maggior parte degli atomi presenta un nucleo stabile, ma questo non vale per tutti. I nuclei possono disintegrarsi parzialmente (radioattività) o scindersi in due (fissione nucleare), oppure una forte pressione può portare nuclei diversi a fondersi (fusione nucleare). Ognuno di questi eventi rilascia materia ed energia, cioè radiazioni. L'Universo è attraversato da radiazioni naturali, ed è l'energia della fusione nucleare che fa brillare le stelle. L'uomo ha imparato a sfruttare questa energia, che oltre a generare potenza ha permesso la creazione delle bombe nucleari, le armi più devastanti della storia.

Energia solare

Il motivo per cui il Sole brilla è che è così grande che la pressione nel suo nucleo è fortissima, al punto da far fondere i nuclei degli atomi di idrogeno, generando così elio. L'energia rilasciata da ogni singola fusione è minima, ma gli atomi coinvolti sono così tanti che il calore emanato è immenso. La temperatura del nucleo solare è infatti di 15.000.000 °C e la sua superficie è incandescente.

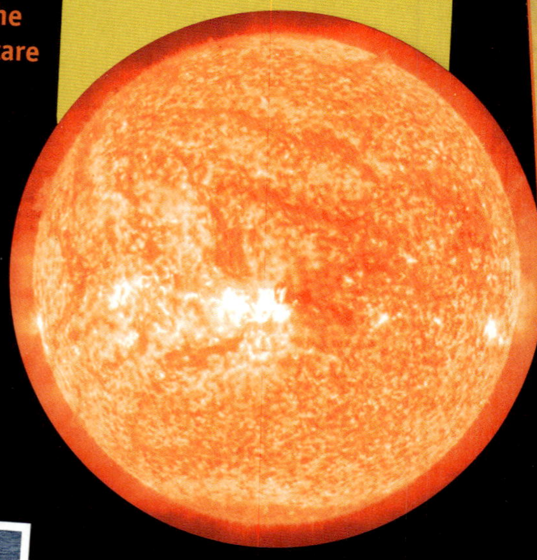

RADIOATTIVITÀ

Nel nucleo di un atomo ci sono due tipi di particelle, protoni e neutroni. La radioattività può essere di tre tipi:

- **il decadimento alfa,** avviene quando una particella alfa (due neutroni e due protoni) si stacca dal nucleo;
- **il decadimento beta,** si verifica quando un neutrone si trasforma in protone, rilasciando una particella beta (un elettrone) e un'altra chiamata antineutrino;
- **i raggi gamma,** non si propagano dal nucleo: sono radiazioni elettromagnetiche emesse dagli elettroni. Come la luce, sono composti da fotoni, ma sono pericolosi e molto carichi di energia.

FISSIONE NUCLEARE

Il carburante convenzionale è troppo ingombrante per i lunghi viaggi dei sottomarini, quindi molti di essi sono alimentati da reattori nucleari. I reattori generano calore dalla fissione (scissione) di atomi di uranio, che sono grandi e si scindono facilmente. Il calore crea vapore, che aziona le turbine del sottomarino. Una piccola quantità di questo carburante basta per diversi viaggi.

◀ Grazie all'energia nucleare, i sottomarini possono restare sott'acqua per lunghi periodi.

▼ La datazione al radiocarbonio ha permesso agli scienziati di scoprire che i resti dell'uomo di Tollund, rinvenuti in una palude danese, risalgono al IV secolo a.C.

Datazione al carbonio

Alcuni tipi di atomi, detti isotopi, hanno più probabilità di andare incontro a disintegrazione radioattiva di altri. Il radioisotopo carbonio-14, per esempio, è presente in tutti gli esseri viventi, ma alla loro morte comincia a disintegrarsi. Il tasso di disintegrazione è costante, perciò misurando la proporzione di isotopi di carbonio-14 nei cadaveri gli scienziati sono in grado di determinare da quanto tempo sono morti. Questo processo è detto datazione al radiocarbonio ed è estremamente utile in archeologia.

LA PIÙ GRANDE BOMBA MAI ESPLOSA FU LA BOMBA H RUSSA DA 50 MEGATONI, DETTA BOMBA ZAR, SCOPPIATA SULL'ISOLA DI NOVAJA ZEMLJA, NELLA SIBERIA ORIENTALE, NELL'OTTOBRE DEL 1961.

▶ Le bombe termonucleari prevedono due stadi: usano una piccola bomba a fissione per innescarne una a fusione. L'esplosione comincia con una gigantesca palla di fuoco, come in questo test nel Pacifico del 1958.

Bomba H

La bomba atomica che distrusse Hiroshima, in Giappone, nel 1945 si basava sulla fissione di grossi atomi come uranio e plutonio. Ma la fusione di minuscoli atomi di idrogeno ha creato bombe ancora più terribili. Il loro funzionamento prevede due stadi: la fissione nucleare viene usata per creare una prima esplosione e innescare la fusione degli atomi di idrogeno. Queste bombe a idrogeno o H sono oggi note come armi termonucleari.

Rischio radioattivo

Esporsi alle radiazioni può essere molto rischioso. I raggi gamma sono i più pericolosi perché le particelle sono così piccole da penetrare nella pelle. Le particelle delle radiazioni alfa e beta sono più grandi, ma se vengono ingerite insieme al cibo possono produrre conseguenze di diversa entità, dalla nausea al cancro, e persino causare la morte.

◀ L'incidente che si verificò nel 1986 alla centrale nucleare di Chernobyl, in Ucraina, è tra i più tragici della storia poiché le radiazioni rilasciate furono trasportate dal vento in tutta Europa. In questa immagine satellitare dell'area intorno alla centrale, il rosso indica la radioattività.

Com'è nato L'UNIVERSO

10^{27} °C	10^{12} °C
10^{-32} sec	3 min

0 secondi

All'inizio, l'Universo è una piccola palla incandescente, che poi si raffredda arrivando ad appena 10 miliardi di miliardi di miliardi di °C.

10^{-43} secondi

Nell'era di Planck le quattro forze fondamentali (gravità, interazione elettromagnetica e le due forze nucleari) sono unificate.

10^{-32} secondi

Le quattro forze si dividono e in una minuscola frazione di secondo lo spazio, che è più piccolo di un atomo, si espande fino a diventare più grande di una galassia. Questo fenomeno è detto inflazione.

10^{-12} secondi

L'Universo diventa una "zuppa" di particelle come quark e gluoni, la cui massa comincia a crescere.

3–20 minuti

La gravità e le altre forze cominciano ad agire. Quark e gluoni si uniscono per formare i nuclei degli atomi più piccoli, quelli di idrogeno. Poi i nuclei di idrogeno iniziano a fondersi, formando quelli di elio.

300.000 anni

Si formano i primi atomi, che creano i gas.

1 milione di anni

Dopo circa un milione di anni i gas iniziano a condensarsi in stringhe dette filamenti, intervallate da ampi buchi scuri detti vuoti.

Le galassie si muovono in tutte le direzioni, allontanandosi l'una dall'altra. Questo significa che l'Universo è in rapida espansione, e che in passato era molto più piccolo. In effetti, si pensa che circa 13,5 miliardi di anni fa, quando il cosiddetto Big Bang lo generò, l'Universo fosse più piccolo di un atomo. Dopo il Big Bang, cominciò un'espansione così rapida e intensa che gli astronomi pensano che non si arresterà mai.

2.726 °C	253,15 °C	-270 °C
300.000 anni	1 miliardo di anni	Oggi (13,7 miliardi di anni)

GIOVANE O VECCHIO?

Le galassie distanti 13 miliardi di anni luce possono sembrare remote, ma sono in realtà relativamente giovani. Le stelle più antiche che riusciamo a vedere sono abbastanza vicine a noi e sono riunite in ammassi globulari, cioè gruppi di pochi milioni di stelle all'interno della Via Lattea. Le stelle nell'ammasso NGC 6397 hanno 13,4 miliardi di anni.

SECONDO GLI SCIENZIATI, IL SUONO PROVOCATO DAL BIG BANG FU PIÙ SIMILE A UN PROFONDO RONZIO O AL ROMBO DI UN AEREO CHE A UN BOATO.

0,5–1 miliardo di anni

I filamenti si agglomerano in nubi che a loro volta formano stelle e galassie.

4,567 miliardi di anni

Nasce il Sistema solare: la Terra e gli altri pianeti si formano a partire da un anello di polvere intorno al Sole.

Oggi

Oggi il Sole è giunto circa a metà della sua vita, ma in tutto l'Universo continuano a formarsi stelle e pianeti nuovi.

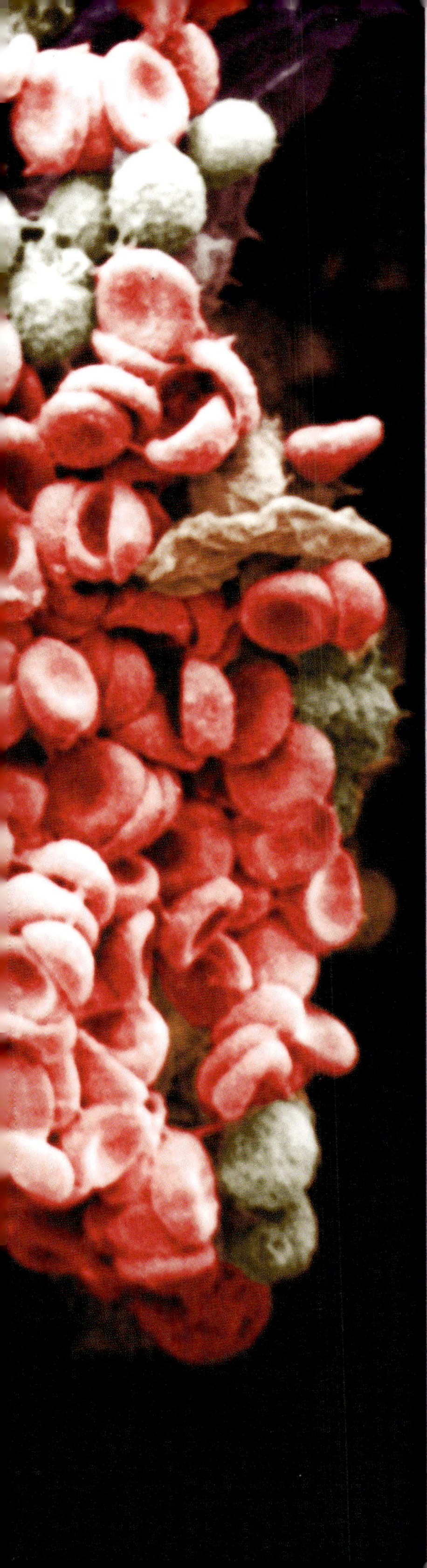

Il corpo UMANO

Alla scoperta dei segreti dell'anatomia umana, dagli studi al microscopio alle radiografie del corpo in azione.

Costruiamo il corpo 44
Paesaggio selvaggio 46
Cosmo cellulare 48
Impianto chimico 50
Flusso vitale 52
Calore corporeo 54
Computer umano 56
Segnali corporei 58
Apri gli occhi 60
Nuova vita 62
Fattore crescita 64
Muscoli potenti 66
Solida struttura 68
Invasori alieni 70
I difensori del corpo! 72
Riparare e ricostruire 74
Messaggeri chimici 76

◄ *Un microscopio elettronico a scansione (SEM) mostra un coagulo di globuli rossi e bianchi in un vaso sanguigno.*

FAI DA TE

Costruiamo
IL CORPO

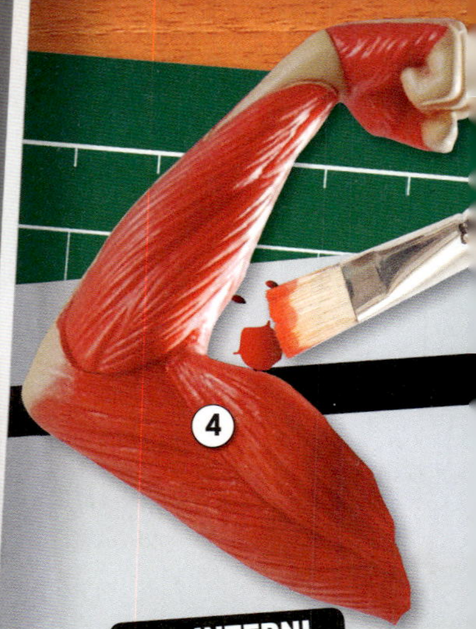

Il corpo è composto da 12 apparati diversi e collegati tra loro: ognuno svolge una funzione specifica, ma sono tutti interdipendenti. Alcuni, come quello circolatorio, si ramificano in tutto il corpo; altri, come quello digerente, sono localizzati in unico posto.

INTERNI

1

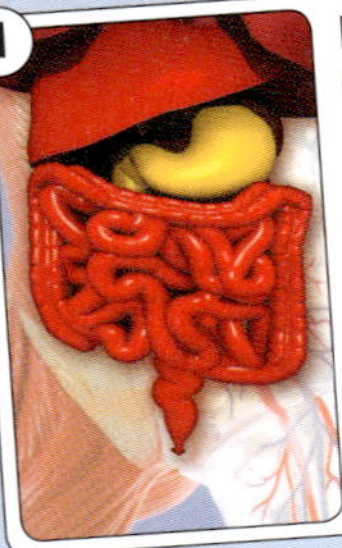

L'apparato digerente scompone il cibo in sostanze semplici che il corpo assorbe e usa per trarne energia, eliminando il resto come materiale di scarto. Include stomaco, intestino e ano.

2

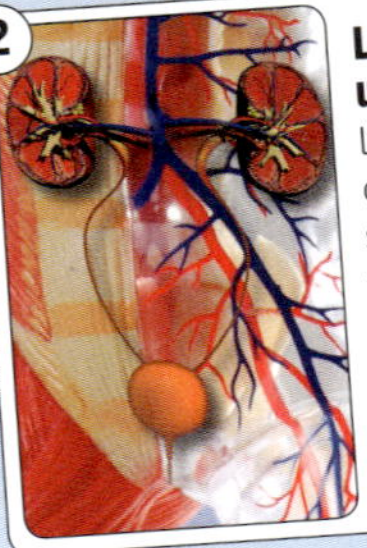

L'apparato urinario rimuove l'acqua in eccesso con l'urina e libera il sangue dalle impurità. Include reni e vescica.

3

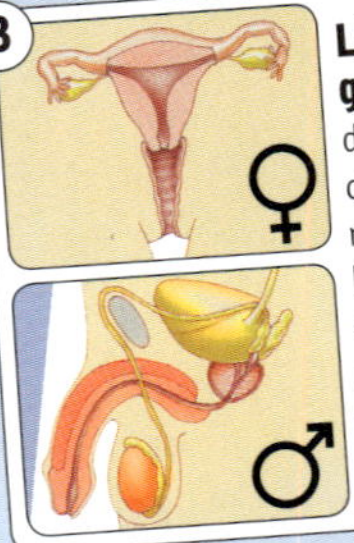

L'apparato genitale è costituito dagli organi sessuali che ci permettono di riprodurci. I maschi hanno pene, scroto e testicoli. Le femmine utero, cervice, vagina, tube di Falloppio e ovaie.

STRUTTURA E RIVESTIMENTO

4

Il sistema muscolare è formato da tre tipi di tessuto muscolare: scheletrico, liscio e cardiaco. Quest'ultimo pompa il sangue in tutto il corpo, consentendo il movimento.

5

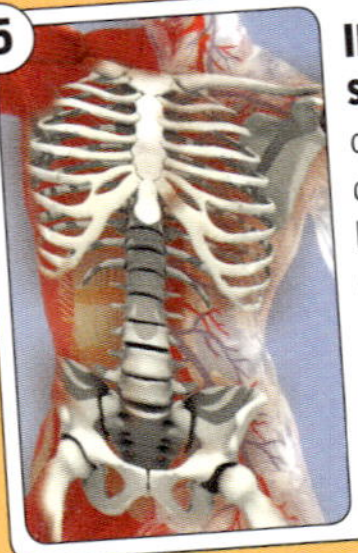

Il sistema scheletrico comprende ossa, cartilagine e legamenti. Sostiene il corpo, protegge gli organi principali e funge da punto di ancoraggio per i muscoli.

6

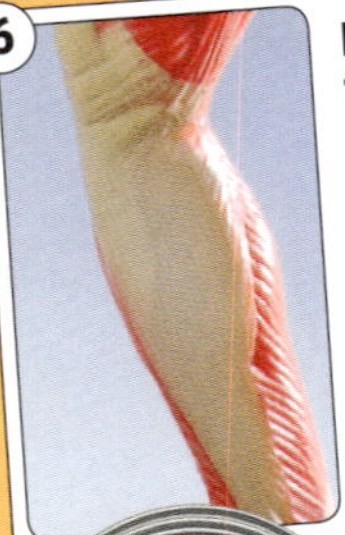

L'apparato tegumentario (la pelle) protegge il corpo e mantiene una temperatura stabile. Tra le sue funzioni c'è anche quella sensoriale: risponde a tatto, pressione, calore e freddo.

CIRCUITI E COMANDI

7

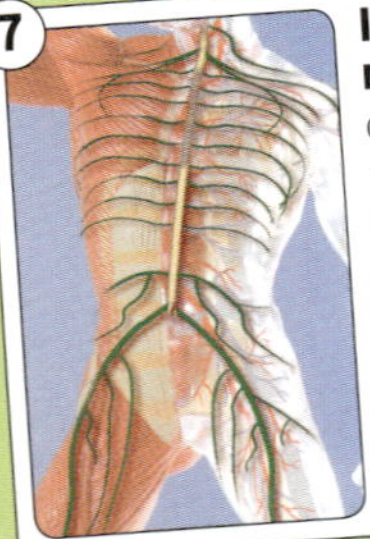

Il sistema nervoso è formato dal cervello e dai nervi. Il cervello riceve segnali elettrici dal corpo attraverso i nervi e invia immediatamente una risposta.

8

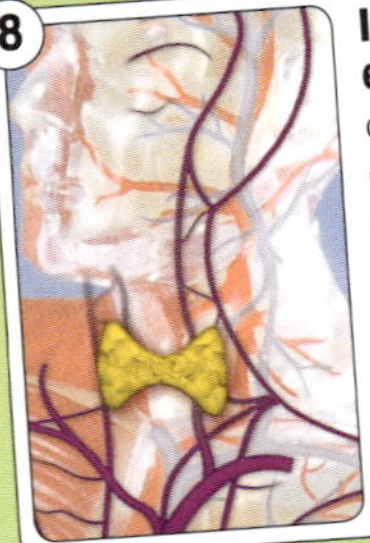

Il sistema endocrino controlla i processi corporei. Rilascia nel sangue un flusso di messaggeri chimici detti ormoni tramite ghiandole collocate in vari punti del corpo.

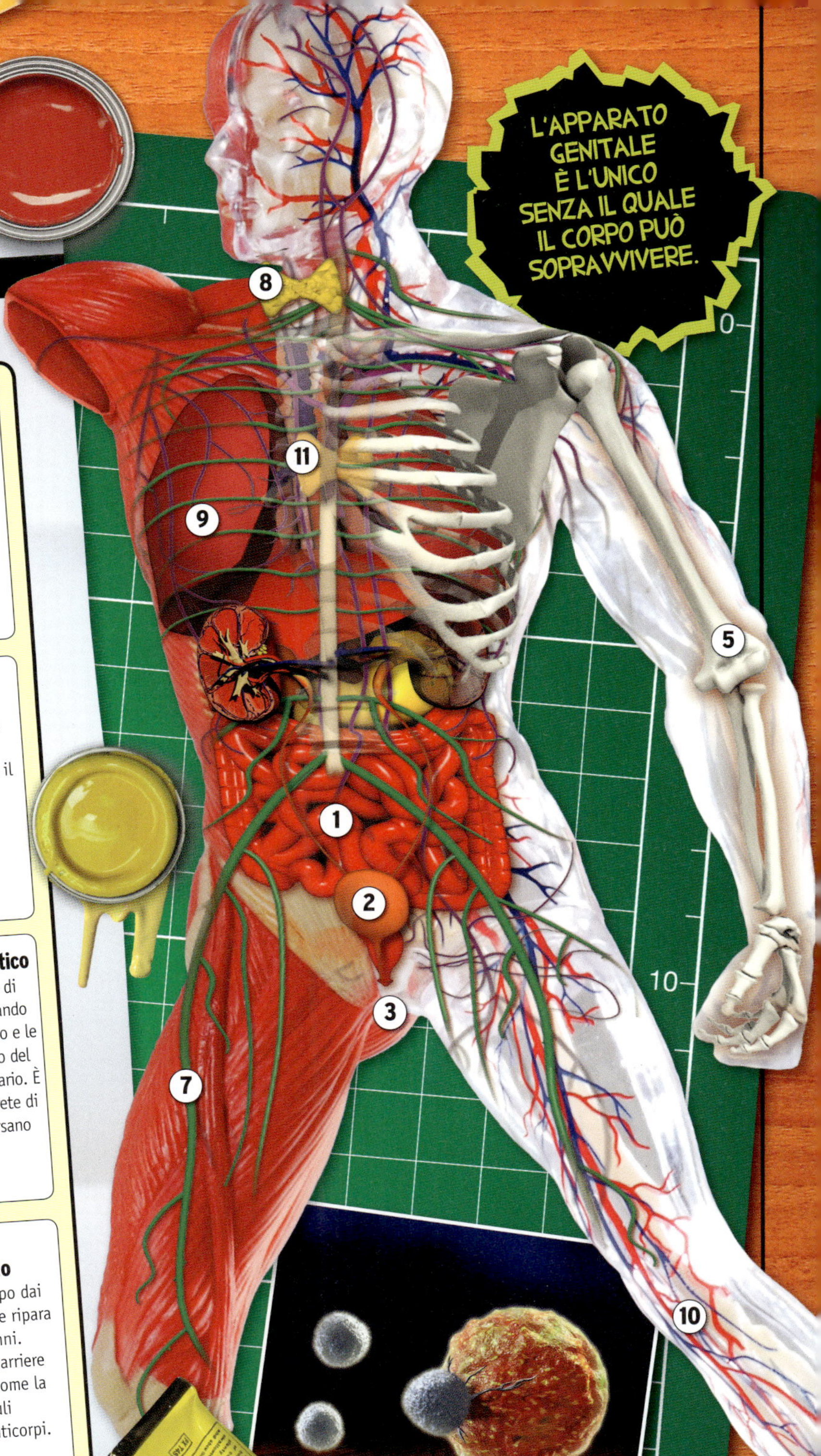

L'APPARATO GENITALE È L'UNICO SENZA IL QUALE IL CORPO PUÒ SOPRAVVIVERE.

ISTRUZIONI

TUBATURE

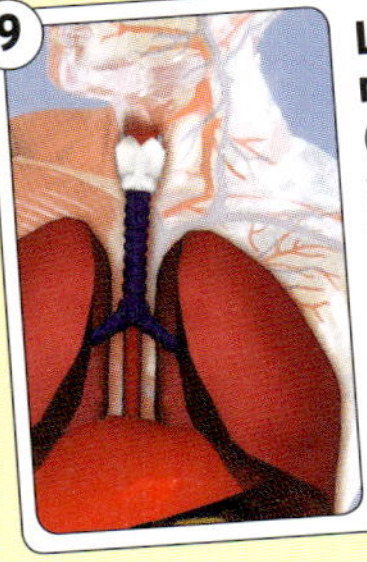

9 **L'apparato respiratorio** (vie aeree e polmoni) porta l'aria ai polmoni per fornire ossigeno al corpo ed espelle anidride carbonica.

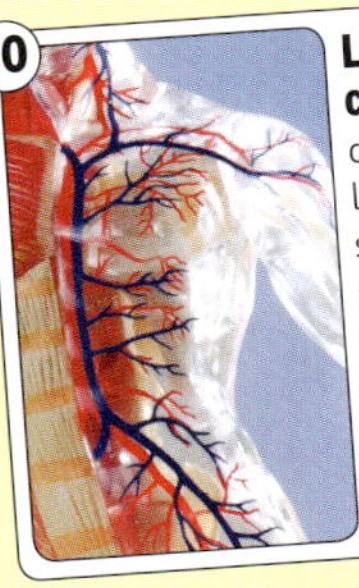

10 **L'apparato circolatorio** comprende il cuore e la rete di vasi sanguigni. Trasporta il sangue dal cuore a tutte le cellule del corpo e viceversa, consentendone la circolazione.

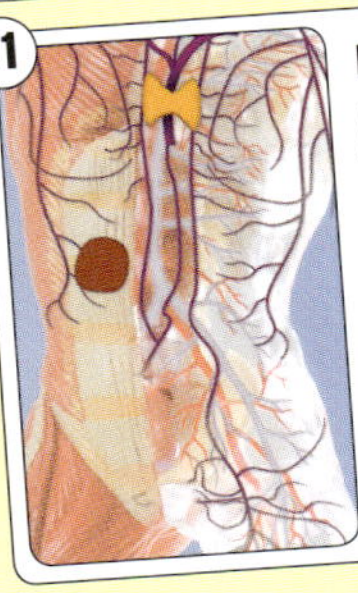

11 **Il sistema linfatico** permette al corpo di "depurarsi", drenando i liquidi in eccesso e le sostanze di scarto del sistema immunitario. È formato da una rete di vasi che attraversano tutto il corpo.

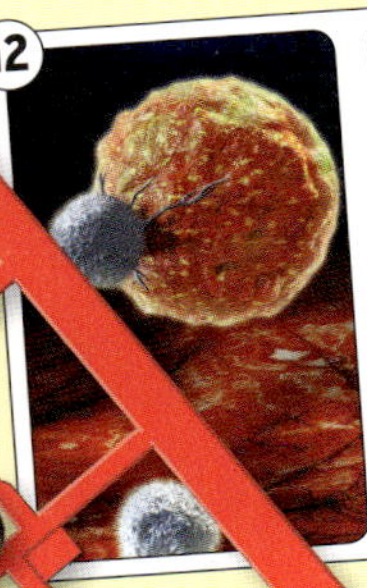

12 **Il sistema immunitario** difende il corpo dai germi nocivi e ripara eventuali danni. Comprende barriere protettive (come la pelle), globuli bianchi e anticorpi.

Paesaggio SELVAGGIO

Le immagini al microscopio hanno rivelato che la superficie del corpo è sorprendentemente variegata. Da vicino, la pelle sembra un terreno accidentato su cui i peli crescono come una foresta. La pelle è un organo così importante che riceve più di un terzo dell'apporto di sangue del corpo.

Fin sopra i capelli

Gli esseri umani sono tra i pochi mammiferi terrestri ad avere la pelle quasi nuda; ciò rende necessario l'uso dei vestiti ma allo stesso tempo contribuisce a tenere il corpo fresco. I 100.000 capelli sulla nostra testa crescono velocissimi, e al microscopio sembrano tronchi d'albero irregolari.

I **capelli** *crescono di 2-3 mm alla settimana. Ognuno vive dai 3 ai 5 anni prima di cadere e farne spuntare uno nuovo al suo posto.*

▼ Anche se ha uno spessore di soli 2 mm, la pelle è costituita da vari strati.

Cambiare pelle

Per assolvere alle sue funzioni, la pelle deve rinnovarsi continuamente. Le nuove cellule emergono dal derma spingendo quelle morte verso l'esterno, a formare lo strato protettivo dell'epidermide. Il corpo perde 40.000 cellule morte al minuto, e quasi 50kg di pelle nell'arco della vita.

Cappotto pesante

La pelle è l'organo più grande del corpo e ha molte funzioni importanti. È impermeabile e resistente ai germi, isola dal freddo ed espelle il calore in eccesso, è sensibile al tatto e fornisce nutrimento al corpo assorbendo vitamina D dai raggi solari.

STESA, LA PELLE MISUREREBBE 2 M². IN TUTTO PESA CIRCA 4 KG.

COLTIVAZIONI DI PELLE

La pelle artificiale coltivata in laboratorio può essere usata per curare chi ha subìto ustioni gravi o soffre di malattie della pelle, ma anche per testare gli effetti di farmaci e cosmetici.

▼ Per ottenere la pelle artificiale si parte da piccoli pezzi di pelle umana.

▼ Quando le vecchie cellule muoiono lasciano sullo strato esterno della pelle una proteina chiamata cheratina. Questa forma un rivestimento resistente e protettivo che poi si sfalda.

Il rivestimento esterno della pelle, o ***epidermide****, è formato da strati sovrapposti di cellule morte.*

Sotto, nel ***derma****, c'è uno strato più spesso che contiene ghiandole, terminazioni nervose e recettori tattili.*

*Ancora più sotto c'è il cosiddetto "****grasso sottocutaneo****", che mantiene caldo il corpo.*

Il derma e gli strati di grasso ricevono un generoso afflusso di ***sangue****.*

▼ La lamina ungueale (la parte visibile dell'unghia) è fatta di un tipo di cheratina trasparente.

Sull'unghia

Come i capelli, le unghie sono costituite da un materiale resistente, la cheratina, che si crea quando alcune cellule muoiono e si induriscono. Le unghie crescono circa 3,5 cm all'anno, quindi se non le tagliassimo mai arriverebbero fino a 3 m. Quella del medio è la più veloce a crescere, mentre quella del pollice è la più lenta.

Cosmo CELLULARE

Il corpo è composto da 100 trilioni di particelle microscopiche dette cellule. Sono come morbidi involucri di sostanze chimiche di varie forme e dimensioni, e ognuna contiene il proprio specifico set di istruzioni sotto forma di DNA.

SECONDO GLI SCIENZIATI SOLO IL 5% DELLE CELLULE APPARTIENE AL CORPO. IL RESTO SONO BATTERI.

ALCUNI TIPI DI CELLULE, SE DANNEGGIATI, MUOIONO AUTOMATICAMENTE.

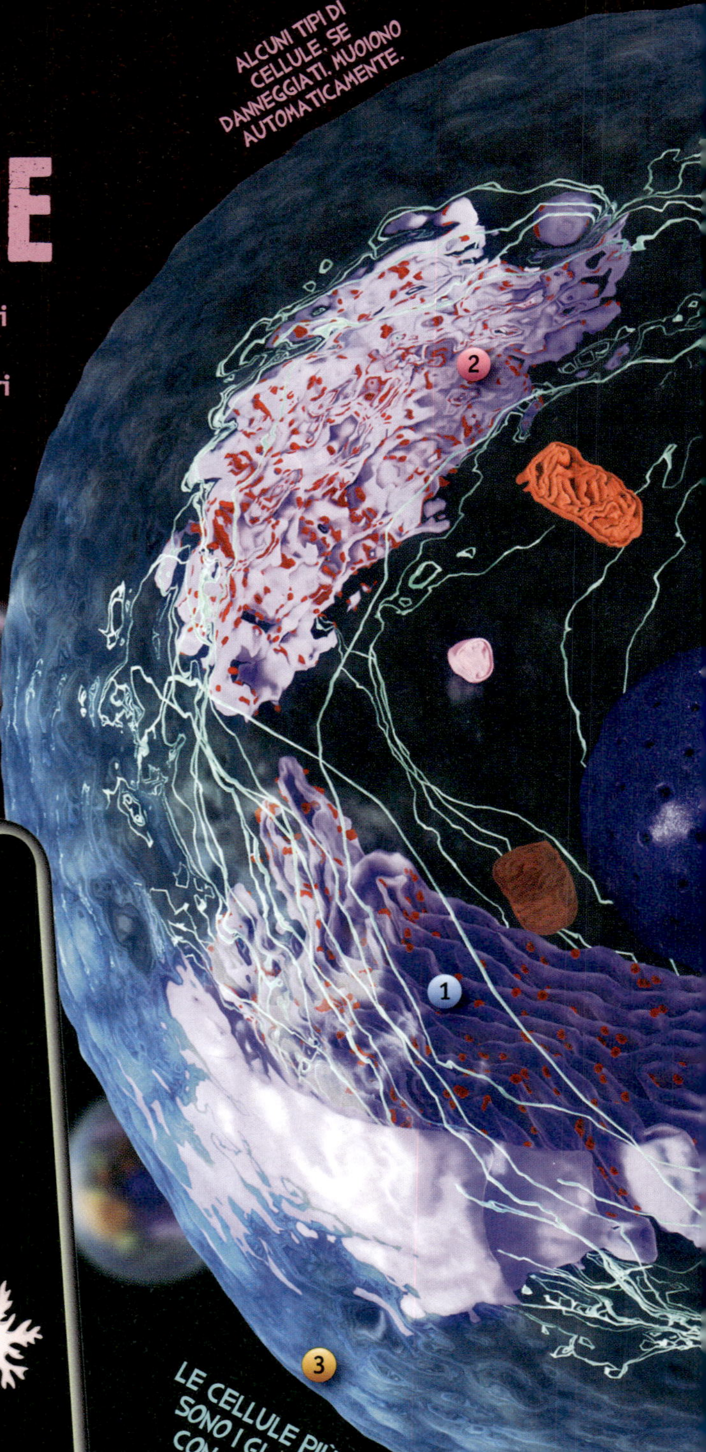

LE CELLULE PIÙ PICCOLE SONO I GLOBULI ROSSI, CON SOLI 0,0075 MM DI DIAMETRO.

LO ZOO CELLULARE

Nel corpo ci sono oltre 200 tipi diversi di cellule. Dalle cellule adipose a quelle epiteliali, ogni tipologia svolge una funzione particolare. Tra le più piccole ci sono quelle granulari del cervello, mentre le più lunghe sono quelle nervose che attraversano il midollo spinale.

GLOBULI ROSSI *portano ossigeno a tutto il corpo.*

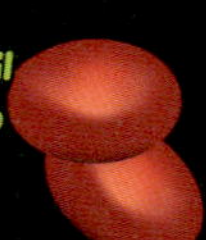

FIBROCELLULE MUSCOLARI *si contraggono per permettere al corpo di muoversi.*

CELLULE NERVOSE *portano messaggi tra il cervello e il corpo.*

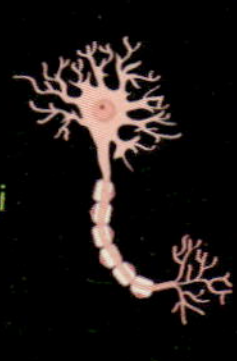

CELLULE OSSEE *rendono più dure le ossa in formazione.*

SPERMATOZOI *portano i geni maschili all'ovulo.*

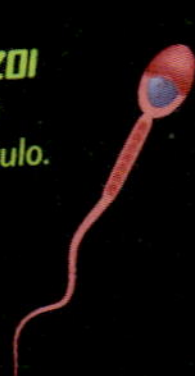

OVULI *contengono i geni femminili, pronti per la fecondazione.*

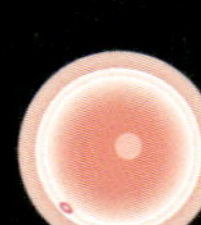

Duro lavoro

Ogni cellula è una movimentata fabbrica chimica costantemente in funzione. Al suo interno, una squadra di "organelli" svolge diversi compiti. Alcuni trasportano sostanze chimiche, altri le disgregano e altri ancora ne creano di nuove, le usano e le inviano ad altre cellule. Le istruzioni generali vengono dal nucleo, ma ogni organello conosce la sua funzione.

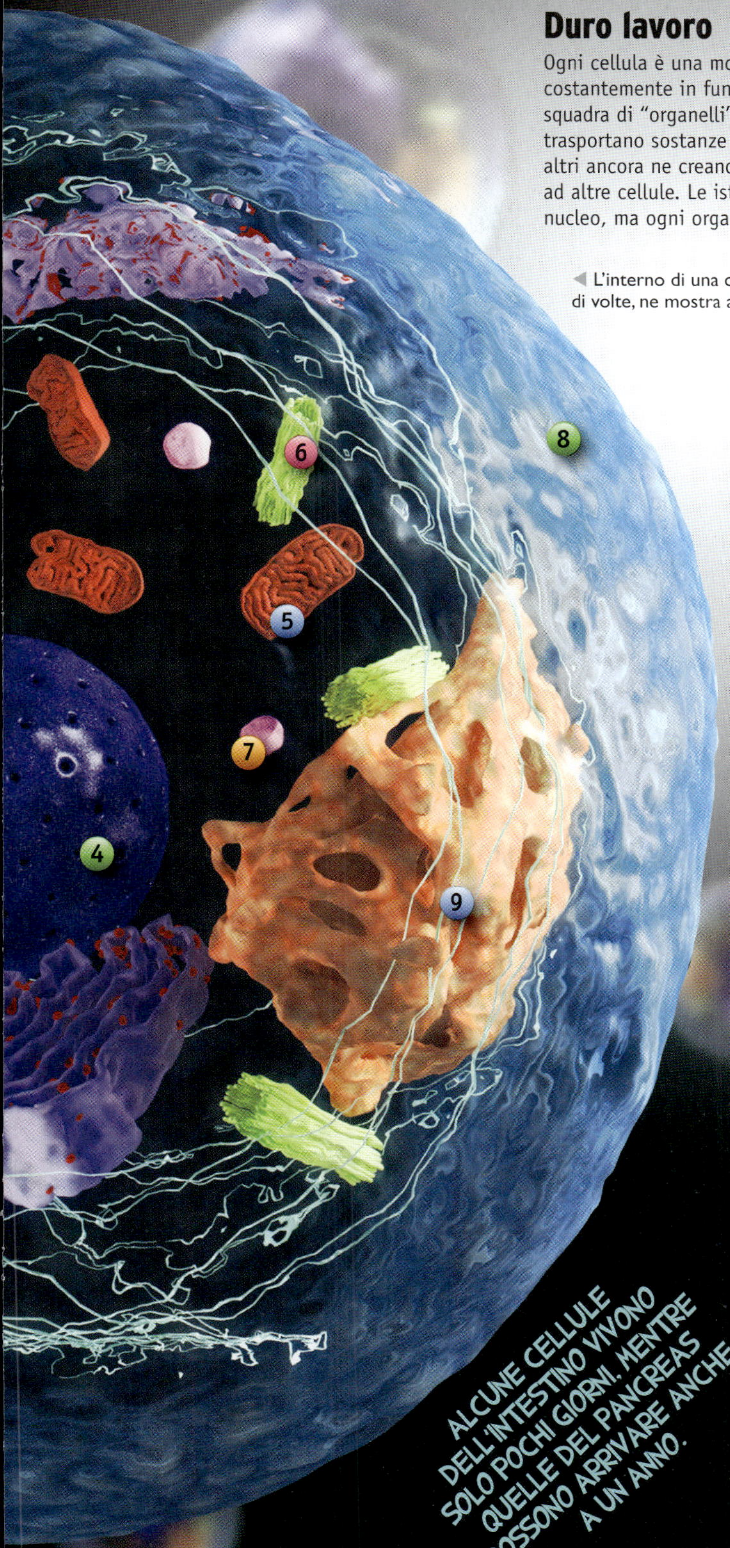

◀ L'interno di una cellula, ingrandito milioni di volte, ne mostra alcune caratteristiche.

LE CELLULE PIÙ GRANDI SONO QUELLE NERVOSE, CHE POSSONO ESSERE LUNGHE ANCHE UN METRO.

Anatomia cellulare

1. I **ribosomi** *(puntini rossi)* producono continuamente amminoacidi per costruire nuove proteine.
2. Il **reticolo endoplasmatico rugoso** è formato da membrane in cui operano i ribosomi.
3. Il **citoscheletro** è la rete di filamenti proteici all'interno della parete cellulare, che le danno struttura.
4. Il **nucleo** determina quali proteine saranno prodotte e contiene il programma del DNA, articolato in strutture dette cromosomi.
5. I **mitocondri** trasformano i composti chimici nel carburante della cellula, l'ATP.
6. I **vacuoli** trasportano le proteine appena assemblate dal reticolo endoplasmatico rugoso all'apparato del Golgi per la distribuzione.
7. I **lisosomi** sono responsabili della degradazione e della digestione dei materiali assorbiti dalla cellula.
8. Il **citoplasma** della cellula è lo spazio pieno di liquido in cui sono sospesi gli organelli.
9. L'**apparato del Golgi** prepara nuove proteine da esportare in tutto il corpo.

ALCUNE CELLULE DELL'INTESTINO VIVONO SOLO POCHI GIORNI, MENTRE QUELLE DEL PANCREAS POSSONO ARRIVARE ANCHE A UN ANNO.

Impianto
CHIMICO

Il corpo è costituito da una miscela di acqua e sostanze organiche, e contiene più della metà degli elementi chimici noti nell'Universo. Ogni parte del corpo è coinvolta nella trasformazione delle sostanze chimiche.

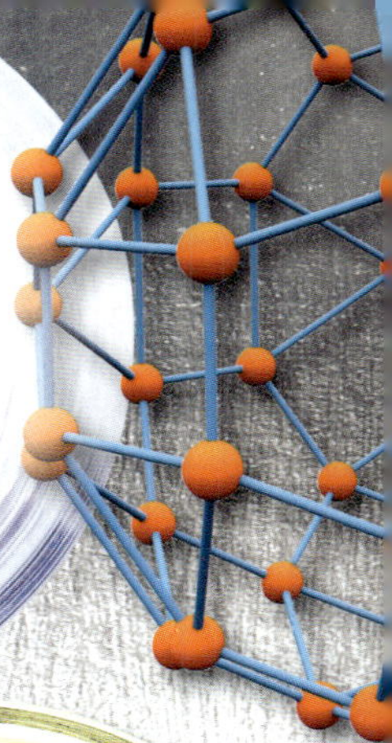

Fatti di acqua

Il corpo è composto per oltre il 60% da acqua, presente sia nelle cellule, sia nei fluidi corporei, come il sangue e la linfa. Senza l'acqua, alcune reazioni di vitale importanza non potrebbero avvenire.

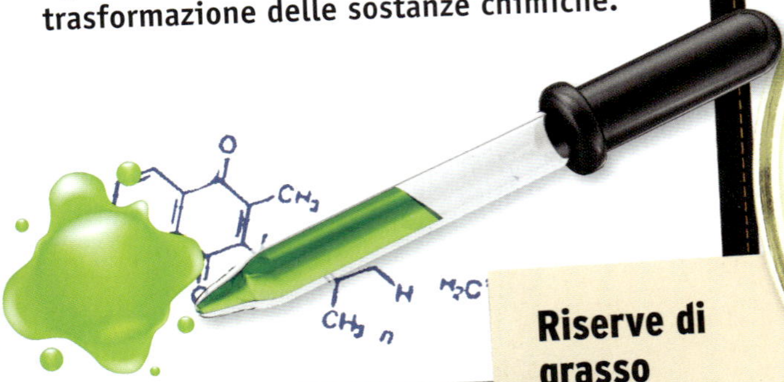

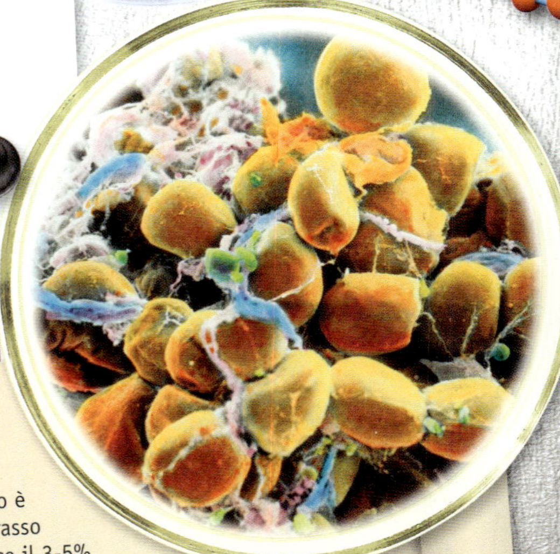

▲ Le cellule adipose sono ricche di lipidi (grassi), che rappresentano importanti riserve di energia.

Riserve di grasso

Buona parte del corpo è fatta di grasso. Il "grasso essenziale" costituisce il 3-5% del corpo maschile e l'8-12% di quello femminile. Il "grasso di deposito" si accumula nel tessuto adiposo e funge da riserva di energia. I cuscinetti adiposi mantengono il corpo caldo e fungono da ammortizzatori.

▶ I coloranti fluorescenti blu e rossi mostrano le proteine nel tessuto della gola.

Proteine tuttofare

Le proteine costituiscono circa il 20% del corpo. Alcune di esse sono "materiali da costruzione": ogni cellula e ogni tessuto sono in parte proteici, compresi muscoli, ossa, tendini, capelli, unghie e pelle. Altre proteine provocano reazioni chimiche (enzimi), inviano messaggi chimici (ormoni), combattono le infezioni (anticorpi) o trasportano ossigeno nel sangue (emoglobine).

Carburante dolce

I carboidrati sono il nostro carburante; alcuni circolano nel sangue come zuccheri semplici, altri sono immagazzinati come glicogeno nel fegato e nei muscoli.

◀ Le ghiandole endometriali nell'utero di una donna incinta secernono glicogeno per fornire all'ovulo l'energia necessaria per crescere.

Fatti per programmare

Gli acidi nucleici fungono da programmatori. L'acido desossiribonucleico (il DNA) si eredita dai genitori, è presente in ogni cellula e contiene istruzioni non solo per la crescita, ma anche per il resto delle attività vitali.

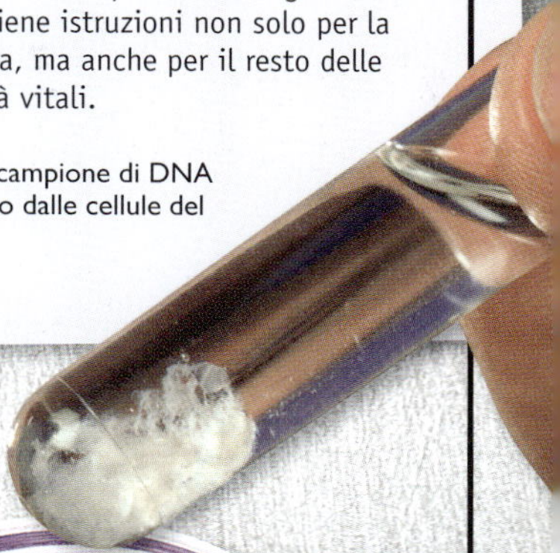

▶ Un campione di DNA estratto dalle cellule del corpo.

Miniere di minerali

Le ossa sono in parte formate da calcio e fosforo, due minerali. Il calcio e il sodio nel sangue, nonché il fosforo, il potassio e il magnesio nelle cellule sono essenziali per i processi chimici. Il ferro è fondamentale per l'emoglobina, che trasporta l'ossigeno nel sangue. Anche altri minerali sono vitali, come cobalto, rame, iodio, manganese e zinco.

▶ Il calcio contenuto nel formaggio (qui ingrandito) rafforza le ossa.

Siamo gas

Il corpo contiene gas: ossigeno, anidride carbonica, monossido di azoto, idrogeno, monossido di carbonio e metantiolo. Alcuni sono disciolti nei fluidi, altri sono bolle di gas nei polmoni o nell'intestino.

CHIMICA CORPOREA

Circa il 99% della massa corporea umana è costituita da soli sei elementi:

SOSTANZA	%	DOVE SI TROVA
Ossigeno	65%	Liquidi e tessuti, ossa, proteine
Carbonio	18%	Ovunque
Idrogeno	10%	Liquidi e tessuti, ossa, proteine
Azoto	3%	Liquidi e tessuti, ossa, proteine
Calcio	1,5%	Ossa, polmoni, reni, fegato, tiroide, cervello, muscoli, cuore
Fosforo	1%	Ossa, urina

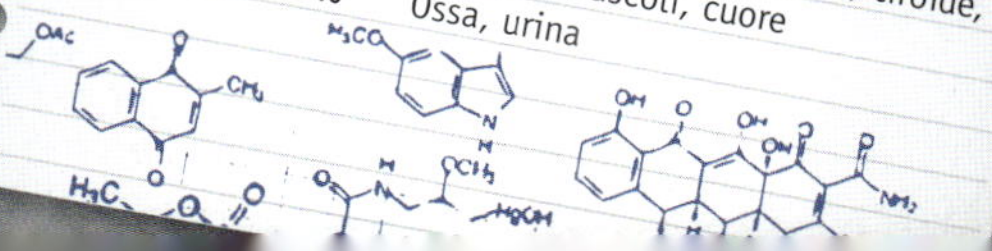

FLUSSO vitale

Il flusso sanguigno è un sistema di trasporto multifunzionale. Non solo distribuisce l'ossigeno dai polmoni a ogni cellula del corpo, ma fornisce anche nutrimento alle cellule e porta gli scarti verso fegato, reni e polmoni. Il sangue attiva le cellule immunitarie per contrastare le infezioni e contribuisce anche a diffondere il calore corporeo.

▼ Il corpo protegge le ferite dalle infezioni formando le croste.

Tappare una perdita

Quando ci tagliamo, i vasi sanguigni si danneggiano. Allora le piastrine accorrono immediatamente e inviano un allarme sotto forma di "fattori della coagulazione". Così facendo, chiamano a raccolta altre piastrine che vengono intrappolate in una rete di fibrina per chiudere la perdita. La fibrina si secca e forma una crosta, che protegge la ferita fino alla completa guarigione.

▲ Le cellule ematiche e la fibrina (gialla) ricoprono la ferita formando un coagulo.

MISCELA COMPLESSA

Il sangue appare rosso, ma è in gran parte costituito da un fluido chiaro e giallastro detto plasma. Il plasma contiene i globuli rossi, che conferiscono il tipico colorito al sangue, grossi globuli bianchi chiamati leucociti e piccoli frammenti di cellule chiamati piastrine.

NEL NOSTRO CORPO CI SONO CIRCA 4 LITRI DI SANGUE.

BASTA CHE SU UN TAGLIO SI FORMI UNA SOLA MOLECOLA DI FIBRINA PER INNESCARE UNA REAZIONE A CATENA DI COAGULAZIONE CHE PORTA ALLA RAPIDA CREAZIONE DI ALTRE 30.000 MOLECOLE.

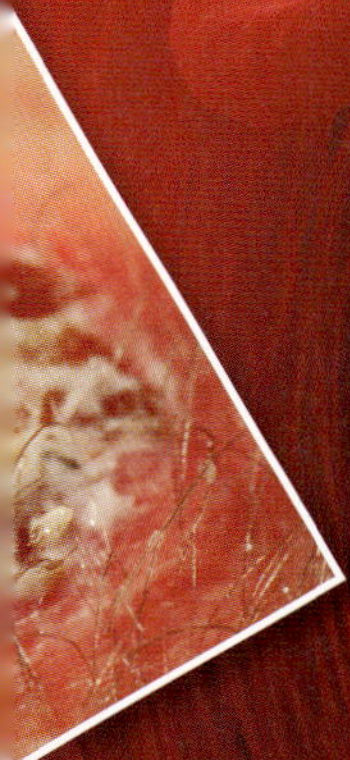

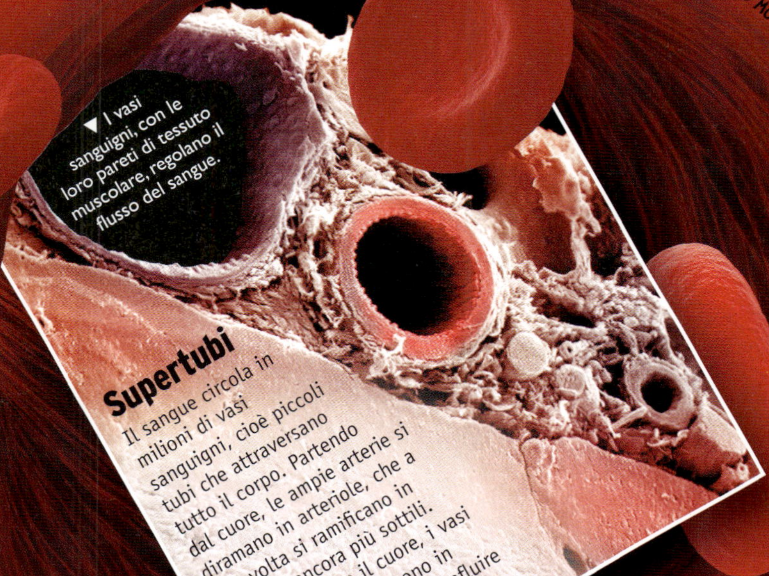

▼ I vasi sanguigni, con le loro pareti di tessuto muscolare, regolano il flusso del sangue.

Supertubi

Il sangue circola in milioni di vasi sanguigni, cioè piccoli tubi che attraversano tutto il corpo. Partendo dal cuore, le ampie arterie si diramano in arteriole, che a loro volta si ramificano in capillari ancora più sottili. Tornando verso il cuore, i vasi sanguigni si riuniscono in venule sottili per poi confluire nelle vene, più larghe.

Pompaggio formidabile

Il cuore è un muscolo instancabile: le sue pareti si contraggono e si rilassano circa 70 volte al minuto, facendo affluire sangue in tutto l'organismo ogni 90 secondi. Il lato destro del cuore è più piccolo e debole, e pompa il sangue solo nei polmoni, mentre il lato sinistro è più forte, e pompa il sangue in tutto il resto del corpo.

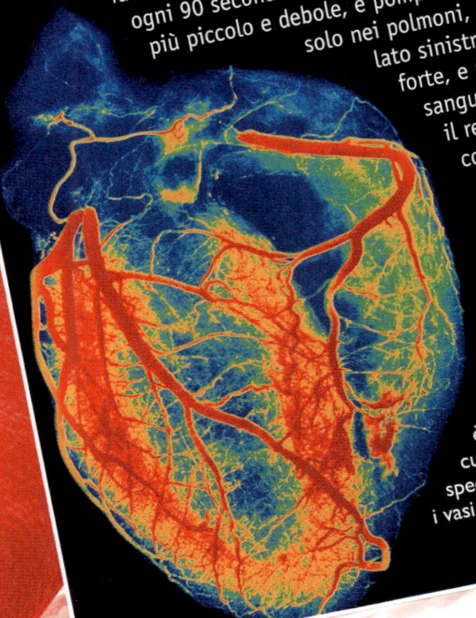

◀ Un arteriogramma è una radiografia in cui si usa un colorante speciale per individuare i vasi sanguigni del cuore.

Rosso sangue

I globuli rossi contengono una sostanza chimica chiamata emoglobina, che trasporta ossigeno. In media abbiamo 25 trilioni di globuli rossi, e il corpo ne produce due milioni al secondo.

Calore corporeo

Il corpo non può sopravvivere a lungo senza il costante apporto energetico del cibo. L'energia stimola tutte le reazioni chimiche dell'organismo, che rilasciano energia termica per fornire calore ed energia muscolare per consentire i movimenti.

◄ Il termogramma rileva il calore. Il rosso mostra le parti più calde e il blu quelle più fredde: la testa e il petto sono le zone più calde del corpo.

▼ Alcune cellule contengono solo un mitocondrio, altre ne hanno migliaia.

Trilioni di forni

Il processo di respirazione cellulare produce ondate di energia brevi e costanti. Il nostro corpo è formato da trilioni di cellule, e ognuna contiene microscopici "forni" detti mitocondri che usano l'ossigeno per degradare molecole di glucosio e liberare energia, generando calore.

L'ENERGIA IMMAGAZZINATA È RACCHIUSA IN MILIONI DI PICCOLE MOLECOLE DI ATP (ADENOSINA TRIFOSFATO). L'ATP È COME UNA MOLLA PRONTA A DISTENDERSI E RILASCIARE ENERGIA.

Corpi caldi

Per garantire il corretto funzionamento dell'organismo, la temperatura corporea deve essere di poco inferiore ai 37 °C: muovendo i muscoli e innescando reazioni chimiche nel fegato il corpo genera continuamente calore e si mantiene più caldo dell'ambiente esterno.

CIBO ENERGETICO

L'energia si ricava dai carboidrati presenti nel cibo, come zucchero e amido. Anche i grassi forniscono energia, che però non viene usata subito bensì immagazzinata. Le molecole ricche di energia possono essere inviate a tutte le cellule tramite il sangue sotto forma di glucosio, o trattenute temporaneamente nel fegato come glicogeno.

▼ Quando si fa sport, il corpo suda per rilasciare energia termica.

Rinfrescarsi

Quando il corpo si surriscalda, l'ipotalamo (il "termostato" del cervello) lo stimola a sudare attraverso i pori della pelle per perdere calore. Oltre a eliminare l'acqua calda dall'organismo, il sudore rinfresca la pelle facendo evaporare l'umidità. L'ipotalamo incrementa anche l'apporto di sangue alla pelle per abbassare la temperatura corporea.

Brrrrrrr...

Se il corpo si raffredda troppo, l'ipotalamo genera calore potenziando l'attività delle cellule e muovendo rapidamente i muscoli con i brividi. Inoltre, riduce la perdita di calore limitando l'apporto di sangue alla pelle per mantenere la temperatura corporea.

▲ Nel 2005, Lewis Gordon Pugh ha battuto il record per la nuotata a lunga distanza più a nord del mondo, percorrendo un chilometro tra le fessure dei ghiacci polari.

L'ENERGIA USATA DA UN TENNISTA PROFESSIONISTA DURANTE UN MINUTO DI PARTITA BASTEREBBE A FAR BOLLIRE UN PENTOLINO D'ACQUA.

PELLE D'OCA

Quando abbiamo freddo i nostri peli si rizzano, creando la "pelle d'oca" e intrappolando vicino alla pelle uno strato di aria calda, che riscalda il corpo.

COMPUTER umano

Il cervello contiene oltre 100 miliardi di cellule nervose, o neuroni. Ognuno di essi è connesso ad altri 25.000 neuroni, formando trilioni di percorsi attraverso cui i segnali possono viaggiare in tutto il corpo. Questo ci permette di pensare e imparare, saltare e sederci, ridere, piangere e fare tutto ciò che ci rende umani.

RICEVERE SEGNALI

La corteccia cerebrale è lo strato rugoso di cellule nervose interconnesse che forma il rivestimento esterno del cervello. È composta da diverse strutture, ognuna associata a funzioni specifiche, che captano numerosi segnali sensoriali e inviano risposte.

Cervello esigente

Il cervello costituisce meno del 2% del peso corporeo, ma richiede più del 20% del suo apporto complessivo di sangue. Se private dell'ossigeno contenuto nel sangue anche solo per pochi minuti, le cellule cerebrali muoiono rapidamente. Quando il sangue non arriva al cervello, in dieci secondi si ha una perdita di coscienza e la morte sopraggiunge pochi minuti dopo.

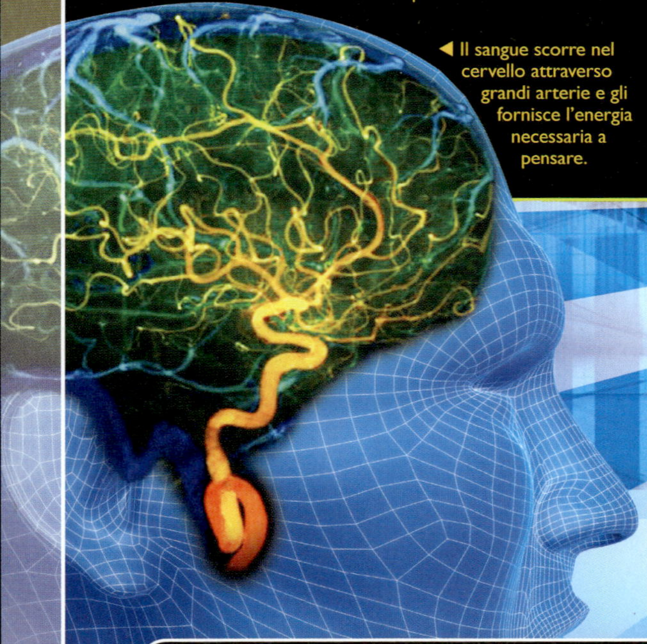

◀ Il sangue scorre nel cervello attraverso grandi arterie e gli fornisce l'energia necessaria a pensare.

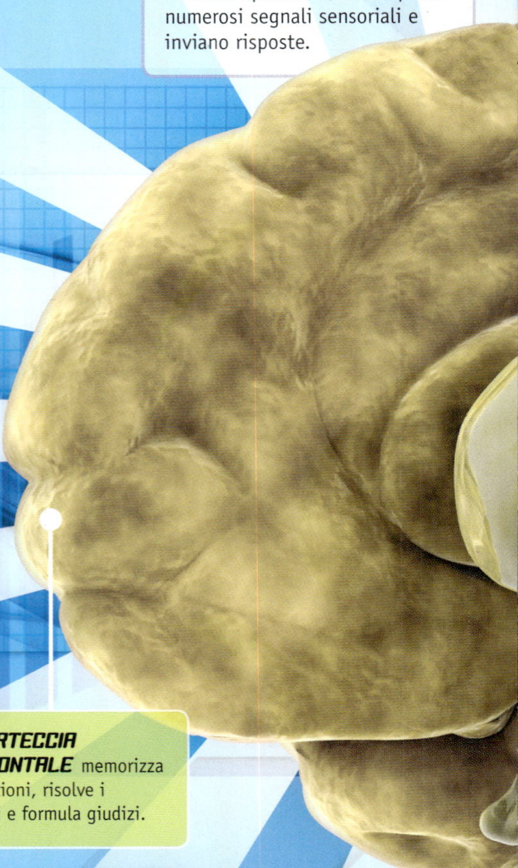

LA CORTECCIA PREFRONTALE memorizza informazioni, risolve i problemi e formula giudizi.

Le due metà del cervello

Il cervello è suddiviso in due metà o emisferi, collegati da un fascio di nervi. La parte sinistra controlla il lato destro del corpo e la parte destra quello sinistro. Si ritiene che l'emisfero sinistro presieda al pensiero logico e analitico, mentre l'emisfero destro esprimerebbe emozioni e creatività.

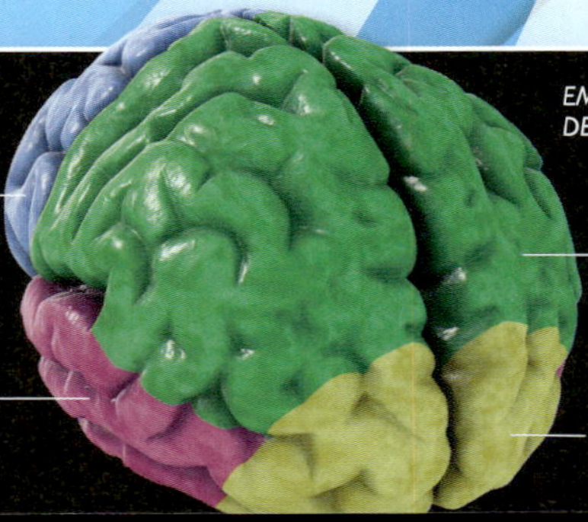

Materia grigia

La corteccia cerebrale viene anche detta "materia grigia". È qui che si sviluppa la maggior parte dei pensieri, e le sue pieghe permettono ai nervi di concentrarsi in uno spazio ristretto. Le osservazioni hanno rilevato l'esistenza di "aree associative", che diventano più attive quando svolgiamo determinate azioni.

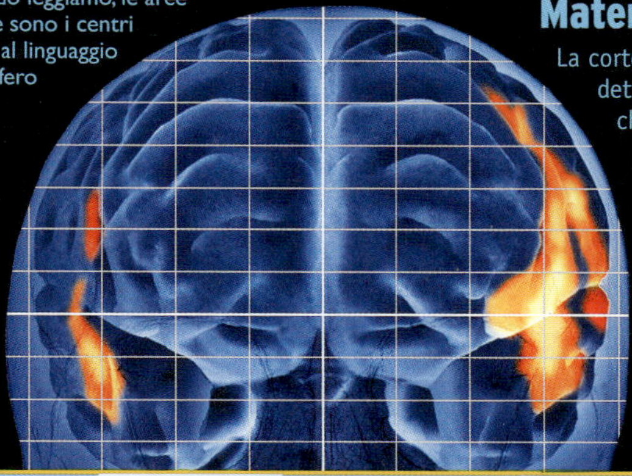

▶ Quando leggiamo, le aree più attive sono i centri preposti al linguaggio nell'emisfero sinistro.

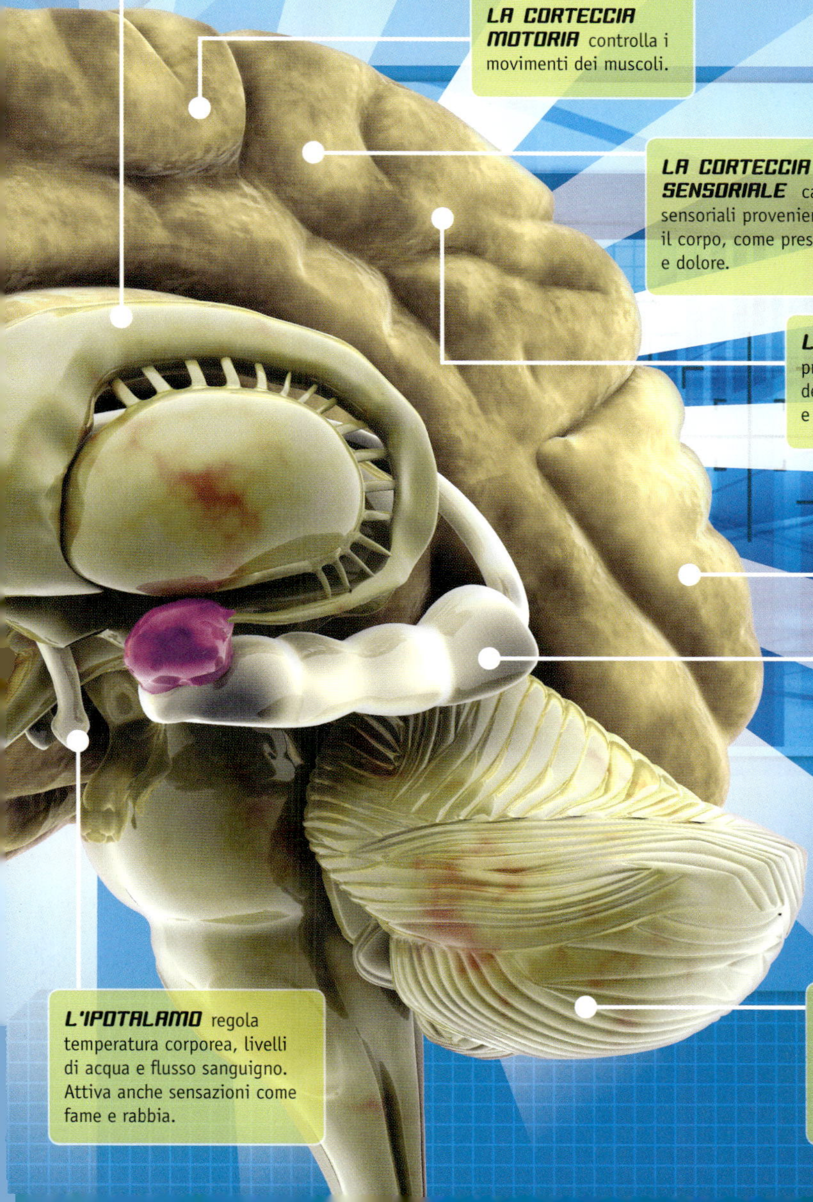

IL SISTEMA LIMBICO elabora odori, emozioni e memoria; per questo gli odori possono evocare ricordi.

LA CORTECCIA MOTORIA controlla i movimenti dei muscoli.

LA CORTECCIA SENSORIALE capta i segnali sensoriali provenienti da tutto il corpo, come pressione, calore e dolore.

L'AREA DI WERNICKE presiede alla comprensione del linguaggio verbale, scritto e orale.

LA CORTECCIA VISIVA analizza ciò che vedono gli occhi.

L'IPPOCAMPO è associato a stati d'animo, forza di volontà, riconoscimento di nuove esperienze e memoria a breve termine.

IN MEDIA, IL CERVELLO DI UNA DONNA COSTITUISCE IL 2,5% DEL SUO PESO CORPOREO, QUELLO DI UN UOMO IL 2%.

L'IPOTALAMO regola temperatura corporea, livelli di acqua e flusso sanguigno. Attiva anche sensazioni come fame e rabbia.

IL CERVELLETTO una regione delle dimensioni di una prugna che controlla equilibrio e postura e coordina i movimenti.

SEGNALI corporei

Il sistema nervoso è una grande rete di comunicazione: i nervi trasportano messaggi dal cervello a tutte le parti del corpo e trasmettono un flusso costante di dati per informare il cervello di ciò che succede nell'organismo e nel mondo circostante.

Fascio di nervi

Il tronco encefalico, il midollo spinale e i rami del sistema nervoso periferico sono composti da lunghi fasci di fibre nervose chiamati nervi. Questi fasci sono formati dagli assoni (le code) delle cellule nervose, legati insieme come fili di un cavo telefonico. I segnali possono percorrere fino a 120 m al secondo.

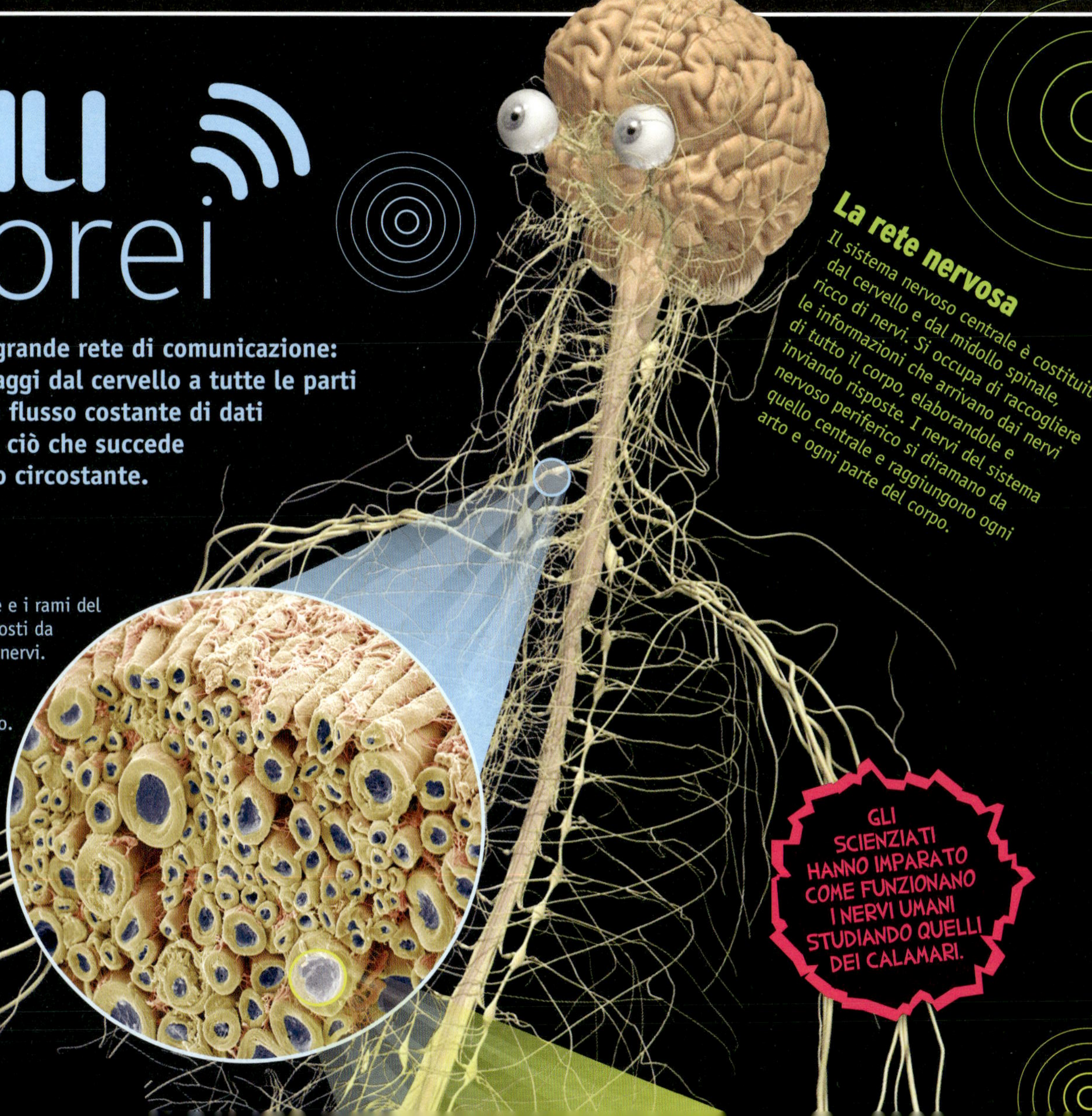

▶ Le fibre nervose sono tenute insieme e isolate da una guaina mielinica per mantenere forte il segnale.

La rete nervosa

Il sistema nervoso centrale è costituito dal cervello e dal midollo spinale, ricco di nervi. Si occupa di raccogliere le informazioni che arrivano dai nervi di tutto il corpo, elaborandole e inviando risposte. I nervi del sistema nervoso periferico si diramano da quello centrale e raggiungono ogni arto e ogni parte del corpo.

GLI SCIENZIATI HANNO IMPARATO COME FUNZIONANO I NERVI UMANI STUDIANDO QUELLI DEI CALAMARI.

PERCEZIONI

Il tatto è un senso complesso, che comprende in realtà la capacità di percepire sensazioni diverse, come dolore, calore, freddo, tatto e pressione. Sulla pelle esistono quindi almeno cinque tipi di recettori sensoriali; alcuni di essi, chiamati corpuscoli di Pacini, inviano risposte rapide e momentanee, mentre altri, detti corpuscoli di Ruffini, inviano risposte lente e prolungate.

Connettore naturale

La forma di una cellula nervosa (o neurone) ricorda quella di un ragno, con un nucleo al centro, molte ramificazioni chiamate dendriti e una coda detta assone. I segnali elettrici attraversano i dendriti, scorrono lungo l'assone e vengono inviati ad altri neuroni.

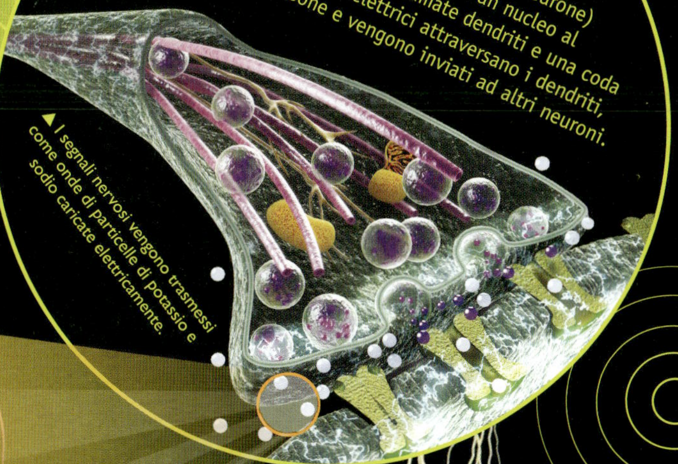

▲ I segnali nervosi vengono trasmessi come onde di particelle di potassio e sodio caricate elettricamente.

Le sinapsi

I neuroni non si toccano tra loro. Quando trasmettono i segnali lo fanno attraverso piccoli spazi detti "sinapsi" in cui si muovono flussi di particelle chimiche chiamate neurotrasmettitori, che vengono rilasciate nelle sinapsi ogni volta che arriva un segnale. Quando i neurotrasmettitori si agganciano ai recettori dei nervi, il segnale viene emesso.

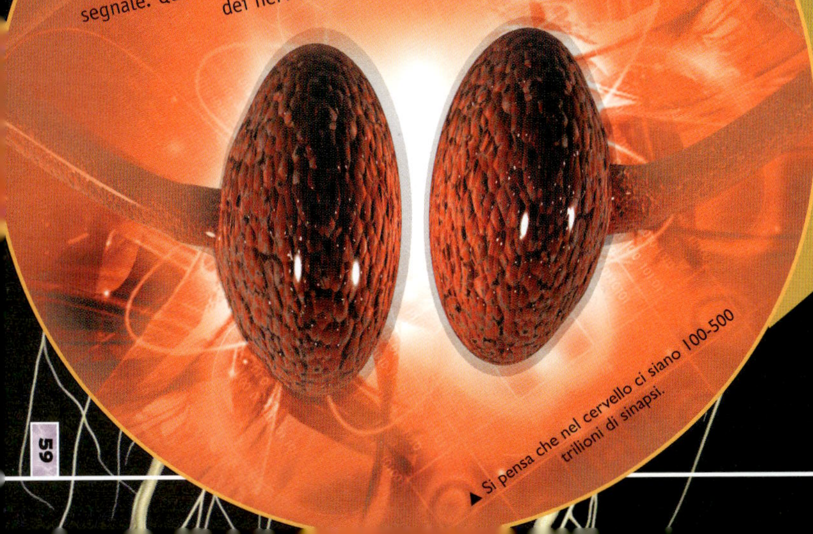

▲ Si pensa che nel cervello ci siano 100-500 trilioni di sinapsi.

PILOTA AUTOMATICO

I riflessi sono movimenti muscolari che avvengono in modo involontario. Alcuni sono innati, come la minzione; altri si sviluppano per apprendimento, come quando beviamo da un bicchiere senza pensarci.

APRI GLI OCCHI

I NOSTRI OCCHI COMBINANO LA DEFINIZIONE DI UN'OTTIMA FOTOCAMERA DIGITALE CON UNA VERSATILITÀ INEGUAGLIABILE. POSSONO METTERE BENE A FUOCO UN GRANELLO DI POLVERE COSÌ COME UNA GALASSIA, E FUNZIONANO SIA CON LA LUCE DEL SOLE, SIA CON QUELLA DELLE STELLE.

20/70

20/50

Buco nero

La pupilla è come un oblò che permette alla luce di entrare nell'occhio. Appare nera perché l'interno dell'occhio è scuro. Quando la luce scarseggia, la pupilla può dilatarsi per farne entrare di più.

▼ Ogni iride è unica e può quindi essere utilizzata per identificare un individuo, proprio come le impronte digitali.

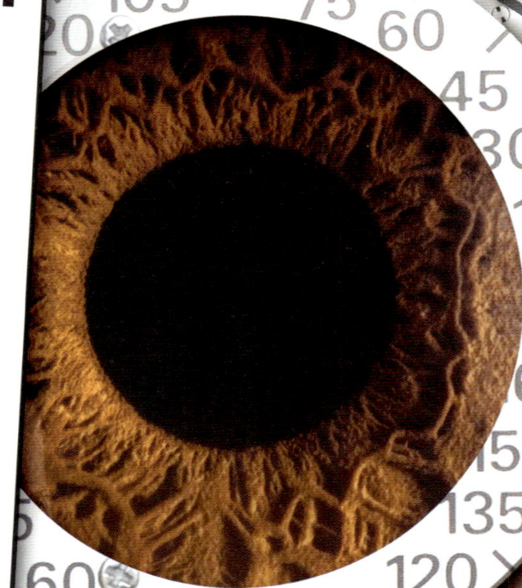

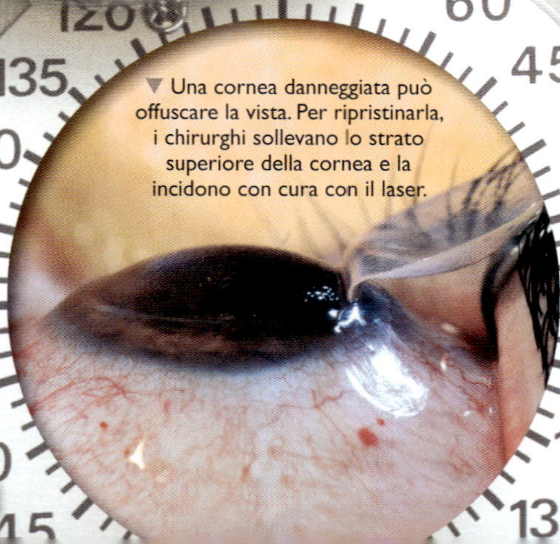

▼ Una cornea danneggiata può offuscare la vista. Per ripristinarla, i chirurghi sollevano lo strato superiore della cornea e la incidono con cura con il laser.

Chiaro e cristallino

La cornea è la parte trasparente dell'occhio, che consente la focalizzazione. Attraversandola, i raggi di luce vengono rifratti (deviati) prima di colpire il cristallino. Quest'ultimo regola la messa a fuoco per fornire un'immagine nitida, a seconda che si guardi qualcosa di vicino o di molto lontano. Ogni regolazione richiede appena un cinquantesimo di secondo.

Come al cinema

L'interno del bulbo oculare somiglia a un mini-cinema. La cornea e il cristallino proiettano sulla retina (la membrana più interna) un'immagine grande pochi millimetri, ma che a noi appare a grandezza naturale.

I NOSTRI OCCHI ESAMINANO COSTANTEMENTE CIÒ CHE CI CIRCONDA CON MOVIMENTI MOLTO RAPIDI, INDIVIDUANDO I DETTAGLI IMPORTANTI.

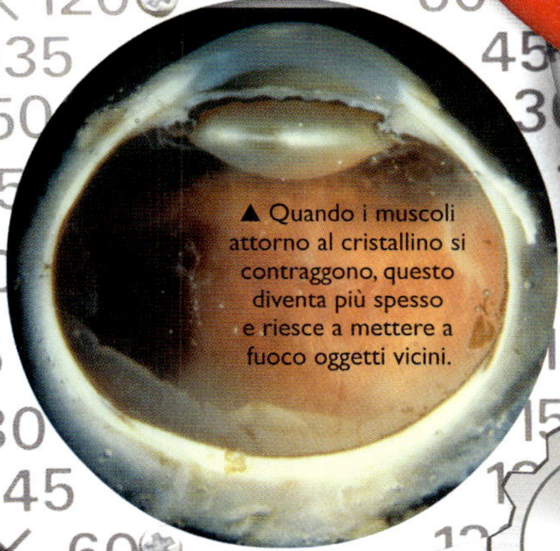

▲ Quando i muscoli attorno al cristallino si contraggono, questo diventa più spesso e riesce a mettere a fuoco oggetti vicini.

▼ Ci sono solo sette colori nell'arcobaleno, ma i coni degli occhi possono distinguerne fino a dieci milioni!

Fotocamera naturale

La retina si comporta come le fotocellule di una macchina fotografica: 150 milioni di bastoncelli rilevano la luce disponibile e funzionano anche quando è poca, mentre otto milioni di coni riconoscono i colori e funzionano meglio alla luce del giorno.

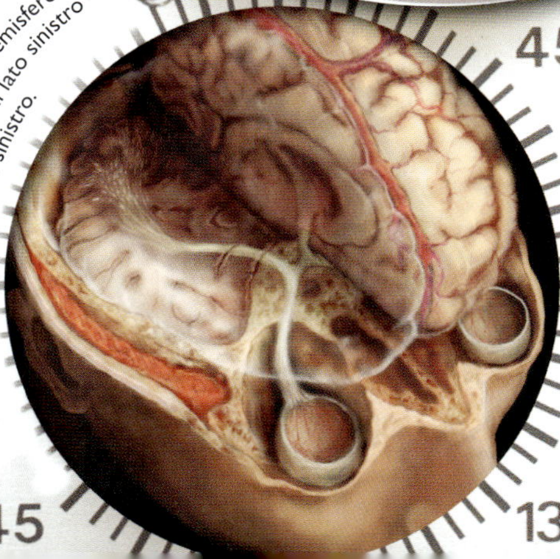

▼ Il lato destro di ogni retina invia segnali all'emisfero destro della corteccia visiva, mentre il lato sinistro li invia all'emisfero sinistro.

Dritto al cervello

In realtà a "vedere" non sono gli occhi ma è il cervello, tramite la corteccia visiva. Quando la luce colpisce la retina, bastoncelli e coni mandano segnali al nervo ottico per comporre un'immagine nel cervello.

NUOVA vita

Il corpo umano è capace di riprodursi: quando due cellule microscopiche (uno spermatozoo e un ovulo) si uniscono, la loro combinazione dà inizio a una nuova vita. Così un bambino comincia la sua crescita nell'utero femminile, che durerà nove mesi.

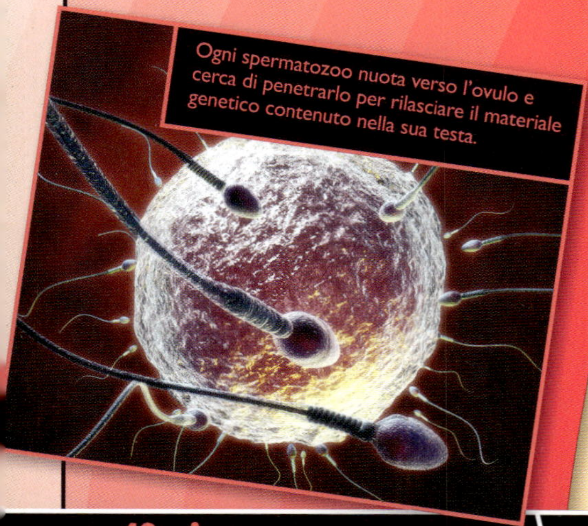

Ogni spermatozoo nuota verso l'ovulo e cerca di penetrarlo per rilasciare il materiale genetico contenuto nella sua testa.

DOPO SOLO UNA SETTIMANA, L'EMBRIONE CONTIENE CENTINAIA DI CELLULE.

Da ovulo a embrione

Quando uno spermatozoo riesce a fecondare un ovulo, una nuova vita viene concepita. L'ovulo comincia a dividersi ripetutamente, producendo copie di sé stesso apparentemente identiche per creare un embrione. Via via che le cellule si moltiplicano cominciano ad apparire le differenze, e si sviluppano quelli che poi saranno gli organi e la pelle.

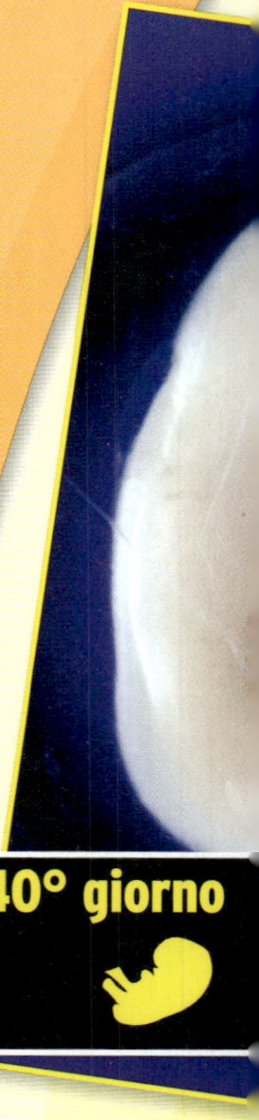

1° giorno

Milioni di spermatozoi provano a fecondare l'ovulo, ma nella maggior parte dei casi ci riesce al massimo uno.

6° giorno

L'agglomerato di cellule si attacca alla cavità uterina.

40° giorno

In principio

Ciò che rende speciali spermatozoi e ovuli non è qualcosa in più rispetto al resto delle cellule, ma qualcosa in meno: mentre tutte le altre cellule del corpo hanno due set di 23 cromosomi, i gameti (cioè le cellule sessuali) ne hanno solo uno. Lo spermatozoo deve combinare i suoi cromosomi con quelli dell'ovulo per ottenere il corredo completo di 46 e dare inizio a una nuova vita. Questo accade tramite i rapporti sessuali, quando gli spermatozoi nuotano nell'utero per raggiungere l'ovulo.

SE DUE OVULI RILASCIATI CONTEMPORANEAMENTE VENGONO ENTRAMBI FECONDATI, SI SVILUPPANO GEMELLI ETEROZIGOTI.

L'uovo fecondato si divide formando un piccolo agglomerato di cellule.

Da embrione a feto

Dopo circa 40 giorni l'embrione ha le dimensioni di un pisello, ma è già possibile riconoscere, abbozzati, naso, bocca e orecchie. Due macchie scure indicano i punti in cui cresceranno gli occhi, il cuore batte rapido e cervello, muscoli e ossa cominciano a crescere. Dopo nove settimane l'embrione somiglia a un bambino con una testa enorme, e viene chiamato feto.

In questa fase iniziale, l'embrione somiglia a un girino.

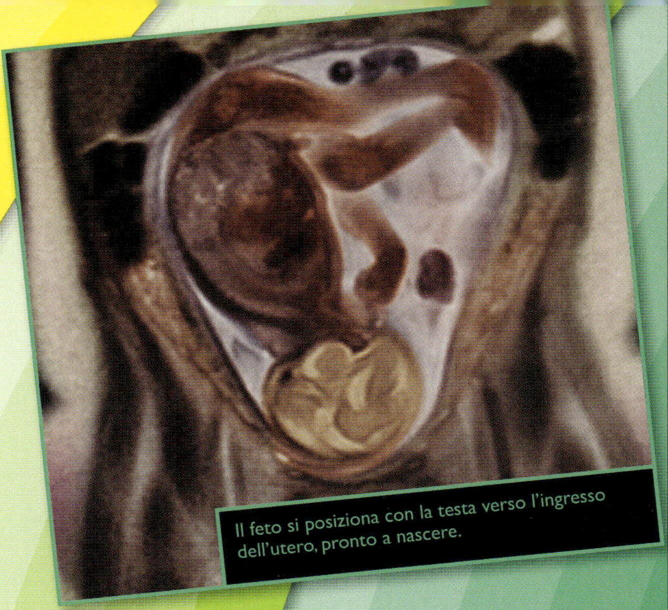

Il feto si posiziona con la testa verso l'ingresso dell'utero, pronto a nascere.

Sempre più forte

In questo stadio intermedio il feto sembra un bambino rannicchiato, ma più piccolo e meno definito. È grande quanto la mano di un adulto, quindi deve ancora crescere, ma comincia a muoversi e a scalciare con le sue gambine non ancora del tutto formate. Secondo alcuni studi, potrebbe anche essere in grado di sentire ciò che avviene all'esterno del grembo materno.

È ora di nascere!

Finalmente, dopo circa 37 settimane, il feto ha completato il suo sviluppo. La nascita comincia quando la madre entra in "travaglio". I muscoli dell'utero si contraggono, rompendo la sacca di liquido che circonda il bambino; poi il collo dell'utero si contrae e si rilassa ritmicamente per spingere fuori il bambino attraverso il canale del parto.

L'embrione misura circa 5 mm, e iniziano a delinearsi le braccia e le gambe.

133° giorno

Il feto è lungo circa 16 cm ed è coperto da una peluria sottile e lanuginosa.

266° giorno

Il feto raggiunge circa 36 cm e ha già una presa salda.

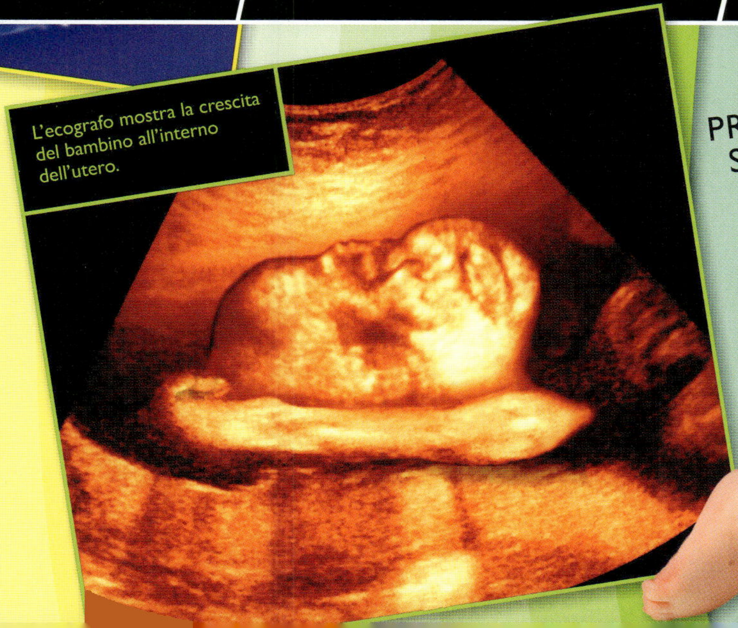

L'ecografo mostra la crescita del bambino all'interno dell'utero.

IL NEONATO PIÙ PREMATURO CHE SIA MAI SOPRAVVISSUTO AVEVA SOLO 21 SETTIMANE.

Fattore **CRESCITA**

Il ritmo di crescita del corpo dipende da età e sesso: bambini e adolescenti crescono rapidamente, e di solito i maschi diventano più alti delle femmine. Anche le proporzioni mutano col tempo: le gambe, che rappresentano solo un quarto della lunghezza del corpo di un bambino, arrivano a costituire la metà dell'altezza di un adulto.

Testoni

La testa di un neonato ha già raggiunto i tre quarti delle dimensioni che avrà in età adulta, poiché contiene il cervello. Ci sono due zone molli dette fontanelle tra le ossa del cranio di un bambino, costituite da un tessuto fibroso e resistente. Questa caratteristica rende il cranio flessibile, in modo che il cervello abbia spazio per crescere. Le fontanelle si chiudono e le ossa si uniscono dopo circa 18 mesi.

IL SENSO DELL'OLFATTO È PIÙ FORTE NEI BAMBINI CHE NEGLI ADULTI.

Crescere in fretta

I bambini crescono rapidamente perché il cervello stimola continuamente la produzione del cosiddetto "ormone della crescita", secreto dalla ghiandola pituitaria situata alla base del cranio. Questo ormone spinge le cellule a produrre proteine e a scomporre i grassi per ricavare energia, ma in quantità eccessive può causare una condizione chiamata gigantismo o acromegalia, cioè una crescita eccessiva e sproporzionata del corpo.

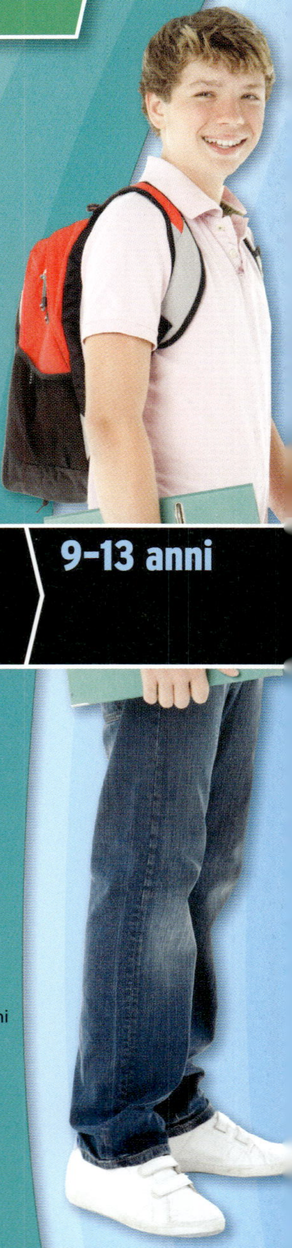

6 mesi-1 anno

Cominciano a spuntare i denti: i primi sono gli incisivi superiori e inferiori.

1-4 anni

I bambini imparano a parlare a un anno e a leggere parole semplici a quattro.

9-13 anni

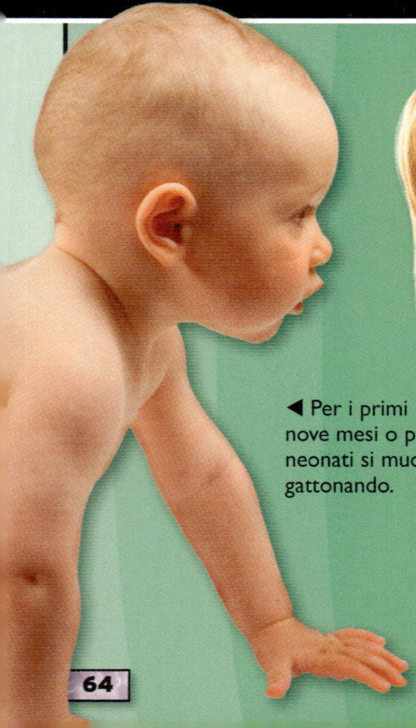

◀ Per i primi nove mesi o più, i neonati si muovono gattonando.

◀ Gradualmente i bambini acquisiscono la forza e l'equilibrio necessari per camminare.

Grandi cambiamenti

La pubertà è il momento della vita in cui si matura sessualmente. Questo processo comincia a circa 10 anni per le ragazze e a 13 per i ragazzi. Durante questa fase, alle femmine crescono seno e peli pubici, i fianchi si allargano e inizia il ciclo mestruale, che ogni mese porta al rilascio di un ovulo. Ai maschi crescono barba e peli pubici, e comincia la produzione di sperma: a 15 anni producono 200 milioni di spermatozoi al giorno.

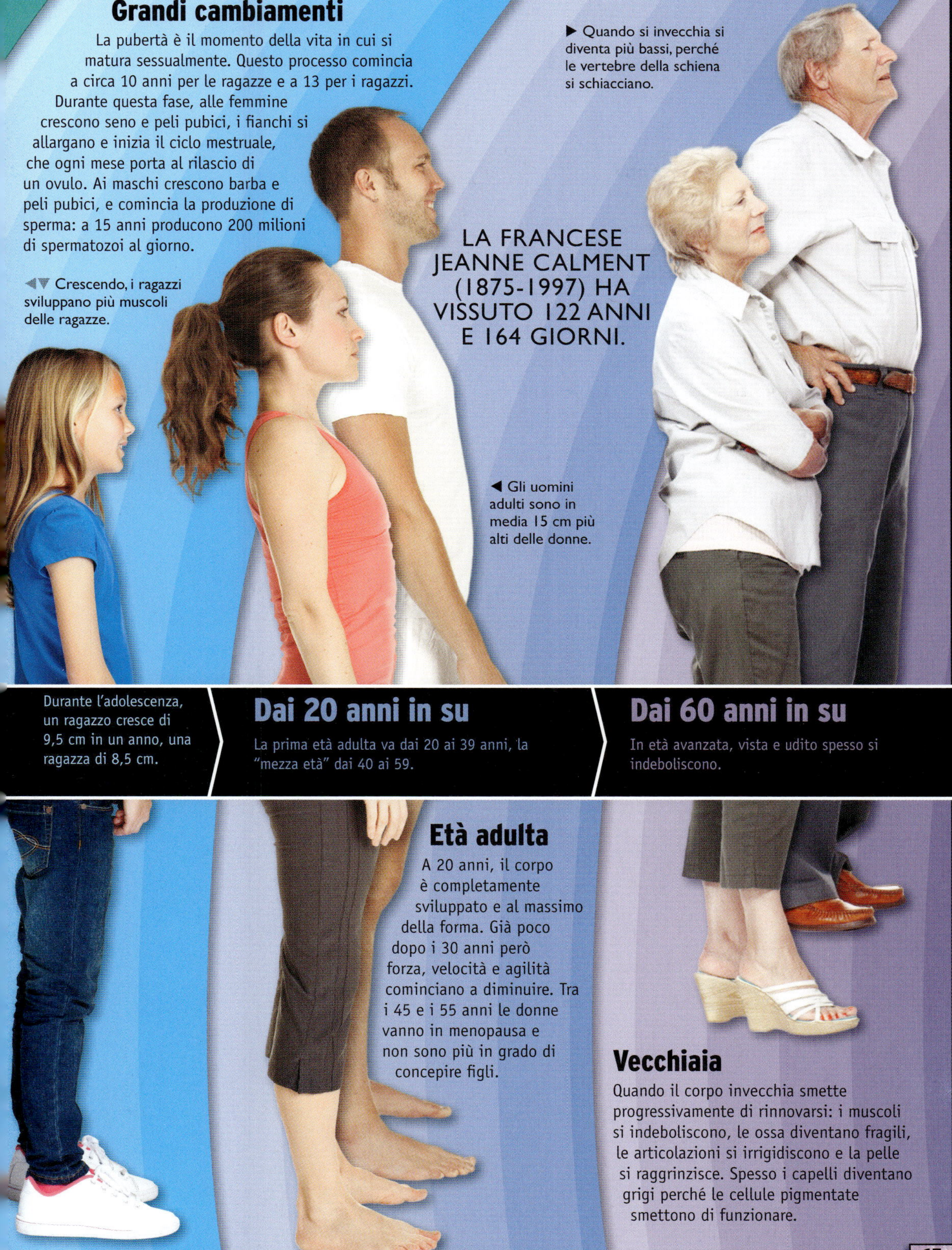

◀▼ Crescendo, i ragazzi sviluppano più muscoli delle ragazze.

LA FRANCESE JEANNE CALMENT (1875-1997) HA VISSUTO 122 ANNI E 164 GIORNI.

▶ Quando si invecchia si diventa più bassi, perché le vertebre della schiena si schiacciano.

◀ Gli uomini adulti sono in media 15 cm più alti delle donne.

Durante l'adolescenza, un ragazzo cresce di 9,5 cm in un anno, una ragazza di 8,5 cm.

Dai 20 anni in su

La prima età adulta va dai 20 ai 39 anni, la "mezza età" dai 40 ai 59.

Dai 60 anni in su

In età avanzata, vista e udito spesso si indeboliscono.

Età adulta

A 20 anni, il corpo è completamente sviluppato e al massimo della forma. Già poco dopo i 30 anni però forza, velocità e agilità cominciano a diminuire. Tra i 45 e i 55 anni le donne vanno in menopausa e non sono più in grado di concepire figli.

Vecchiaia

Quando il corpo invecchia smette progressivamente di rinnovarsi: i muscoli si indeboliscono, le ossa diventano fragili, le articolazioni si irrigidiscono e la pelle si raggrinzisce. Spesso i capelli diventano grigi perché le cellule pigmentate smettono di funzionare.

MUSCOLI potenti

Usiamo i muscoli ogni volta che ci muoviamo, che sia per alzare un dito o saltare, e persino quando restiamo fermi. Senza di essi, il corpo si accascerebbe come un sacco di patate. I muscoli sono degli instancabili motori che lavorano costantemente, contraendosi e rilassandosi ogni volta che ce n'è bisogno.

Aerobico e anaerobico

Di norma, i muscoli lavorano in modo aerobico: le cellule ricevono ossigeno dal glucosio e rilasciano energia. Ma quando una persona è fuori forma o ha sforzato troppo i muscoli, le cellule bruciano glucosio in modo anaerobico, cioè in assenza di ossigeno. Il glucosio si consuma rapidamente, il corpo si stanca e si forma acido lattico, che indolenzisce i muscoli. Per questo ansimiamo dopo una corsa: per ottenere l'ossigeno necessario a bruciare l'acido lattico.

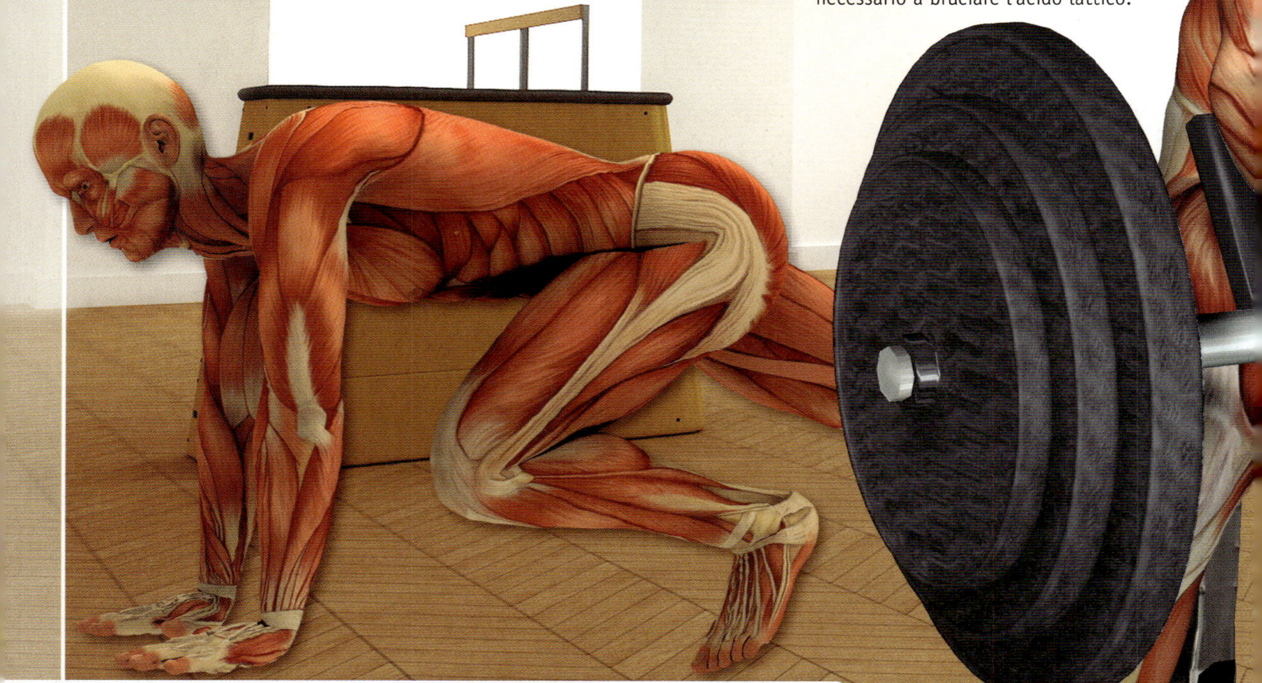

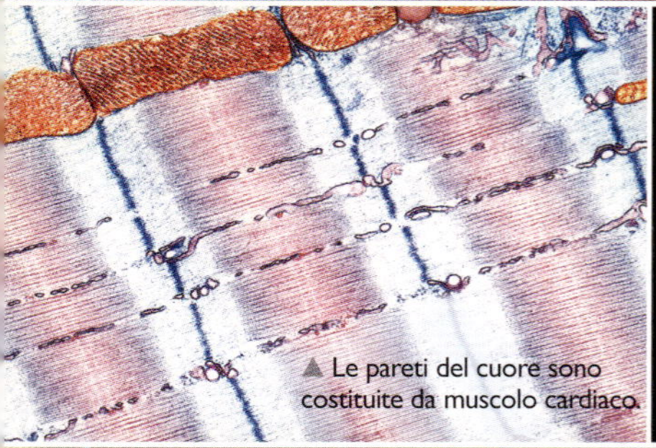

▲ Le pareti del cuore sono costituite da muscolo cardiaco.

Dentro e fuori

Il corpo ha due tipi di muscoli: quelli volontari, che agiscono sotto il nostro controllo, e quelli involontari, che si contraggono in modo automatico. I muscoli volontari ricoprono lo scheletro e consentono al corpo di muoversi. Quelli involontari regolano le funzioni corporee, come il battito cardiaco.

Filamenti potenti

I muscoli funzionano grazie a dei fasci di fibre che si contraggono e si rilassano. Dentro ognuna di queste fibre si alternano e si intrecciano delle strisce o "filamenti" di actina e miosina. Quando il cervello fa contrarre un muscolo, i filamenti di miosina tirano quelli di actina, e in tal modo il muscolo si accorcia. Dopo la contrazione, le fibre devono accorciarsi nella direzione opposta per far tornare il muscolo alla lunghezza iniziale.

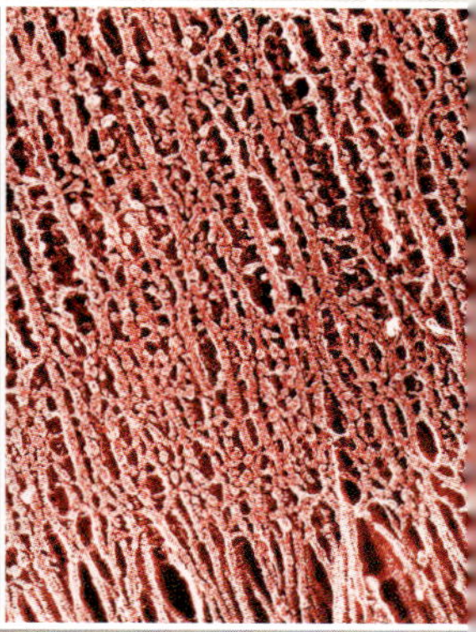

▶ I filamenti di actina e miosina lavorano in coppia perché possono solo accorciarsi.

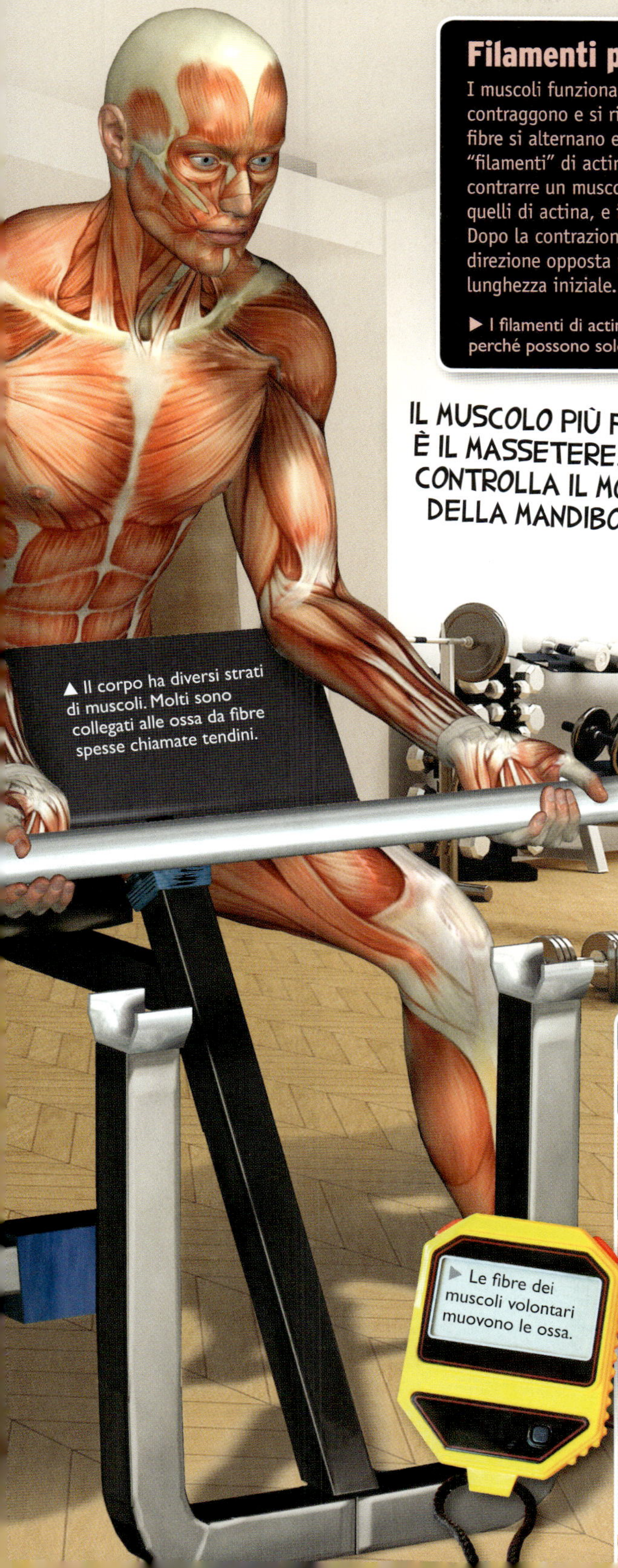

IL MUSCOLO PIÙ FORTE È IL MASSETERE, CHE CONTROLLA IL MORSO DELLA MANDIBOLA.

▲ Il corpo ha diversi strati di muscoli. Molti sono collegati alle ossa da fibre spesse chiamate tendini.

Body building

Quando facciamo esercizio, i muscoli diventano più grossi. Inizialmente sono le fibre muscolari a crescere, ma con l'attività fisica regolare il corpo ne sviluppa di nuove, diventando più forte. Anche l'apporto sanguigno migliora, e i muscoli possono lavorare più a lungo prima di stancarsi.

▶ Le fibre dei muscoli volontari muovono le ossa.

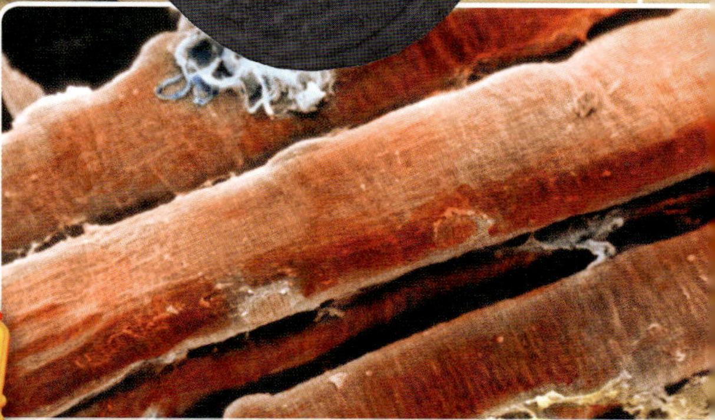

Su richiesta

Lo scheletro conta 640 muscoli volontari. Piuttosto che controllarli singolarmente, il cervello regola l'azione combinata di diversi muscoli che lavorano insieme. Il più lungo è il muscolo sartorio situato nella parte anteriore della coscia, e il più grande è il grande gluteo nelle natiche.

SOLIDA struttura

Lo scheletro umano è resistente, rigido e leggero. Le ossa sono in grado di sopportare una pressione due volte maggiore rispetto al granito e di allungarsi quattro volte più del cemento. Allo stesso tempo, sono così leggere da costituire a stento il 14% del peso corporeo.

Struttura durevole

L'osso è un tessuto vivo: le 206 ossa del nostro corpo vengono costantemente rifornite di nuove cellule che crescono al centro di esse, nel midollo. Lo scheletro è l'unica parte del corpo a sopravvivere a lungo dopo la morte.

LA MANO E IL POLSO HANNO CIRCA 30 PICCOLE ARTICOLAZIONI.

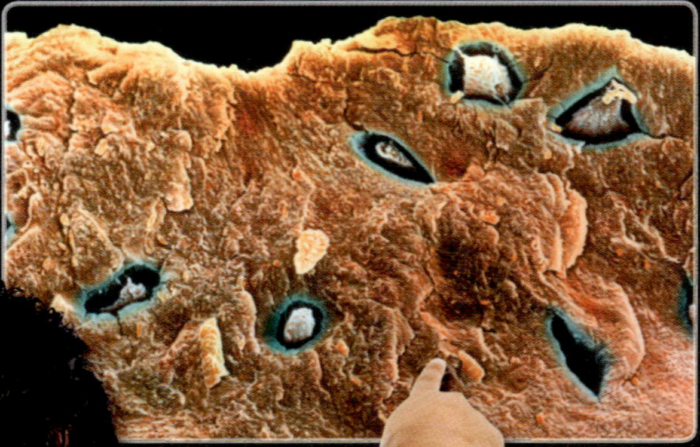

▲ Grumi di sali di calcio si cristallizzano negli osteoblasti per indurire le ossa.

Ossa vive

Le ossa sono piene di cellule chiamate osteociti. Ogni osteocita si trova in una piccola cavità detta lacuna, ed è costantemente irrorato di sangue. Alcuni, chiamati osteoblasti, producono nuovo tessuto osseo; altri, gli osteoclasti, disgregano quello vecchio e logoro. Il midollo, morbido e spugnoso, produce nuove cellule ematiche.

L'osso più piccolo si trova nell'orecchio: è la staffa, lunga solo 3 mm.

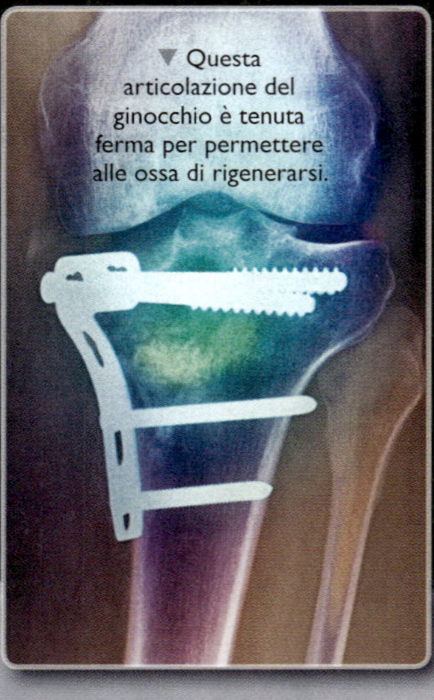

▼ Questa articolazione del ginocchio è tenuta ferma per permettere alle ossa di rigenerarsi.

Ossa rotte

Le ossa sono resistenti, ma possono rompersi o fratturarsi. Le fratture per lo più guariscono: il corpo arresta il sanguinamento e riempie gradualmente la lesione di osteoblasti, che producono nuovo tessuto osseo. Può essere necessario raddrizzare l'osso e tenerlo insieme con perni o con il gesso per fare in modo che si risani nel modo corretto.

Lo scheletro appendicolare comprende le 126 ossa che si diramano da quello assile: spalle, braccia e mani, fianchi, gambe e piedi.

Lo scheletro assile comprende le 80 ossa della parte superiore del corpo, tra cui cranio, spina dorsale, costole e sterno.

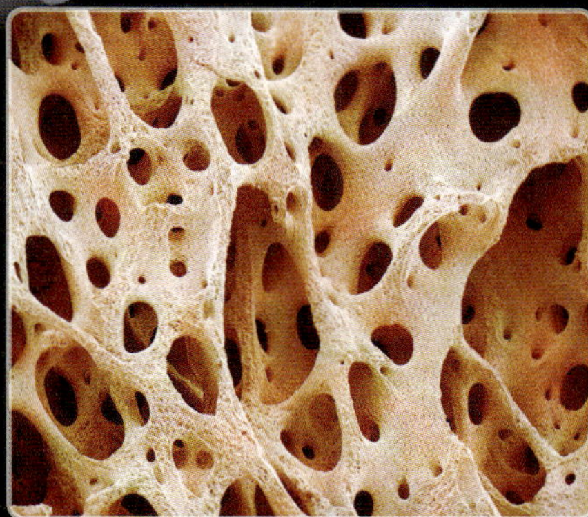

Ossa forti

Le ossa sono un capolavoro di ingegneria: essendo cave sono molto leggere, ma la combinazione di fibre flessibili di collagene e strutture a nido d'ape dette trabecole le rende anche forti. Le trabecole sono sottili ma disposte in modo da resistere alle pressioni.

◀ La rete di trabecole rende le ossa forti e al tempo stesso leggere.

A OGNI PASSO IL FEMORE SOPPORTA UNA PRESSIONE DI 31 KG PER CM^2.

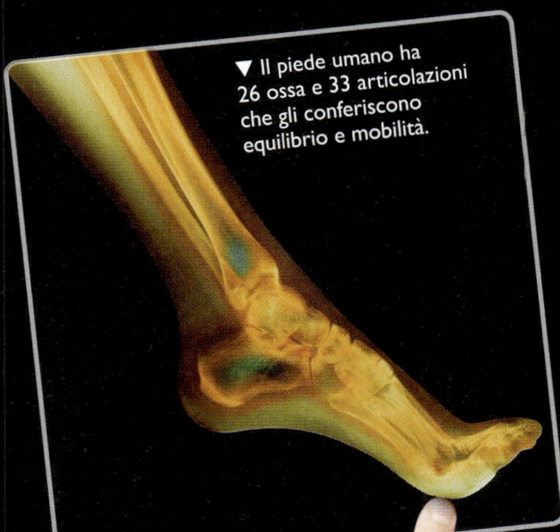

▼ Il piede umano ha 26 ossa e 33 articolazioni che gli conferiscono equilibrio e mobilità.

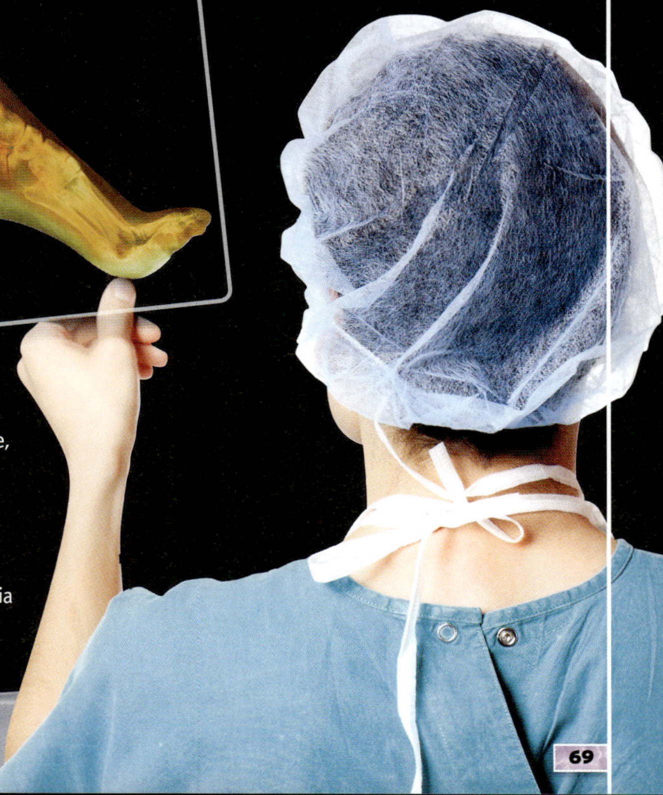

Scheletro mobile

Lo scheletro è rigido e resistente, ma può piegarsi. È fatto di ossa separate tra loro e collegate da articolazioni flessibili, in cui le ossa sono tenute insieme da fibre chiamate legamenti e ammortizzate da cartilagine liscia e gommosa.

INVASORI ALIENI

Anche se pensiamo di essere puliti, in realtà il nostro corpo è uno zoo di microscopici insetti. Le nostre viscere ospitano fino a 1.000 specie diverse di batteri, e sulla nostra pelle ne vivono altrettante. Poi ci sono funghi e virus, zanzare, pulci, cimici, simulidi, estridi, pidocchi, sanguisughe, zecche, acari e vermi...

Occhio al pidocchio

I pidocchi sono piccoli insetti che fanno della nostra testa la loro casa da migliaia di anni. Sono abbastanza grandi da poter essere visti a occhio nudo e non possono volare, quindi passano la vita a muoversi tra i capelli dei loro ospiti succhiando piccole quantità di sangue dal cuoio capelluto.

◄ Il pidocchio trascorre tutta la vita tra i capelli umani.

Caro acaro

Piedi, polsi, genitali e radici dei peli ospitano un minuscolo insetto: il demodecio dei follicoli, un acaro parente del ragno. Questi insetti sono così piccoli che anche da adulti (lunghi meno di 0,25 mm) non sono visibili a occhio nudo.

◄ Questi microscopici acari vivono nelle radici delle ciglia umane.

RESISTERE È INUTILE!

NEL 1991 I MEDICI RIMOSSERO UNA TENIA DI 11 M DALL'INTESTINO DELL'AMERICANA SALLY MAE WALLACE.

Verme solitario

In alcune parti del mondo, mangiando carne cruda ci si può ritrovare con un verme piatto e nastriforme, detto tenia, nell'intestino. Questi vermi si nutrono del cibo che mangia la persona infetta, facendola ammalare. Sono così piatti e l'intestino umano è così lungo che le tenie possono arrivare a 9 m di lunghezza!

▲ Le tenie si aggrappano alle pareti dell'intestino con le ventose che hanno sulla testa.

Batteri all'attacco

Lo 0,1% dei batteri che vivono nell'intestino appartiene alla specie *Escherichia coli*. La maggior parte degli *E. coli* è innocua, ma alcuni possono causare intossicazioni alimentari. Entrano nel corpo tramite la verdura non lavata o la carne cruda, poi si moltiplicano e rilasciano getti di tossine nell'intestino.

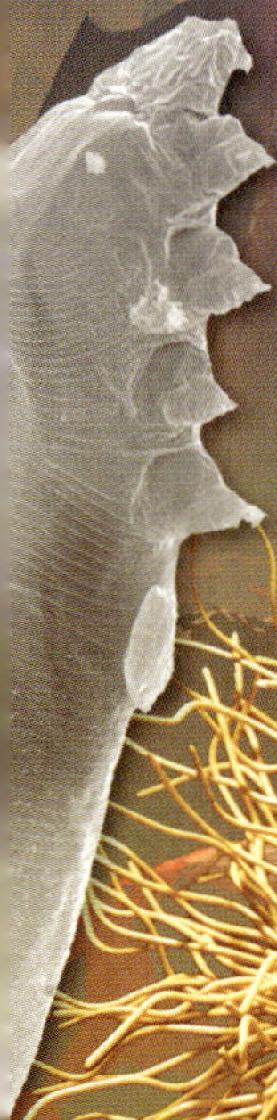

▼ I raggi UV rivelano i batteri presenti sulle mani.

▲ I batteri *E. coli* vivono nell'intestino e producono le vitamine K2 e B1.

Sulla pelle

Vista al microscopio, la nostra pelle è letteralmente invasa da minuscoli batteri. Molti sono attinomiceti, presenti anche nel terreno. Sebbene i batteri che vivono sulla nostra cute siano miliardi, sono così piccoli che messi insieme raggiungerebbero a stento le dimensioni di un pisello.

SONO TANTISSIMI!

I DIFENSORI DEL CORPO!

IL CORPO VIENE SPESSO ATTACCATO DA BATTERI, VIRUS E ALTRI GERMI CHE CAUSANO MALATTIE. PER DIFENDERSI DA QUESTI ASSALTI, PUÒ CONTARE SU UNA STRAORDINARIA SERIE DI ARMI BIOLOGICHE, NOTE COME... IL SISTEMA IMMUNITARIO.

VI FARÒ STAR MALE!

I batteri causano malattie come la pertosse, il tetano e il tifo.

I CATTIVI

I germi portano malattie quando invadono o "infettano" il corpo e si moltiplicano.

I virus sono piccoli e causano malattie come raffreddore, influenza, parotite, rabbia e AIDS.

DIFESA ESTERNA

Il corpo è come una fortezza munita di barriere e trappole per fermare i germi invasori. La prima barriera è la pelle.

ALLA LARGA!

Quando riescono a intrufolarsi, i germi restano impantanati nel muco viscido del naso e dei polmoni e vengono espulsi con starnuti e tosse. Lo stomaco invece può vomitarli!

A volte i germi superano le difese esterne e si introducono nel corpo per compiere il loro sporco lavoro.

SIAMO DENTRO! È ORA DI FARE QUALCHE DANNO...

Le tossine rilasciate dai germi ci fanno ammalare. Inoltre, la battaglia del corpo contro questi invasori può causare febbre, dolori alle articolazioni e infiammazioni. Ora tocca alle difese interne...

PRIMA DIFESA INTERNA

Le cosiddette proteine "del complemento" attaccano gli intrusi.

COSA?!?

Poi inviano un allarme al corpo, che causa dolori e infiammazioni.

MANDATE I RINFORZI!

FAGOCITI

L'allarme chiama a raccolta le "forze speciali", cioè i fagociti. Ne esistono di tre tipi: granulociti, cellule dendritiche e macrofagi.

MACROFAGI

GRANULOCITI

CELLULE DENDRITICHE

Il nome dei fagociti viene dal greco e significa "mangia-cellule"; infatti, il loro compito è ingoiare i germi.
MMM, BUONO!
OH MAMMA...
Talvolta i germi si moltiplicano e prendono il sopravvento sulle prime difese. Urge altro aiuto...
Il sistema linfatico ripulisce il corpo dalle vittime della battaglia.
MI SCARICANO!
SECONDA DIFESA INTERNA
Nei linfonodi, i linfociti, un tipo di globuli bianchi, si preparano all'azione. Identificano il nemico e si apprestano a scagliare il loro contrattacco.
I cosiddetti linfociti T helper cercano e identificano gli "antigeni", molecole presenti sulla superficie di ogni germe. Ne cercano le tracce anche sui fagociti che hanno già affrontato i germi.
SO CHE HAI MANGIATO DEI GERMI!
Una volta individuati gli antigeni, i T helper avvisano i linfociti B. Esiste un linfocita B specifico per ogni tipo di germe.
IN POSIZIONE!
I linfociti B producono anticorpi, cioè proteine specifiche per contrastare il tipo di antigeni in questione. Questi si attaccano agli antigeni dei germi invasori.
MANGIAMI!
MANGIAMI!
MANGIAMI!
MANGIAMI!
I fagociti localizzano gli anticorpi, che rendono la loro cena a base di germi ancora più gustosa.
SONO SPACCIATO!
Finalmente, i fagociti divorano tutti i germi e il corpo comincia a riprendersi.
Altri germi, come i virus, si nascondono nelle cellule...
PER TE È FINITA!
Se ne occupano i linfociti T citotossici, che uccidono le cellule infette.
IMPARIAMO IN FRETTA!
Una volta sconfitta un'infezione, il sistema immunitario dispone degli anticorpi adatti a difendersi da un attacco futuro. Ecco perché è molto raro che il corpo contragga la stessa infezione due volte.

Riparare e ricostruire

Il corpo ha una capacità straordinaria di proteggersi e rimediare ai danni. Tuttavia, a volte ha bisogno dell'aiuto dei medici. I vaccini potenziano il sistema immunitario contro future infezioni, gli antibiotici uccidono molti batteri pericolosi e la chirurgia corregge alcuni difetti.

▶ Questa protesi di titanio (in rosso) ha sostituito un ginocchio distrutto da una malattia ossea.

Nuove articolazioni

Le ossa sono resistenti, ma possono subire dei danni, soprattutto alle articolazioni. Grazie a materiali particolari come il titanio, i chirurghi sono in grado di sostituire un'articolazione danneggiata con una artificiale che dura dieci anni. Per assicurarsi che la sostituzione vada a buon fine si visualizza l'operazione al computer.

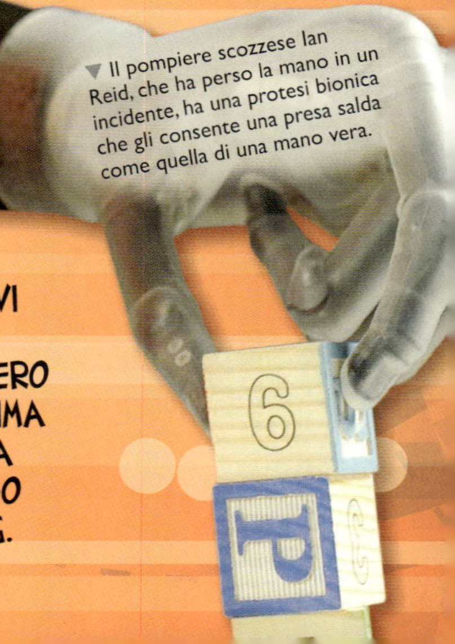

▼ Il pompiere scozzese Ian Reid, che ha perso la mano in un incidente, ha una protesi bionica che gli consente una presa salda come quella di una mano vera.

Corpi bionici

Mani e arti artificiali rispondono agli impulsi nervosi provenienti dal cervello, quindi i minuscoli motori elettrici che permettono a una mano bionica (o protesica) di muoversi sono controllati dal pensiero. Le protesi sostituiscono mani o arti irreversibilmente danneggiati. In futuro potrebbero essere usate per conferire "superpoteri" ai soldati.

ARTI AGGIUNTIVI POTENZIATI PERMETTEREBBERO DI CORRERE IN CIMA A UNA COLLINA TRASPORTANDO OLTRE 300 KG.

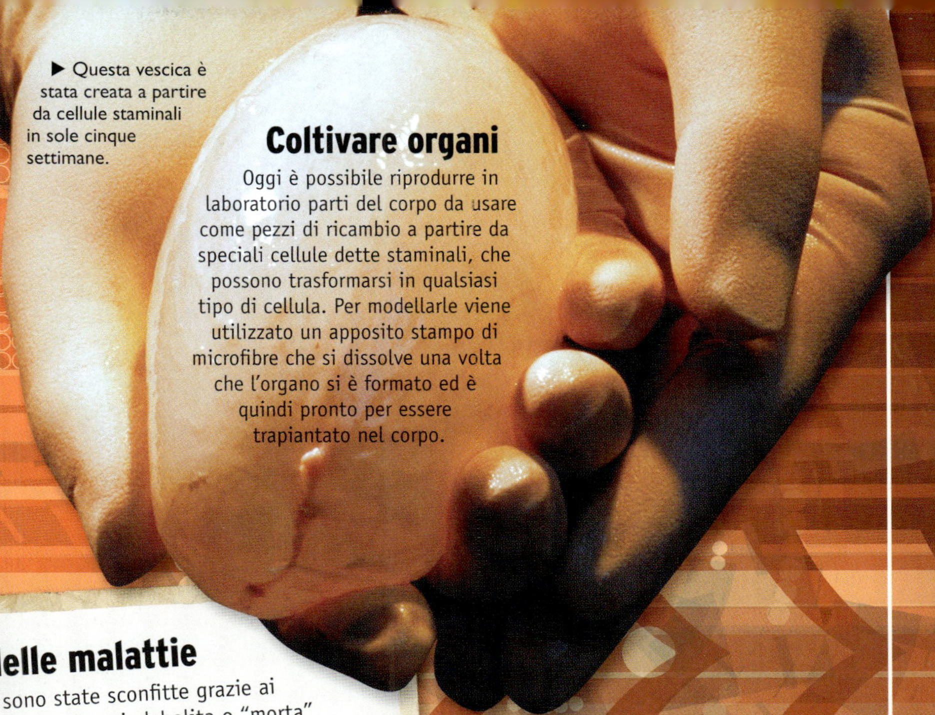

▶ Questa vescica è stata creata a partire da cellule staminali in sole cinque settimane.

Coltivare organi

Oggi è possibile riprodurre in laboratorio parti del corpo da usare come pezzi di ricambio a partire da speciali cellule dette staminali, che possono trasformarsi in qualsiasi tipo di cellula. Per modellarle viene utilizzato un apposito stampo di microfibre che si dissolve una volta che l'organo si è formato ed è quindi pronto per essere trapiantato nel corpo.

Prevenzione delle malattie

Molte malattie mortali sono state sconfitte grazie ai vaccini. Un vaccino è una versione indebolita o "morta" di un germe che viene introdotta nel corpo; l'organismo risponde producendo anticorpi, preparandosi così a difendersi in caso di esposizione alla vera malattia.

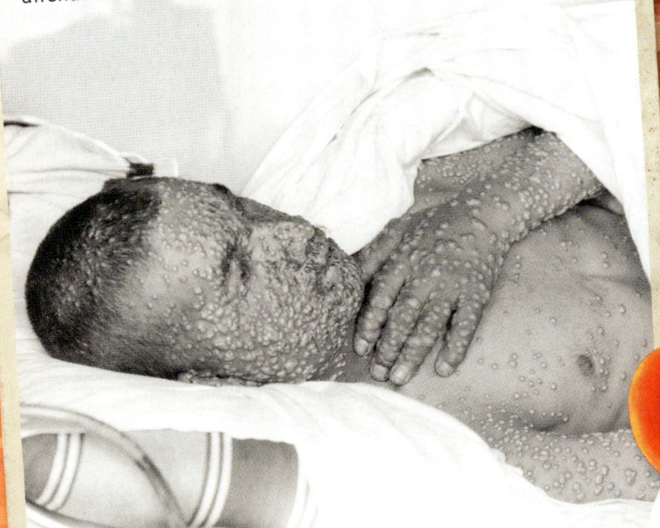

▲ Il vaiolo ha causato circa 400 milioni di morti nel corso del XX secolo. Fu finalmente debellato con un vaccino negli anni '70.

Cellule nuove

Le cellule staminali possono trasformarsi praticamente in qualsiasi altra cellula. In futuro potranno essere prodotte per sostituire le cellule difettose, in modo da curare qualsiasi cosa: dal cancro alla sclerosi multipla, dalla cecità alla calvizie.

◀ Gli organi malati potrebbero guarire grazie a cellule staminali come quelle di questo embrione umano di tre giorni.

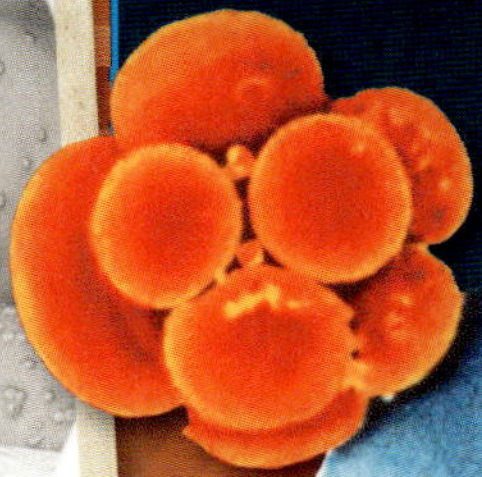

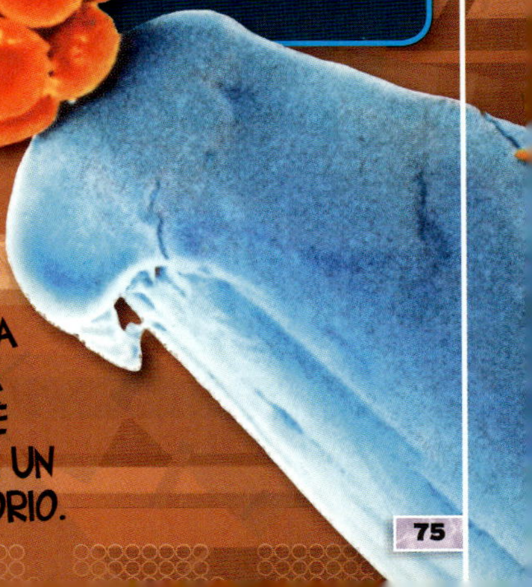

NEL 2011 A UN UOMO È STATA IMPIANTATA UNA TRACHEA GENERATA DA STAMINALI: È STATO IL PRIMO TRAPIANTO DI UN ORGANO CREATO IN LABORATORIO.

Messaggeri CHIMICI

Come fa il corpo a sapere quando e quanto crescere? Come gestisce lo stress? Come mantiene in equilibrio le quantità di migliaia di sostanze? L'arduo compito di tenere tutto sotto controllo è gestito da uno straordinario sistema di sostanze chimiche chiamate ormoni.

LA GHIANDOLA PITUITARIA PESA MENO DI UN GRAMMO, MA È UNO DEGLI ORGANI PIÙ IMPORTANTI DEL CORPO.

▼ La tireoglobulina (in arancione) produce ormoni tiroidei per controllare il consumo di energia.

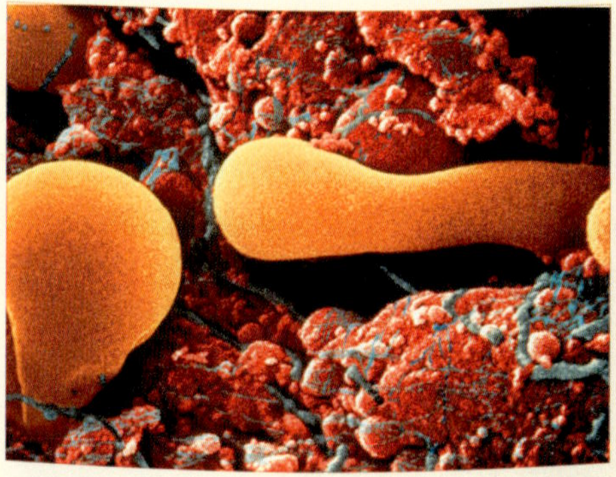

Ghiandole e ormoni

Gli ormoni sono sostanze chimiche che hanno effetti particolari su alcune cellule. Le ghiandole endocrine rilasciano ormoni nel sangue, che le trasporta in tutto il corpo. Ogni ghiandola produce un tipo particolare di ormone con una precisa funzione.

Stop & via

Gli ormoni funzionano grazie a ingegnosi sistemi di comunicazione. Per esempio, il fegato fornisce al sangue l'energia del glucosio; se i livelli di quest'ultimo aumentano troppo, il pancreas rilascia l'insulina, un ormone che interrompe l'apporto di glucosio dal fegato.

▲ Le cellule delle isole di Langerhans, nel pancreas, rilasciano ormoni che controllano i livelli di zucchero nel sangue.

ORMONI STEROIDEI PRODOTTI ARTIFICIALMENTE VENGONO USATI NEGLI INALATORI PER RIDURRE GLI EFFETTI DELL'ASMA.

Adrenalina

Uno spavento improvviso prepara il corpo al pericolo, generando un flusso di adrenalina e noradrenalina. Quando questi ormoni scorrono nel sangue, accelerano e potenziano il battito cardiaco, aumentando così l'apporto di sangue ai muscoli e predisponendoli a fuggire o combattere. La pelle riceve meno sangue e diventa pallida e fredda, mentre la vista migliora.

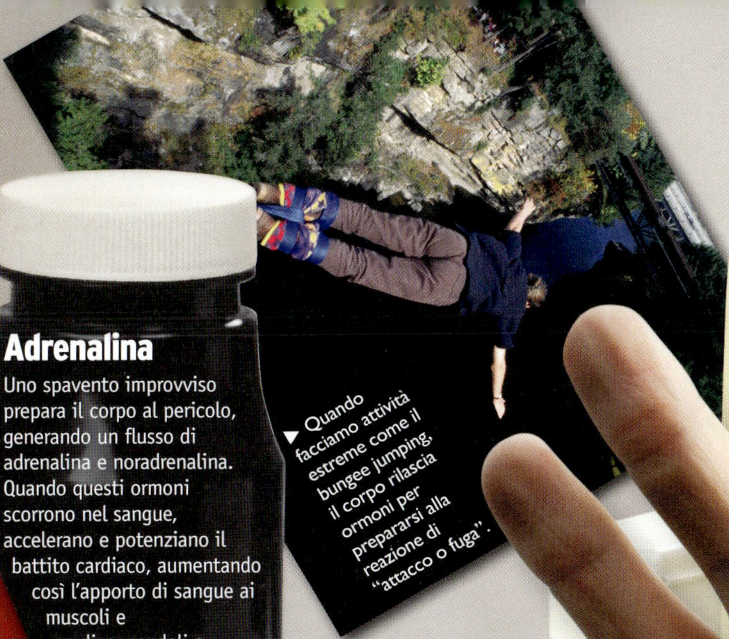

▼ Quando facciamo attività estreme come il bungee jumping, il corpo rilascia ormoni per prepararsi alla reazione di "attacco o fuga".

▼ Quando il sangue evapora, l'ormone sessuale testosterone resta in forma cristallina.

Velocità di crescita

La tiroide (nel collo) e la ghiandola pituitaria (nel cervello) sono piccole come ciliegie, ma producono ormoni essenziali per la crescita del corpo. I tre ormoni tiroidei controllano la velocità con cui le cellule bruciano energia, mentre la ghiandola pituitaria rilascia l'ormone della crescita, che regola la velocità di crescita e riproduzione delle cellule.

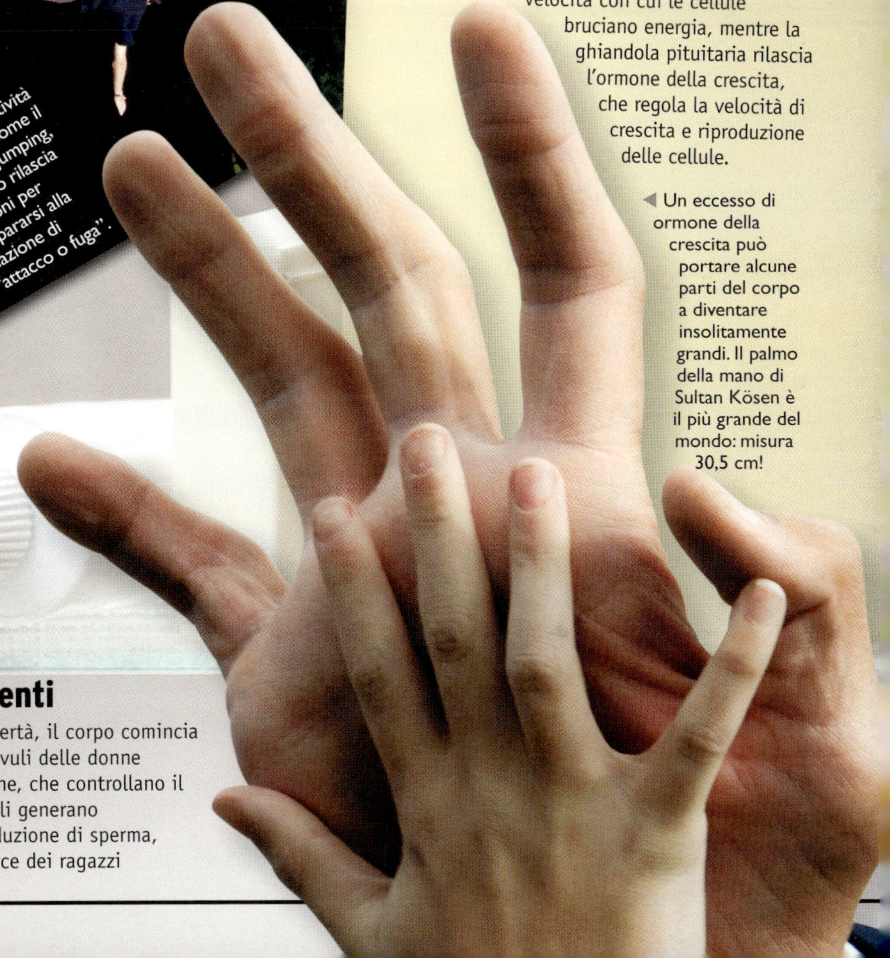

◀ Un eccesso di ormone della crescita può portare alcune parti del corpo a diventare insolitamente grandi. Il palmo della mano di Sultan Kösen è il più grande del mondo: misura 30,5 cm!

Tempo di cambiamenti

A una certa età, nota come pubertà, il corpo comincia a produrre ormoni sessuali. Gli ovuli delle donne rilasciano estrogeni e progesterone, che controllano il ciclo mestruale. I testicoli maschili generano testosterone, che favorisce la produzione di sperma, potenzia i muscoli e modifica la voce dei ragazzi rendendola più profonda.

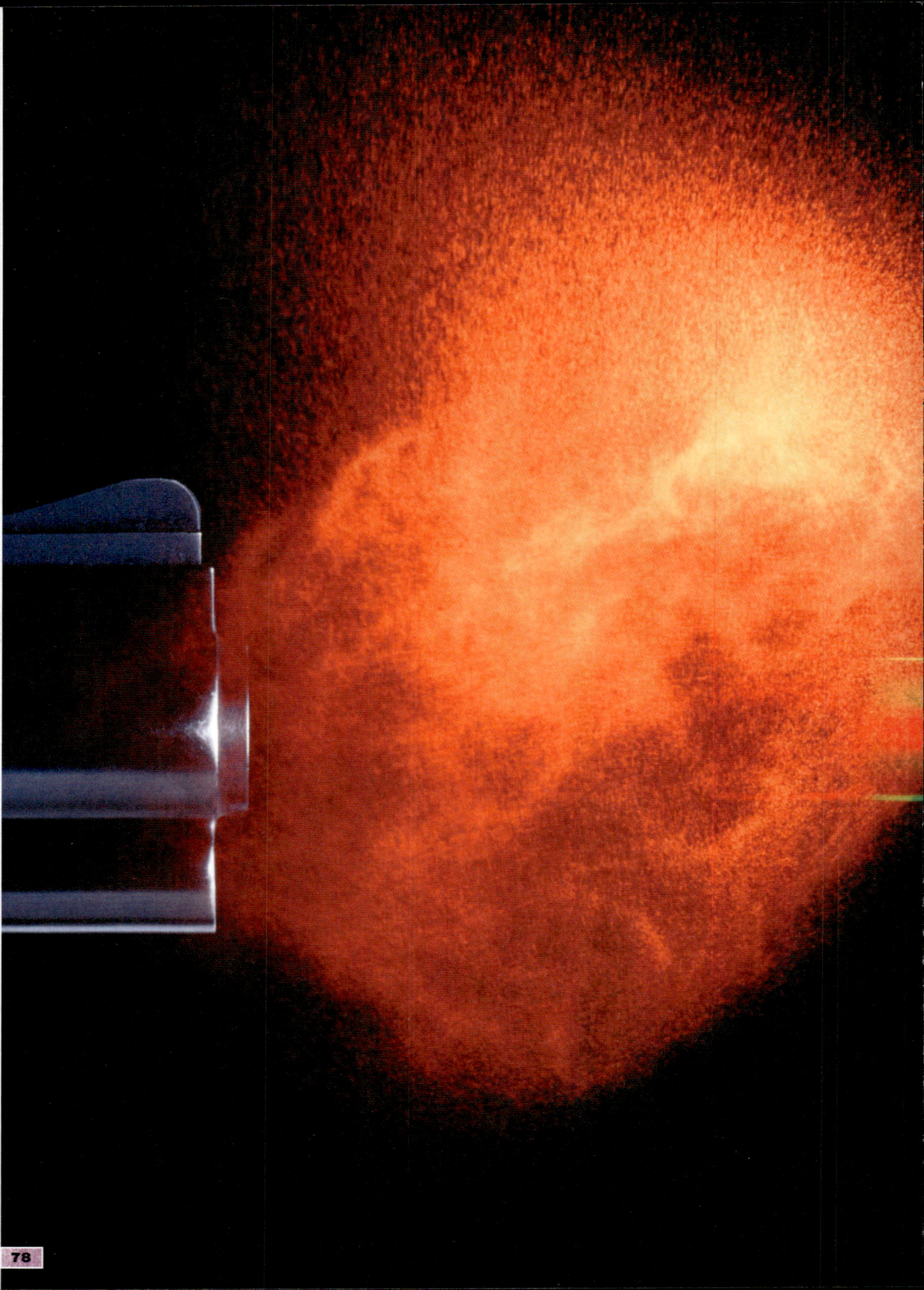

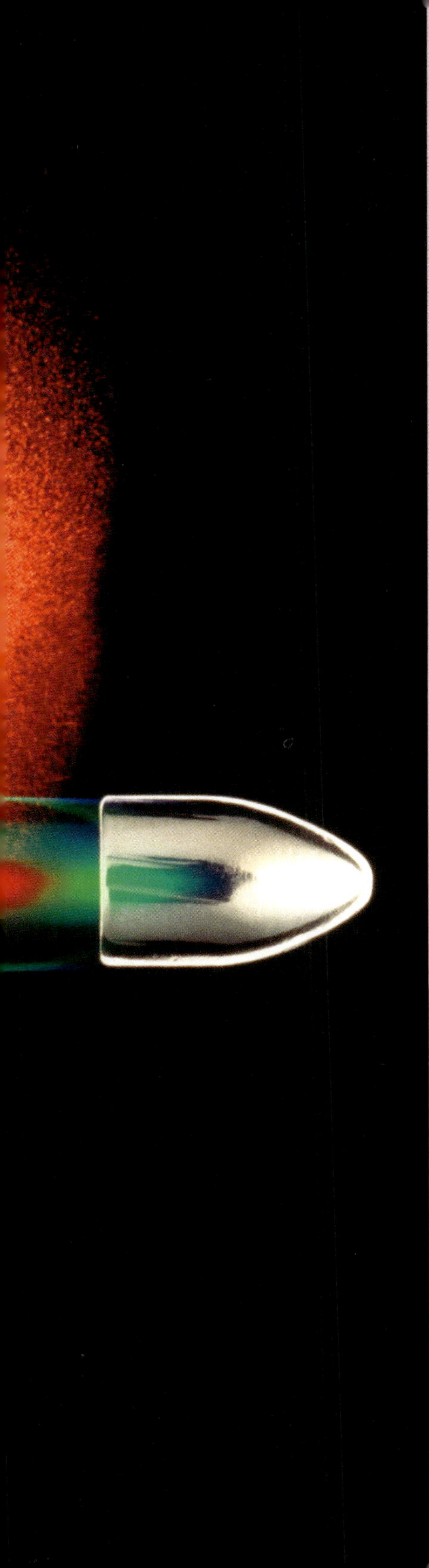

Materiali STRAORDINARI

Alla scoperta di reazioni estreme e materiali letali. Tra acidi altamente corrosivi ed esplosioni interne alle stelle, la scienza cerca di sondare i fenomeni più imprevedibili.

Pazza materia	80
Nell'aria	82
Metalli attivi	84
Alogeni ansiogeni	86
Liquidi letali	88
Top 10: minerali tossici	90
Supercarbonio	92
Gelida criogenia	94
Sotto pressione	96
Tesoro greggio	98
Roba che scotta	100
Fare il botto	102
Menti esplosive	104
Proiettili in corsa	106
Shock elettrizzante	108
Rischio radioattivo	110
È nata una stella	112

◀ Una fotografia ad alta velocità mostra il potere esplosivo di un proiettile che parte dalla canna di una pistola.

PAZZA materia

Sulla Terra, in condizioni normali, la materia può presentarsi in tre stati: solido, liquido o gassoso. Qualsiasi oggetto può passare da uno stato all'altro in seguito a cambiamenti di temperatura e pressione. La materia può assumere anche stati più insoliti, ma solo se sottoposta a condizioni davvero estreme.

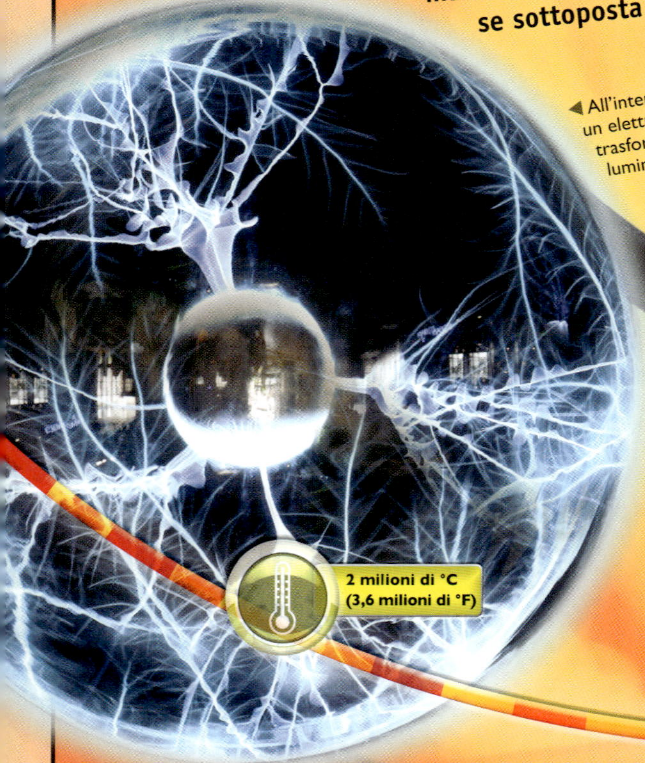

◀ All'interno di un globo al plasma, un elettrodo ad alto voltaggio trasforma i gas in flussi di plasma luminoso.

2 milioni di °C (3,6 milioni di °F)

Solido trasparente

A differenza della maggior parte dei solidi, il vetro è amorfo, cioè non ha una struttura cristallina. Questo tipo di struttura interferisce con il passaggio della luce; perciò il vetro, che ne è privo, è trasparente. Alcuni credono che il vetro solido scorra molto lentamente, come un liquido, ma è solo un mito: il vetro è un solido a tutti gli effetti poiché è dotato di forma e volume definiti.

1.500°C (2.700°F)

▲ Fondendosi, il vetro forma un liquido denso ed elastico che può essere modellato.

Plasma pulsante

Il plasma, cioè il quarto stato della materia, è fatto di atomi ed elettroni elettricamente carichi. In natura, si trovano allo stato di plasma oggetti ad alto livello energetico, come fulmini e stelle. Il plasma artificiale è usato per l'illuminazione stradale e le insegne al neon. La tecnologia al plasma può produrre una luce intensa con pochissima elettricità.

Gas al minimo

Il condensato di Bose-Einstein è il quinto stato della materia e prende il nome dai due fisici che ne hanno postulato l'esistenza. Gli scienziati preparano questo condensato raffreddando un gas diluito a una frazione di grado superiore allo zero assoluto (-273,15 °C, -459,67 °F). A questa temperatura bassissima, gli atomi del gas sono al minimo stato energetico e si comportano in modi strani.

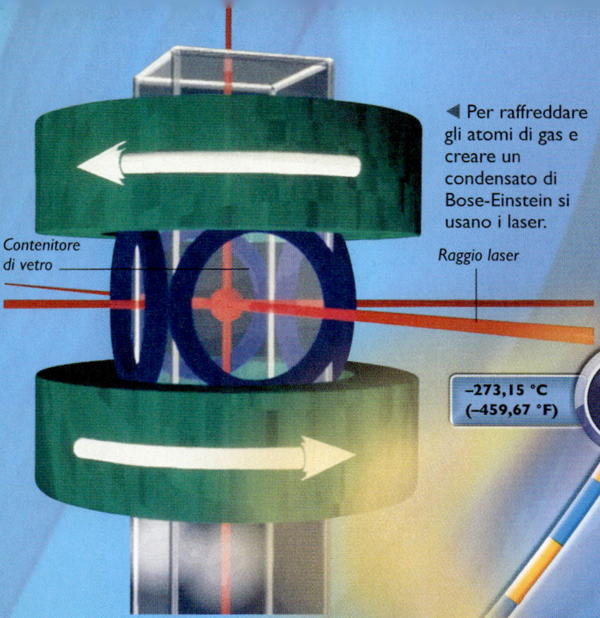

◀ Per raffreddare gli atomi di gas e creare un condensato di Bose-Einstein si usano i laser.

-273,15 °C (-459,67 °F)

QUANDO ATTRAVERSA UN CONDENSATO DI BOSE-EINSTEIN, LA LUCE RALLENTA A UNA VELOCITÀ DI 60 KM/H E PUÒ ADDIRITTURA FERMARSI DEL TUTTO.

-182 °C (-296 °F)

Ghiaccio secco

L'anidride carbonica ghiaccia a -78,5 °C (-109,3 °F). Il risultato si chiama "ghiaccio secco" perché non si scioglie ma sublima, cioè passa dallo stato solido a quello gassoso senza attraversare quello liquido. L'anidride carbonica può esistere allo stato liquido solo se sottoposta a una pressione cinque volte superiore alla normale pressione atmosferica.

-78,5 °C (-109,3 °F)

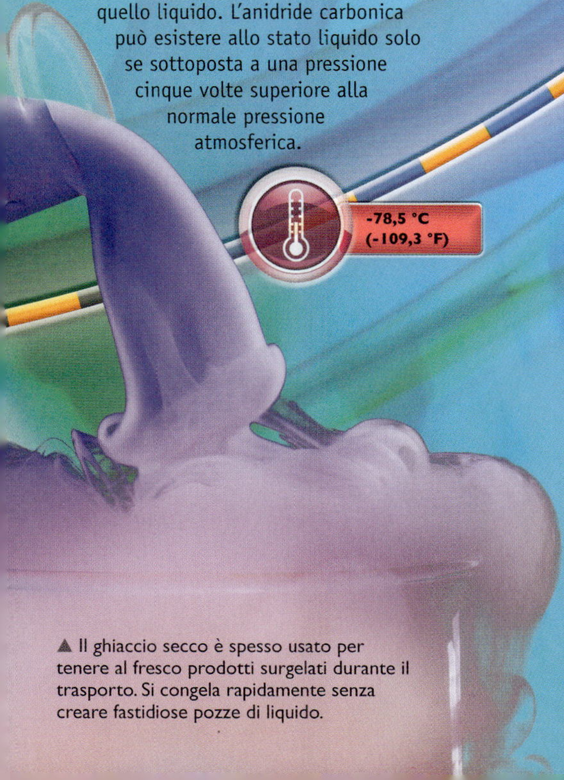

▲ Il ghiaccio secco è spesso usato per tenere al fresco prodotti surgelati durante il trasporto. Si congela rapidamente senza creare fastidiose pozze di liquido.

▶ Secondo gli scienziati, in futuro i clatrati di metano potrebbero essere usati come fonte di energia.

Ghiaccio bollente

Il metano è un gas altamente infiammabile che solidifica a -182 °C (-296 °F). Tuttavia, nelle zone artiche, dove la temperatura è più alta, può rimanere inglobato nel permafrost o sotto i fondali marini. Intrappolate nei cristalli d'acqua ghiacciata, le minuscole bollicine di gas creano una sostanza detta clatrato di metano. Se le si dà fuoco, il metano brucia, mentre il ghiaccio si scioglie.

Nell'aria

Viviamo nella parte inferiore dell'atmosfera, circondati da una miscela di gas detta aria, indispensabile per la nostra sopravvivenza. Tuttavia, presi singolarmente, i gas che compongono l'aria, come l'ossigeno e l'idrogeno, rivelano una natura feroce e spietata.

Il grande H

L'idrogeno, primo elemento della tavola periodica, è il più semplice e il più leggero. Nell'aria è presente in quantità minime: solo lo 0,000055%! L'idrogeno è più leggero dell'aria, perciò all'inizio del XX secolo veniva usato per gonfiare i dirigibili. Purtroppo, questo elemento ha un'altra proprietà: è altamente infiammabile. Dopo svariati disastri, i dirigibili a idrogeno caddero in disuso.

◄ Gonfiato a idrogeno, il dirigibile *Hindenburg* prese fuoco nel 1937, causando la morte di 36 persone tra passeggeri e membri dell'equipaggio.

Innocuo... o no?

L'aria è composta al 78% da azoto. Questo gas inerte non reagisce facilmente con altri elementi. Tuttavia, in un processo detto fissazione, l'azoto si combina con altre sostanze per generare vari composti, tra cui i nitrati. Tali composti sono usati dalle piante per convertire l'energia in nutrimento, favorendo così la crescita. Negli anni 1880, gli scienziati hanno scoperto come creare composti di azoto sintetici, che oggi vengono prodotti su scala industriale e usati per realizzare sia fertilizzanti, sia esplosivi.

▲ Per distruggere questo grattacielo è stato usato un esplosivo a base di azoto: il TNT.

Ossigeno vitale

L'ossigeno rappresenta il 21% dell'aria e senza di esso la vita sul pianeta non sarebbe possibile, poiché permette agli organismi di trasformare il cibo in energia. Essendo uno degli elementi più reattivi, si trova spesso come parte di composti chimici. Le sue reazioni possono essere lente e graduali, come l'ossidazione di una superficie di metallo, oppure estremamente rapide e violente, come l'incendio di un edificio.

L'ARIA È UNA MISCELA DI 15 GAS DIVERSI.

Inquinante tossico

7 N Azoto 14.01

Una variante meno diffusa dell'ossigeno, detta ozono, presenta molecole formate da tre atomi di ossigeno invece di due, che lo rendono ancora più reattivo. Nell'alta atmosfera, l'ozono forma uno schermo che protegge la superficie terrestre dai raggi ultravioletti del Sole, nocivi per gli esseri viventi. Tuttavia, quando si trova a bassa quota (sotto forma di smog), l'ozono è un inquinante altamente tossico per l'apparato respiratorio.

◄ L'ozono è uno degli ingredienti tossici che compongono lo smog fotochimico, creato dall'inquinamento dell'aria.

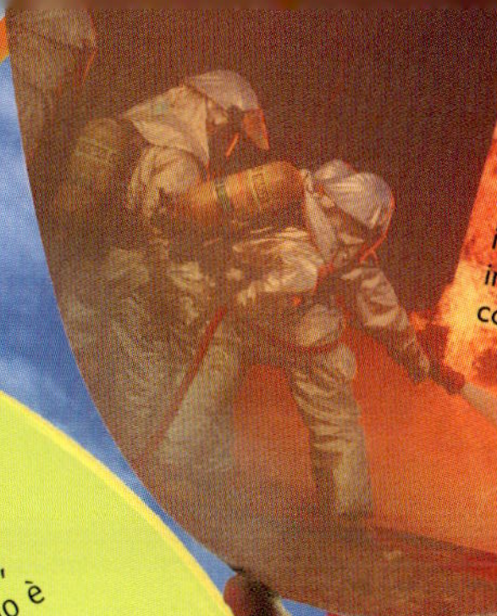

◄ Per spegnere il fuoco, i pompieri gettano acqua sulle fiamme per eliminare il calore e interrompere la combustione.

8 O Ossigeno 16.00

Gas luminoso

La percentuale di neon nell'aria è dello 0,0018%. Essendo un gas nobile, il neon non reagisce con altri elementi, ma reagisce all'elettricità. Quando un flusso di corrente elettrica passa attraverso un tubo a scarica contenente neon, il gas nobile si trasforma in plasma luminoso, che viene usato per far brillare le città di luci colorate e fluorescenti.

▲ Le insegne al neon illuminano New York City. I tubi al neon possono essere di qualsiasi forma e dimensione, e il gas emette una luce rosso-arancione.

10 Ne Neon 20.18

Metalli ATTIVI

Molti elementi della tavola periodica sono metalli, e la maggior parte di essi può essere maneggiata in sicurezza. Per esempio, una padella di ferro o di alluminio può essere riscaldata sul fornello o lavata con acqua senza che si producano reazioni. Invece altri metalli, come il sodio e il magnesio, reagiscono violentemente con l'aria, l'acqua e il calore.

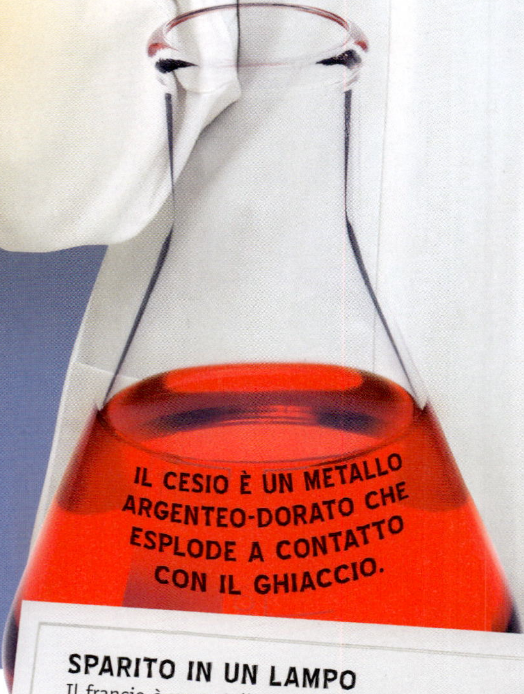

IL CESIO È UN METALLO ARGENTEO-DORATO CHE ESPLODE A CONTATTO CON IL GHIACCIO.

▲ Quando il sodio reagisce con l'acqua, produce una vivace fiamma giallo-arancione.

Sodio spumeggiante

Il sodio è un metallo dal colore argenteo, abbastanza morbido da poter essere tagliato con un coltello da cucina. Tuttavia, se immerso in acqua, il sodio reagisce con violenza, rimbalzando in superficie dove crea una spuma sfrigolante. La reazione esotermica produce calore e gas di idrogeno. Con il calore, l'idrogeno prende fuoco, causando un'esplosione.

SPARITO IN UN LAMPO

Il francio è un metallo molto instabile: decade così rapidamente che quasi non esiste. Si stima che nella crosta terrestre ci siano in totale circa 28 g di francio. Qualsiasi quantità di questo materiale abbastanza grande da essere visibile evapora immediatamente per il calore prodotto dal decadimento. La quantità di francio più grande che gli scienziati siano mai riusciti ad assemblare pesava appena 0,0000000000000000016 g.

▲ Questo blocco di roccia contiene alcuni atomi sparsi di francio.

Potassio pericoloso

Bastano piccole quantità di potassio e acqua per produrre una reazione che genera abbastanza calore da far bruciare l'idrogeno rilasciato. Il potassio in polvere va incontro a combustione spontanea se esposto all'aria, perciò deve essere conservato in olio minerale. Se il potassio resta esposto all'aria troppo a lungo, la sua superficie si ricopre di uno strato di superossido sensibile alla pressione che potrebbe esplodere al minimo tocco.

19 K Potassio 39.10

12 Mg Magnesio 24.31

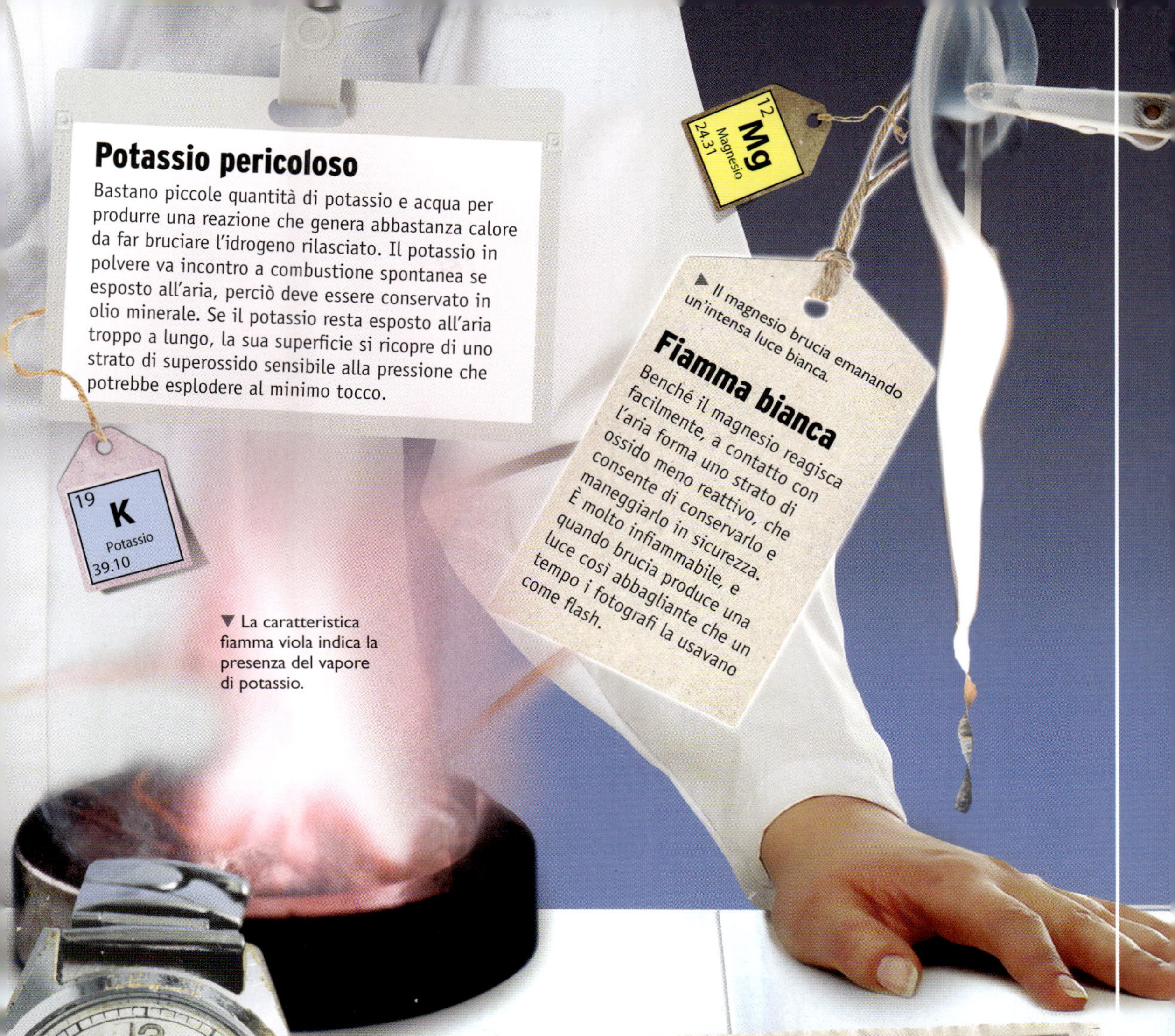

▼ La caratteristica fiamma viola indica la presenza del vapore di potassio.

▲ Il magnesio brucia emanando un'intensa luce bianca.

Fiamma bianca

Benché il magnesio reagisca facilmente, a contatto con l'aria forma uno strato di ossido meno reattivo, che consente di conservarlo e maneggiarlo in sicurezza. È molto infiammabile, e quando brucia produce una luce così abbagliante che un tempo i fotografi la usavano come flash.

88 Ra Radio 226.03

▲ Il radio genera così tanta energia da brillare nel buio. Un tempo era usato per dipingere i quadranti degli orologi, rendendoli luminescenti.

Decadimento letale

Il radio reagisce violentemente con l'acqua, ma questo è nulla in confronto agli altri rischi che comporta. Scoperto dalla vincitrice del premio Nobel Marie Curie (1867–1934), il radio è un elemento pesante e instabile che decade lentamente, producendo grandi quantità di energia radioattiva. Lunghe esposizioni al radio possono causare tumori e leucemia.

▶ Marie Curie eseguiva esperimenti con il radio senza alcuna protezione. Morì di anemia aplastica, provocata dall'esposizione alla radioattività.

ALOGENI ansiogeni

Elementi pericolosi e altamente reattivi si annidano in ogni stanza della casa e sugli scaffali dei supermercati. Ma niente panico! Si tratta di prodotti assolutamente sicuri, se usati correttamente. Tuttavia, chi non rispetta gli alogeni lo fa a suo rischio e pericolo...

Iodio letale

Lo iodio è un solido scuro e lucente. Assunto in piccole dosi è essenziale per un'alimentazione sana e si trova naturalmente in molti cibi, come le fragole. Disciolto in alcool, lo iodio è usato come antisettico e disinfettante; inoltre veniva impiegato nella produzione di pellicole fotografiche. Tuttavia, in grandi quantità è velenoso e i suoi vapori tossici possono causare problemi respiratori.

▲ A temperatura ambiente, lo iodio solido sublima in un gas violetto e velenoso.

53
I
Iodio
126.90

CANDEGGINA

Velenoso per qualsiasi forma di vita, il gas di cloro, dal colore verde, è l'unico elemento a essere stato usato come arma: fu rilasciato sui campi di battaglia durante la Prima guerra mondiale (1914–1918). Se inalato, si combina con l'acqua presente nei polmoni producendo acido cloridrico, che scioglie i tessuti. Tuttavia, le sue doti da killer possono rivelarsi salvifiche: usato nei disinfettanti e negli impianti di depurazione dell'acqua, uccide microrganismi pericolosi prima che possano fare danni.

9
F
Fluoro
18.998

Fluoro focoso

Velenoso e pericolosamente reattivo, il gas di fluoro va maneggiato con cura. È così instabile che a contatto con l'acqua brucia spontaneamente con una fiamma brillante. Tuttavia, il fluoro può essere anche utile: è uno dei componenti principali dei refrigeranti usati per frigoriferi e freezer domestici. Curiosamente, le fluoroplastiche (plastiche che contengono fluoro) sono tra le sostanze artificiali più stabili, ampiamente usate come isolanti elettrici.

Bromo multiuso

Benché oggi sia considerato troppo pericoloso per essere usato nei pesticidi, il bromo viene tuttora aggiunto ai disinfettanti per le vasche idromassaggio e le piscine termali. Inoltre interferisce con le reazioni di combustione, perciò è impiegato nella realizzazione di materiali ignifughi.

▲ Le lampadine alogene che contengono bromo emanano una luce più intensa, consumano meno energia e durano più a lungo di quelle normali.

▼ Il metallo di sodio brucia e si illumina a contatto con il gas di cloro.

▼ A temperatura ambiente, il bromo è un liquido velenoso marrone scuro che evapora velocemente in un gas arancione.

Piccole quantità di prodotti chimici contenenti fluoro, detti fluoruri, vengono aggiunte all'acqua potabile e al dentifricio per rendere i denti più forti e resistenti.

Liquidi LETALI

Gli acidi sono soluzioni che quando vengono disciolte in acqua rilasciano ioni di idrogeno. Inoltre conducono l'elettricità e hanno un sapore asprigno. Gli acidi forti sono sostanze chimiche corrosive, abbastanza potenti da dissolvere pietra e metallo. Gli acidi deboli sono irritanti e a contatto con la pelle creano delle vesciche.

INCIDERE SUL VETRO

L'acido fluoridrico è altamente corrosivo e deve essere conservato in contenitori di plastica poiché scioglie la maggior parte dei materiali, compresi vetro e metallo. In virtù di questa proprietà, l'acido fluoridrico viene usato per realizzare incisioni sul vetro. Va maneggiato con estrema attenzione: a contatto con la pelle causa gravi ustioni, ed è anche un veleno letale.

Le squadre di soccorso ricevono addestramenti ed equipaggiamenti speciali prima di esporsi ad acidi e materiali pericolosi.

PERDITE RISCHIOSE

L'acido cloridrico, incolore e pericolosissimo, è una soluzione acquosa di gas di cloruro di idrogeno. Questo acido forte è ampiamente usato nella produzione di plastiche e detersivi. I suoi fumi sono irritanti per i polmoni e a contatto con la pelle provoca ustioni chimiche. Ogni anno ne vengono prodotte e trasportate oltre 18 milioni di tonnellate, e talvolta si verificano perdite accidentali.

SCIOGLIERE L'ORO

L'oro è passato alla storia come re dei metalli non solo per la sua rarità e bellezza, ma anche perché gli acidi non potevano scioglierlo né ossidarlo... fino all'arrivo dell'acqua regia, una miscela di acido cloridrico e acido nitrico. L'acqua regia è usata nell'estrazione dell'oro per sciogliere il metallo contenuto nelle rocce aurifere. Poi la miscela di acidi e oro sciolto viene trattata chimicamente per ricavarne oro puro.

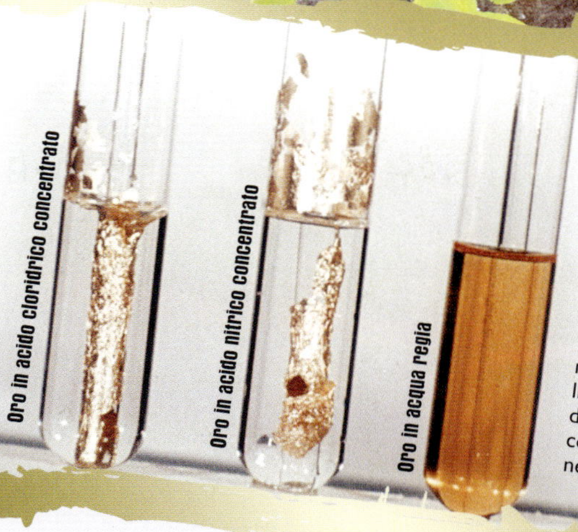

79
Au
Oro
196.97

◀ Il colorito marroncino del liquido nella fialetta di destra mostra come l'oro si sciolga nell'acqua regia.

▼ I paesaggi carsici, come quello della Foresta di pietra dello Yunnan, in Cina, si formano naturalmente nel tempo per effetto dell'esposizione all'acido carbonico.

MODELLARE IL PAESAGGIO

Attraversando l'atmosfera, l'acqua piovana assorbe minuscole quantità di anidride carbonica, trasformandole in acido carbonico debole. Quest'acido, innocuo per piante e animali, si infila in piccole fenditure nella roccia. Col tempo, corrode la roccia calcarea, creando picchi e cavità.

Inquinamento!

Quando i carburanti fossili come il carbone vengono bruciati, rilasciano nell'atmosfera anidride solforosa. Questo gas si combina con il vapore acqueo producendo acido solforico debole, che ricade sulla terra sotto forma di pioggia. La pioggia acida uccide gli alberi e avvelena la fauna d'acqua dolce.

▶ La pioggia acida danneggia edifici e statue di pietra.

TOP 10: MINERALI TOSSICI

La crosta terrestre contiene molti minerali utili e preziosi, ma alcuni possono anche risultare estremamente nocivi per gli esseri viventi. A differenza degli animali velenosi, i minerali tossici non manifestano alcun segno di avvertimento sul pericolo che rappresentano.

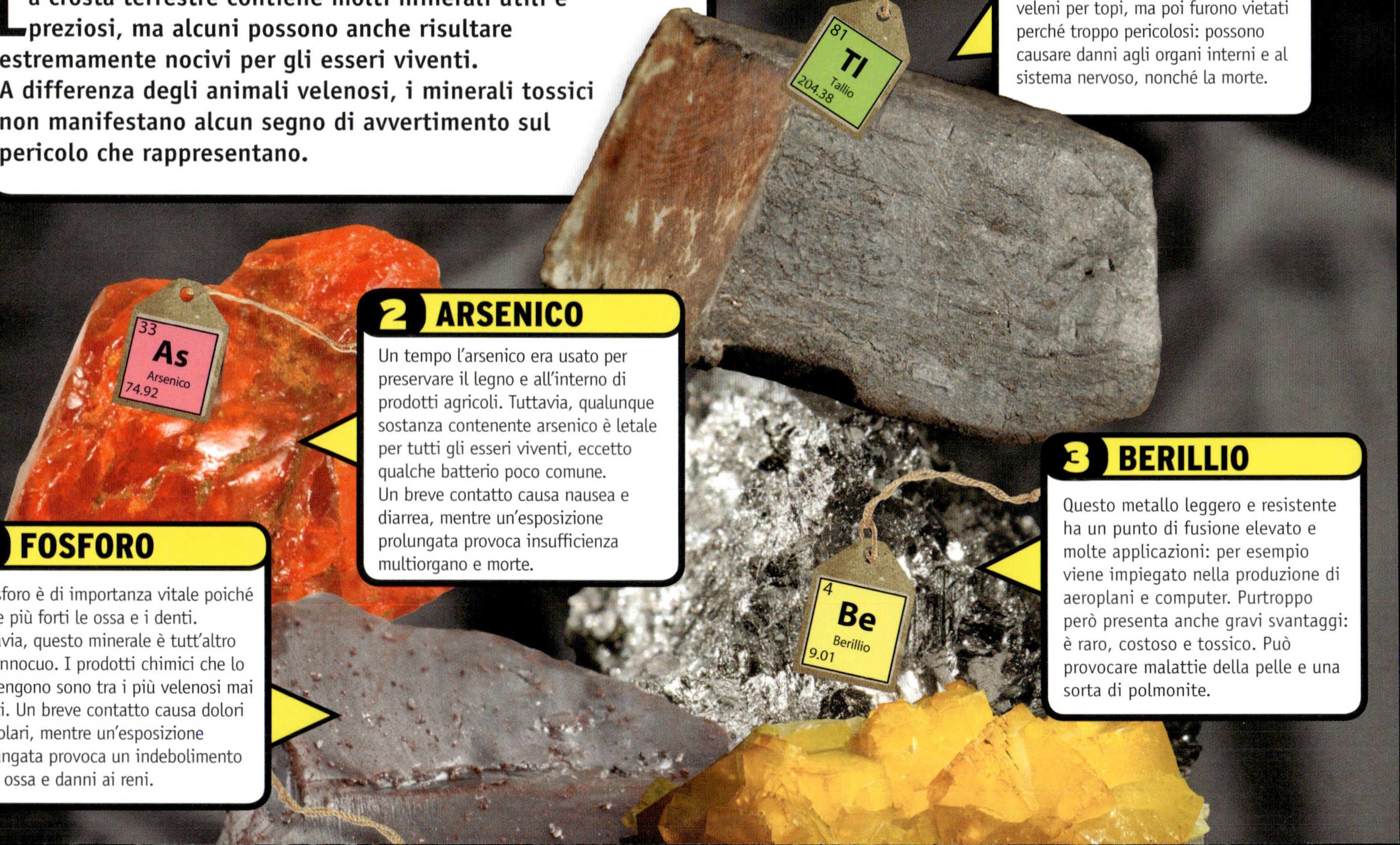

1 TALLIO

Il tallio è un metallo argentato e malleabile, usato nell'industria elettronica e in quella del vetro. Prima i prodotti chimici contenenti tallio erano molto usati come insetticidi e veleni per topi, ma poi furono vietati perché troppo pericolosi: possono causare danni agli organi interni e al sistema nervoso, nonché la morte.

2 ARSENICO

Un tempo l'arsenico era usato per preservare il legno e all'interno di prodotti agricoli. Tuttavia, qualunque sostanza contenente arsenico è letale per tutti gli esseri viventi, eccetto qualche batterio poco comune. Un breve contatto causa nausea e diarrea, mentre un'esposizione prolungata provoca insufficienza multiorgano e morte.

3 BERILLIO

Questo metallo leggero e resistente ha un punto di fusione elevato e molte applicazioni: per esempio viene impiegato nella produzione di aeroplani e computer. Purtroppo però presenta anche gravi svantaggi: è raro, costoso e tossico. Può provocare malattie della pelle e una sorta di polmonite.

4 FOSFORO

Il fosforo è di importanza vitale poiché rende più forti le ossa e i denti. Tuttavia, questo minerale è tutt'altro che innocuo. I prodotti chimici che lo contengono sono tra i più velenosi mai creati. Un breve contatto causa dolori articolari, mentre un'esposizione prolungata provoca un indebolimento delle ossa e danni ai reni.

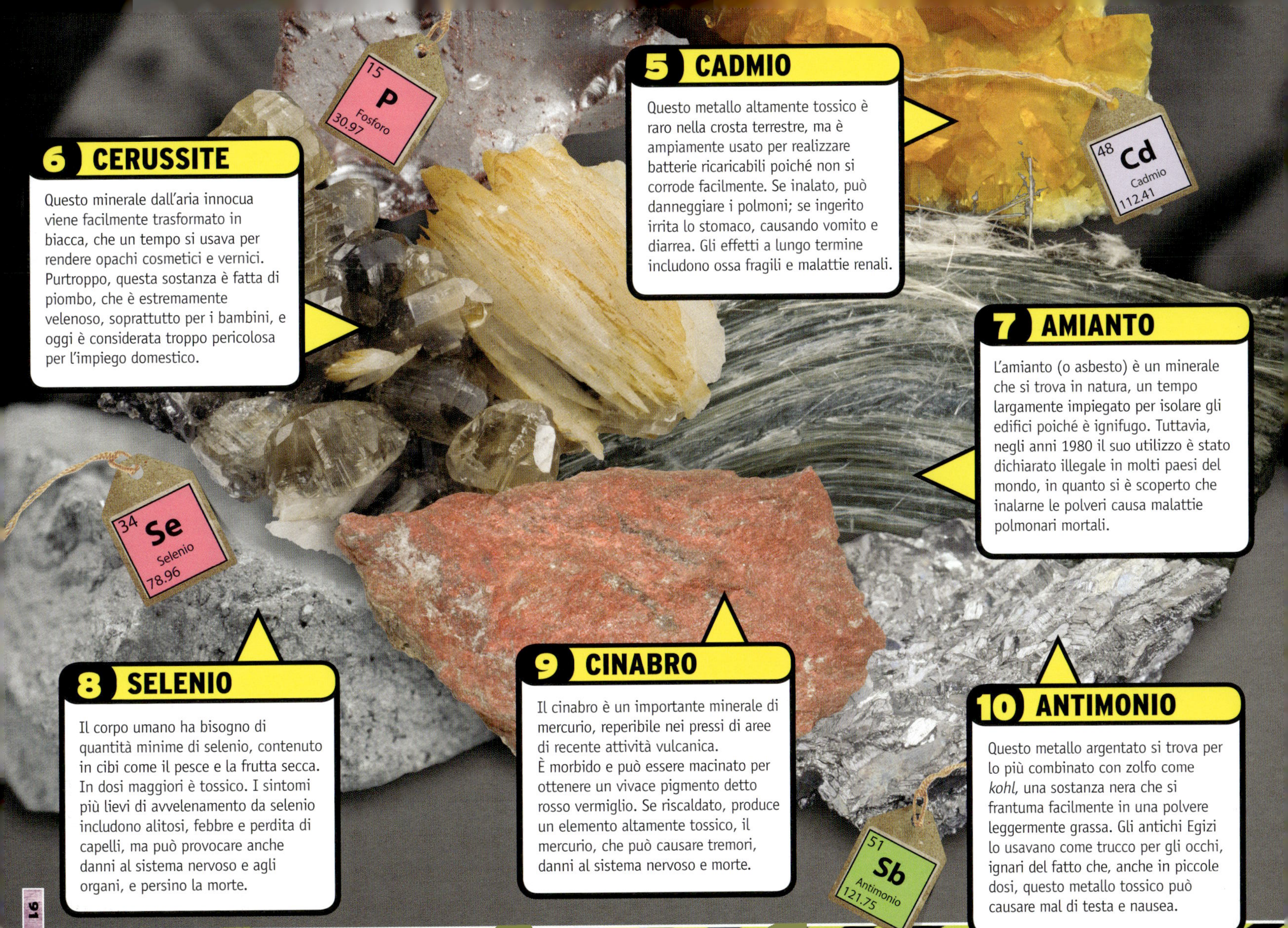

6 CERUSSITE

Questo minerale dall'aria innocua viene facilmente trasformato in biacca, che un tempo si usava per rendere opachi cosmetici e vernici. Purtroppo, questa sostanza è fatta di piombo, che è estremamente velenoso, soprattutto per i bambini, e oggi è considerata troppo pericolosa per l'impiego domestico.

5 CADMIO

Questo metallo altamente tossico è raro nella crosta terrestre, ma è ampiamente usato per realizzare batterie ricaricabili poiché non si corrode facilmente. Se inalato, può danneggiare i polmoni; se ingerito irrita lo stomaco, causando vomito e diarrea. Gli effetti a lungo termine includono ossa fragili e malattie renali.

7 AMIANTO

L'amianto (o asbesto) è un minerale che si trova in natura, un tempo largamente impiegato per isolare gli edifici poiché è ignifugo. Tuttavia, negli anni 1980 il suo utilizzo è stato dichiarato illegale in molti paesi del mondo, in quanto si è scoperto che inalarne le polveri causa malattie polmonari mortali.

8 SELENIO

Il corpo umano ha bisogno di quantità minime di selenio, contenuto in cibi come il pesce e la frutta secca. In dosi maggiori è tossico. I sintomi più lievi di avvelenamento da selenio includono alitosi, febbre e perdita di capelli, ma può provocare anche danni al sistema nervoso e agli organi, e persino la morte.

9 CINABRO

Il cinabro è un importante minerale di mercurio, reperibile nei pressi di aree di recente attività vulcanica.
È morbido e può essere macinato per ottenere un vivace pigmento detto rosso vermiglio. Se riscaldato, produce un elemento altamente tossico, il mercurio, che può causare tremori, danni al sistema nervoso e morte.

10 ANTIMONIO

Questo metallo argentato si trova per lo più combinato con zolfo come *kohl*, una sostanza nera che si frantuma facilmente in una polvere leggermente grassa. Gli antichi Egizi lo usavano come trucco per gli occhi, ignari del fatto che, anche in piccole dosi, questo metallo tossico può causare mal di testa e nausea.

SUPERCARBONIO

ESISTE UN ELEMENTO CHE PUÒ TRASFORMARSI IN DIVERSE SOSTANZE, CIASCUNA DOTATA DI PROPRIETÀ UNICHE E STRAORDINARIE. È IL FERRO? È IL CALCIO? NO, È IL CARBONIO! IN BASE AL MODO IN CUI SONO DISPOSTI I SUOI ATOMI, IL CARBONIO PUÒ PRESENTARSI SOTTO FORMA DI DIAMANTE, IL MATERIALE PIÙ DURO CHE SI CONOSCA, O COME GRAFITE E CARBONE, MALLEABILI E POLVEROSI.

SCINTILLANTE E INDISTRUTTIBILE

Nelle profondità della Terra, il calore e la pressione fortissima trasformano il carbonio in **diamante!** Intrappolati in un reticolo rigido, gli atomi di carbonio del diamante creano cristalli trasparenti che sono più duri di qualunque altra sostanza naturale conosciuta. Il diamante viene scaraventato in superficie dalle eruzioni vulcaniche, e le sue proprietà uniche lo rendono il più sorprendente allotropo (forma) del carbonio. Il diamante può tagliare qualsiasi cosa, ha un punto di fusione altissimo (3.550 °C), riflette ogni forma di luce, è un isolante elettrico e resiste a forze fisiche, chimiche o radioattive enormi. In più, dà vita a stupende e scintillanti pietre preziose per le quali molte persone sono disposte a spendere milioni!

BUCKYBALL

IMMUNE AGLI IMPATTI VIOLENTI!

STABILE E VERSATILE

Nel 1985 fa il suo ingresso in scena l'eclettico Buckyball (nome completo **BUCKMINSTERFULLERENE**), frutto di un esperimento scientifico andato per il verso giusto! La sua struttura cava a gabbia chiusa, composta da 60 atomi di carbonio, permette di catturare e trasportare altri atomi. Il fidato Buckyball non reagisce con altre sostanze chimiche, né si dissolve in acqua. Leggero e resistente, è un conduttore termico e un isolante elettrico, ed è in grado di bloccare la luce.

IL FUTURO È PIÙ FORTE, PIÙ DURO E PIÙ LEGGERO

C'è un supermateriale artificiale dello spessore di un singolo atomo, 300 volte più forte dell'acciaio, più duro del diamante, trasparente, estremamente flessibile, nonché ottimo conduttore termico ed elettrico... quale sarà? Il **GRAFENE!** Scoperto nel 2004, i suoi atomi di carbonio sono disposti secondo una struttura piatta ad alveare, dotandolo dei legami più forti che la scienza conosca.

GRAFITE

RESISTE A TEMPERATURE ESTREME!

MORBIDA E SCIVOLOSA

Frantumate e riscaldate sottoterra, le rocce ricche di carbonio si trasformano in una roccia metamorfica, dando origine alla **GRAFITE!** I suoi atomi di carbonio formano fogli che scorrono facilmente uno sull'altro. Questa proprietà scivolosa la rende un perfetto lubrificante, usato per liberare superfici incastrate tra loro esercitando una frizione. La grafite è anche un eccellente scudo termico: può resistere a temperature fino a 3.000 °C. Inoltre forma la punta morbida delle matite di tutto il mondo.

GELIDA criogenia

La materia – che sia allo stato solido, liquido o gassoso – può essere riscaldata a milioni di gradi, ma non può essere raffreddata al di sotto dei -273,15 °C, che corrispondono allo zero assoluto. Quando le sostanze si avvicinano a questa temperatura, smettono di comportarsi come fanno di solito e manifestano strane proprietà.

▼ Una lamina di alluminio riveste i serbatoi di carburante dell'*Ariane 5* per proteggerlo dall'accumulo di calore esterno.

Combinazione vincente

All'interno di un razzo a propellente liquido, come l'*Ariane 5*, l'ossigeno liquido (sotto i -183 °C) e l'idrogeno liquido (sotto i -253 °C) sono tenuti in serbatoi separati. Al decollo, i due liquidi confluiscono in una camera di reazione, dove bruciano producendo enormi quantità di calore e la spinta necessaria a portare il razzo nello spazio.

▲ Alcune cellule umane, come ovuli e spermatozoi, vengono conservate in azoto liquido per preservarle finché non serviranno.

Cella frigorifera

Sui tessuti viventi, il freddo estremo ha lo stesso effetto del caldo estremo: li uccide. Tuttavia, c'è un'importante differenza. Il calore distrugge le strutture viventi, mentre il freddo le preserva. I ricercatori medici conservano i campioni in azoto liquido poiché un congelamento lento può danneggiarne i tessuti. L'azoto liquido raggiunge una temperatura di -195,74 °C così rapidamente che l'acqua all'interno delle cellule non ha il tempo di cristallizzare. Alcuni scienziati ritengono che sia possibile conservare interi corpi umani. Oltre 100 persone sono state ibernate con questa tecnica, detta crionica, ma nessuna è stata riportata in vita.

▼ Un giocatore di calcio usa la crioterapia prima di una partita per ridurre eventuali gonfiori causati dagli infortuni.

Terapia da brivido

Alcuni atleti usano camere criogeniche a basse temperature per riprendersi dagli infortuni. Indossando solo calze, guanti, paraorecchi e costume da bagno per proteggersi dai geloni, passano non più di tre minuti in una piccola stanza o in una vasca raffreddata con azoto liquido a una temperatura di circa -160 °C. Il freddo stimola il corpo a rilasciare endorfine, che accelerano la guarigione. Inoltre rende meno sensibili i nervi del corpo, fornendo un immediato sollievo dal dolore e riducendo eventuali gonfiori.

FOTOGRAFIE GELATE

L'elio liquido è una componente essenziale degli scanner a risonanza magnetica (MRI), poiché raffredda i magneti superconduttori all'interno della macchina, consentendo alla corrente elettrica di attraversarli senza incontrare resistenza. Questo crea un campo magnetico che aiuta i medici a ottenere immagini precise e dettagliate dell'interno del corpo umano.

▼ Lo scanner a risonanza usa campi magnetici e onde radio per produrre immagini dei tessuti molli del corpo o dei feti.

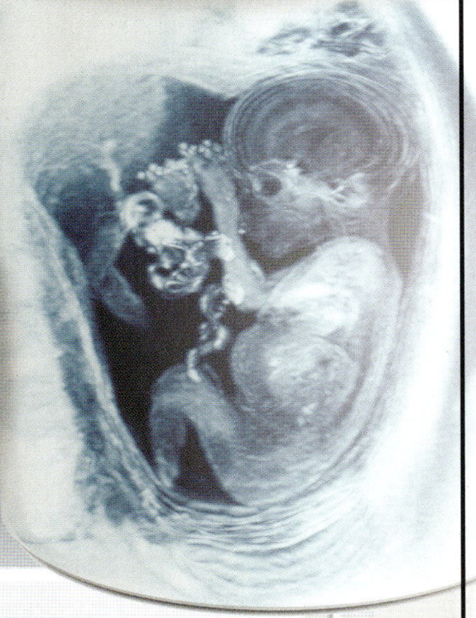

RAFFREDDATO A -270 °C, L'ELIO DIVENTA UN SUPERFLUIDO IN GRADO DI SCORRERE IN SALITA.

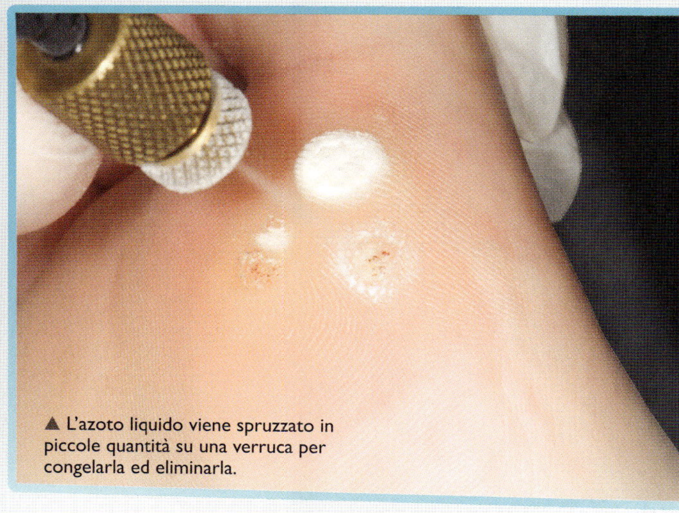

▲ L'azoto liquido viene spruzzato in piccole quantità su una verruca per congelarla ed eliminarla.

CRIOCHIRURGIA

L'azoto liquido è spesso usato per rimuovere dalla pelle tessuti indesiderati come fibromi penduli, verruche e nei. Ne basta una quantità minima, poiché il congelamento è così immediato da distruggere i tessuti in pochi secondi. Questa tecnica, detta criochirurgia, è molto più rapida della tradizionale operazione con il bisturi e non lascia cicatrici sulla pelle.

Sotto PRESSIONE

La pressione si misura in pascal, e sulla Terra la normale pressione atmosferica è di circa 101 kPa. Conosciamo le proprietà e i comportamenti delle sostanze a pressione normale; ma se sottoposte a forti pressioni, le stesse sostanze spesso hanno reazioni improvvise e inaspettate.

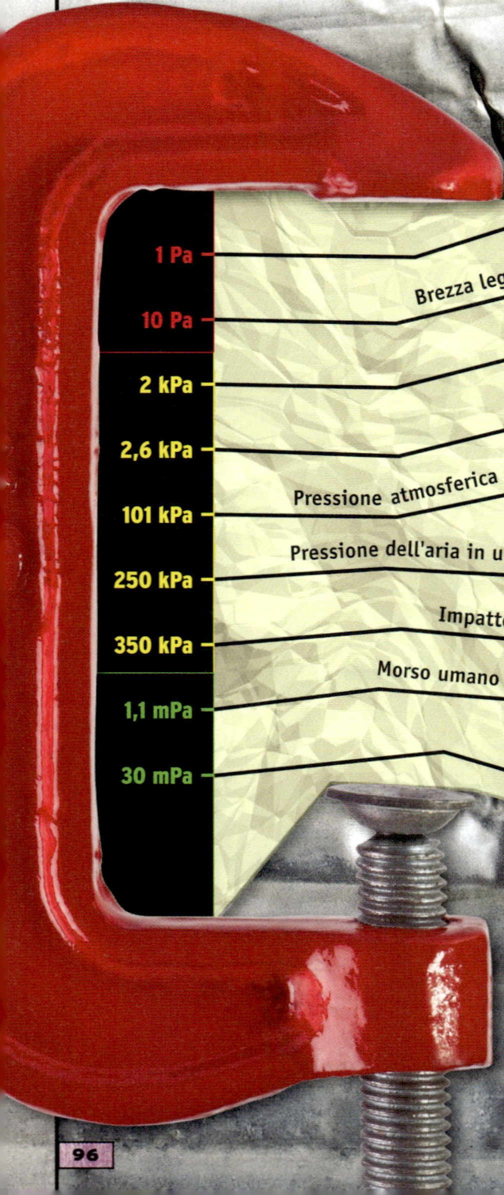

- 1 Pa – Banconota da un $ su una superficie
- 10 Pa – Brezza leggera
- 2 kPa – Scoppio dei pop corn
- 2,6 kPa – Acqua che bolle a temperatura ambiente
- 101 kPa – Pressione atmosferica sulla Terra al livello del mare
- 250 kPa – Pressione dell'aria in uno pneumatico
- 350 kPa – Impatto di un pugno
- 1,1 mPa – Morso umano medio
- 30 mPa – In fondo al mar

30 mPa
In fondo al mar

La crescita della pressione, anche durante un'immersione poco profonda, aumenta l'accumulo di gas nel sangue. Se il subacqueo torna in superficie troppo rapidamente, possono formarsi delle bolle di azoto nel sangue, provocando una sensazione di stordimento e una condizione dolorosa e potenzialmente fatale detta embolia. A profondità maggiori, la pressione ha un effetto schiacciante sull'intero corpo.

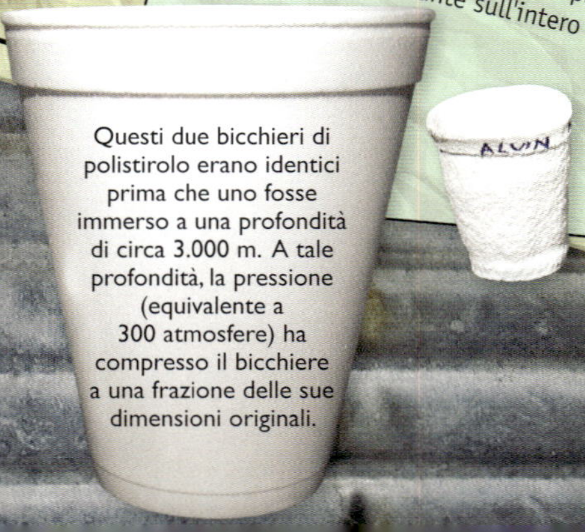

Questi due bicchieri di polistirolo erano identici prima che uno fosse immerso a una profondità di circa 3.000 m. A tale profondità, la pressione (equivalente a 300 atmosfere) ha compresso il bicchiere a una frazione delle sue dimensioni originali.

◀ Le macchine per taglio a getto d'acqua permettono ai pompieri di creare varchi per il getto d'acqua principale senza avvicinarsi troppo alle fiamme.

690 mPa

Taglio a getto d'acqua

Se sottoposta alla giusta pressione, l'acqua può tagliare cemento, metallo e roccia. La macchina da taglio usa elettropompe ad alta velocità per produrre un getto d'acqua sottile, spinto da una pressione che raggiunge i 690 mPa, cioè circa 7.000 volte superiore alla pressione atmosferica. Il getto può tagliare a una profondità di 45 cm e avere uno spessore di appena 0,076 mm, all'incirca quanto un capello.

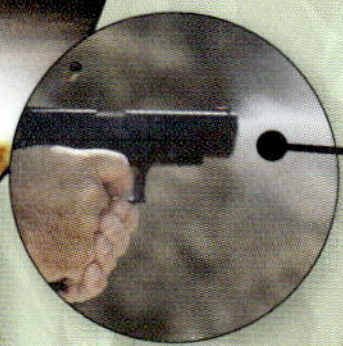

Pressione nella camera di una pistola che spara

70 mPa

Fondo della Fossa delle Marianne, 11 km sotto il livello del mare

110 mPa

690 mPa

2 gPa

2 gPa

Impatto da meteorite

Quando un meteorite ferroso da oltre 250.000 tonnellate si schiantò in Arizona 50.000 anni fa, non produsse solo un cratere spettacolare. La pressione generata dall'impatto improvviso fu tale da trasformare i minerali presenti nelle rocce circostanti.

◀ Il cratere è profondo 183 m e ha un diametro di 1.200 m.

200 gPa

Idrogeno metallico

1
H
Idrogeno
1.01

Secondo gli scienziati, la gravità di Giove crea una pressione così forte che l'idrogeno inizia a comportarsi come un metallo. Per ottenere idrogeno metallico in laboratorio, serve una pressione oltre 2 milioni di volte superiore a quella atmosferica.

▼ Il metallo liquido all'interno di Giove può condurre calore ed elettricità.

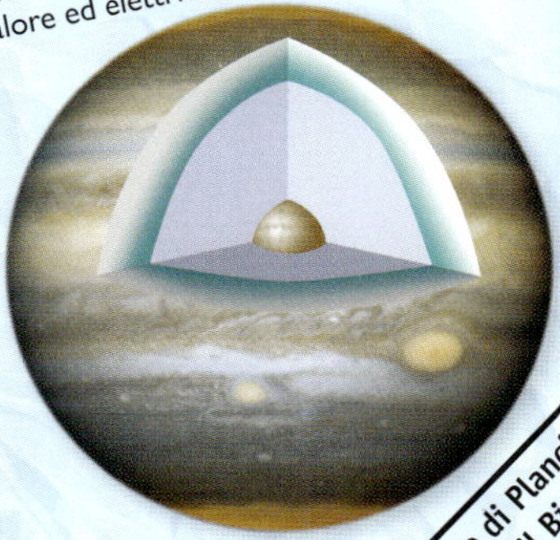

Pressione di Planck, raggiunta solo poco dopo il Big Bang o all'interno di un buco nero

200 gPa

360 gPa

$4,6 \times 10^{113}$ Pa

Tesoro greggio

Il petrolio greggio è come oro nero: un tesoro chimico che contiene centinaia di sostanze utili. Dopo l'estrazione, il petrolio viene sottoposto a una serie di trattamenti per ricavare tutti i sottoprodotti che può offrire questa merce preziosa.

Gli ingredienti

Il petrolio greggio viene dal sottosuolo ed è composto da resti di piante e animali. Nel corso di milioni di anni, questi resti vengono ricoperti da strati di fango e roccia, che generano calore e pressione molto forti. Queste condizioni trasformano i resti in petrolio greggio, una miscela di idrocarburi.

Il frazionamento

La miscela viene separata riscaldando il petrolio all'interno di alte torri metalliche. Questo processo è detto "distillazione frazionata". Verso la cima della torre, le prime sostanze rilasciate sono gas di petrolio liquefatti. Più in basso, il cherosene e l'olio combustibile evaporano e si condensano per essere raccolti. In fondo, si accumulano solidi come paraffina e asfalto.

OLIO IN FIAMME

HOME | NEWS | CONTATTI

Il petrolio greggio è infiammabile e gli incendi nei pozzi petroliferi possono essere causati da errori umani o da eventi naturali come i fulmini. Data la grande quantità di carburante disponibile, le fiamme sono difficili da estinguere. Perciò i pompieri usano degli esplosivi per creare un'onda d'urto che separa il carburante in fiamme e l'ossigeno dal resto del carburante: è un po' come soffiare su un'enorme candela!

Insieme al metano e al pentano, il BUTANO è usato principalmente come carburante per fornelli da cucina.

La NAFTA liquida è usata per realizzare la benzina, ma anche come detergente industriale.

La BENZINA per auto e camion è di gran lunga il prodotto più prezioso ottenuto dal petrolio.

Solo i motori dei jet bruciano efficacemente il CHEROSENE, usato anche per alimentare le stufe.

Treni e grossi camion per il trasporto di merci via terra sono alimentati a DIESEL.

Un sottile strato di OLIO LUBRIFICANTE garantisce movimenti fluidi alle parti di motori e altre macchine.

I motori delle navi bruciano OLIO COMBUSTIBILE, impiegato anche per il riscaldamento domestico.

Il BITUME è usato per costruire strade e tetti.

CON UN BARILE DI PETROLIO (159 L) SI POSSONO PRODURRE CIRCA 75 L DI BENZINA.

Top 10 delle riserve di petrolio

STATO	BARILI (IN MILIARDI)
Venezuela	297
Arabia Saudita	265
Iran	151
Iraq	143
Kuwait	102
Emirati Arabi Uniti	98
Russia	79
Libia	47
Kazakistan	40
Nigeria	37

Roba che SCOTTA

LA SCINTILLA

Basta una piccola scintilla per accendere un fuoco. In passato le scintille si creavano battendo un pezzo di acciaio contro una pietra dura come la selce, producendo frammenti microscopici di metallo rovente. Oggi invece si usano gli accendini a gas o quelli elettrici, che creano minuscole nuvole di plasma luminoso.

▼ I fiammiferi usano il calore prodotto dalla frizione per avviare una reazione tra due sostanze chimiche che si trovano nella testa del fiammifero e sul lato della scatola. La fiamma generata brucia il bastoncino di legno.

La combustione avviene quando una sostanza reagisce con l'ossigeno producendo grandi quantità di calore. In realtà solo i gas bruciano, mentre solidi e liquidi devono essere riscaldati fino a evaporare prima di prendere fuoco. Alcune sostanze vanno incontro a combustione spontanea, ma la maggior parte ha bisogno di un innesco per bruciare.

Pericolo invisibile

Di solito gli incendi improvvisi avvengono in spazi ristretti, dove un piccolo fuoco produce abbastanza calore da far evaporare materiali infiammabili. Questo fa sì che i gas che pesano meno dell'aria si concentrino nella parte superiore della stanza. Anche se ci sono fiamme al di sotto, i gas non bruciano perché non c'è abbastanza ossigeno... finché non si rompe una finestra o qualcuno apre una porta. Allora l'ingresso di ossigeno nella stanza crea una vampata di fiamme che arriva in alto e investe tutto il soffitto, trasformando in un attimo l'intera stanza in un inferno.

▶ I pompieri combattono un incendio dirigendo getti d'acqua verso il soffitto.

SULLA TERRA

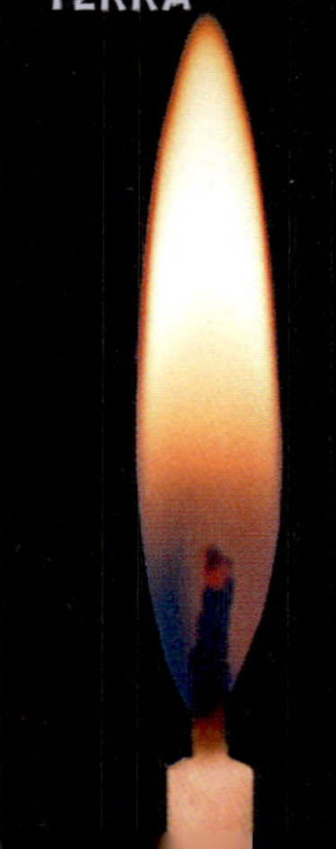

▼ Un metalmeccanico usa un bruciatore ad acetilene per tagliare il metallo.

Carica di ossigeno

Una fiamma ordinaria, come quella di un fiammifero, è detta fiamma a diffusione. Il calore e l'intensità della fiamma dipendono dalla quantità di ossigeno disponibile, attinta dall'ambiente circostante. Somministrando ossigeno puro, si ottiene una fiamma molto più calda e violenta. Un bruciatore a torcia, che mescola ossigeno e acetilene, un altro gas infiammabile, produce una fiamma che arriva a circa 3.500 °C, così calda da tagliare facilmente l'acciaio.

LA CARTA PRENDE FUOCO SPONTANEAMENTE SE RISCALDATA A UNA TEMPERATURA DI CIRCA 234 °C.

Combustione spontanea

Nella loro forma pura, elementi come il potassio e il fosforo sono piroforici: a contatto con l'ossigeno reagiscono così violentemente da prendere fuoco. Le sostanze piroforiche si incontrano raramente nella vita di tutti i giorni: si trovano all'interno delle balle di fieno e dei cumuli di compost, che all'improvviso possono bruciare spontaneamente.

▼ Quando i batteri all'interno di un pagliaio si decompongono producono calore, che rimane intrappolato finché la temperatura del fieno non raggiunge il punto di accensione, generando una combustione spontanea.

Gravità contro assenza di gravità

Sulla Terra, le fiamme si allungano verso l'alto, culminando a punta. La parte gialla della fiamma è composta da minuscole particelle luminose di fuliggine che salgono per convezione e contro la forza di gravità. In assenza di gravità (nello spazio), le fiamme hanno forma sferica, producono meno fuliggine e sono meno gialle.

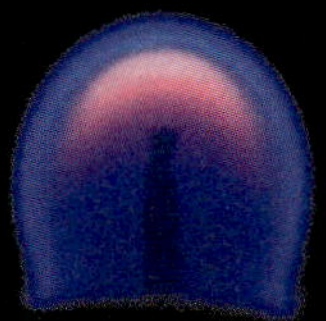

NELLO SPAZIO

Fare il BOTTO

Ingombrante e fumosa, la polvere da sparo è un esplosivo che presenta diversi svantaggi. Un'esplosione di polvere da sparo è un esempio di combustione molto rapida: ha una velocità di circa 400 m/s. Gli esplosivi ad alto potenziale, realizzati per la prima volta nel XIX secolo, non funzionano per combustione ma per detonazione, producendo un'onda d'urto che viaggia a una velocità che può raggiungere i 9.000 m/s.

Grano dopo grano

La polvere da sparo si ottiene mischiando polvere di carbone, zolfo e nitrato di potassio con l'acqua. Si forma così un impasto denso, che viene steso in fogli sottili. Prima che si asciughino, i fogli vengono tagliati in piccoli pezzetti detti grani. Questo procedimento presenta tre vantaggi. Primo: grani delle stesse dimensioni facilitano le misurazioni. Secondo: tanti piccoli grani hanno una superficie più ampia di un blocco intero, perciò bruciano molto più velocemente. Terzo: impilandoli si creano piccoli spazi tra un grano e l'altro, che garantiscono a ognuno aria a sufficienza per bruciare.

Miscela magica

La ricetta segreta della polvere da sparo fu scoperta in Cina 1.000 anni fa, quando una miscela di carbone, zolfo e nitrato di potassio dimostrò di avere potenti proprietà esplosive. La nuova scoperta venne presto messa in pratica: la polvere da sparo veniva stipata in tubi di bambù per realizzare bombe e missili rudimentali.

Spesso sui campi di battaglia si formavano nuvole cariche di pioggia, così nel XIX secolo molte persone facevano esplodere la polvere da sparo per provocare piogge durante i periodi di siccità.

Lanciarazzi

I fuochi d'artificio vengono lanciati in aria da un propellente. Quando la miccia brucia raggiungendo il tubo a forma di missile, accende il propellente, che scaglia il razzo verso l'alto. Bruciando, il propellente accende una carica esplosiva che crea giochi di luce colorati nel cielo.

▲ I crisantemi sono fuochi d'artificio perfettamente sferici. La loro luminosità aumenta mentre si espandono in cielo.

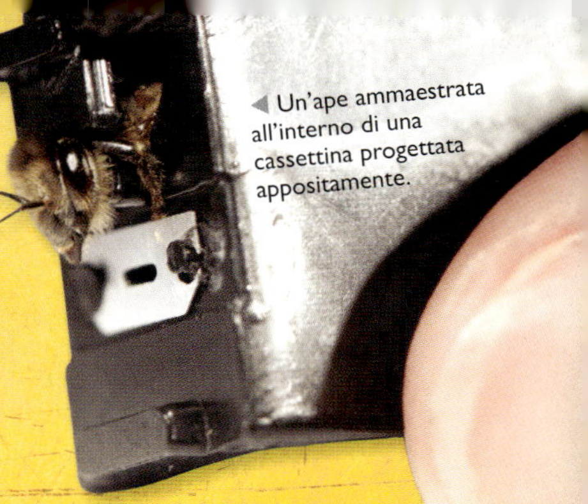

◀ Un'ape ammaestrata all'interno di una cassettina progettata appositamente.

API DA FIUTO

Le api possono essere addestrate a riconoscere un particolare odore, come quello della polvere da sparo. Vengono inserite all'interno di piccoli congegni attrezzati con telecamere digitali, e quando rilevano l'odore allungano la proboscide, o lingua, reclamando una ricompensa in cibo. Allora la macchina comunica la presenza di esplosivi a un operatore umano.

Situazione fumosa

Le armi da fuoco alimentate a polvere da sparo, come cannoni e moschetti, rendevano quasi impossibile vedere il nemico dopo i primi minuti di battaglia. Bruciando, la polvere da sparo produce un fumo molto denso, e con centinaia di cannoni e migliaia di moschetti che sparavano tutti insieme, i campi di battaglia venivano ben presto pervasi dal fumo, che riduceva la visibilità a pochi metri. Il problema fu risolto nel XIX secolo con l'invenzione della polvere infume, un esplosivo ad alto potenziale che non produce fumo.

▲ Lo sparo di un moschetto produceva una nuvola di fumo denso.

MENTI esplosive

Nel corso della storia, gli scienziati hanno ideato metodi e formule per creare esplosioni sempre più grandi e forti, ricorrendo spesso a sostanze ordinarie come il cotone, la segatura e l'aria.

IL GRANDE BOTTO

Nel 1847 il chimico italiano Ascanio Sobrero (1812–1888) annunciò la scoperta della nitroglicerina, un esplosivo ad alto potenziale che detona con effetti devastanti al minimo urto. Questa sostanza restò molto pericolosa da maneggiare fino a quando, anni dopo, Alfred Nobel riuscì a domarla.

Falso storico

C'è chi attribuisce l'invenzione della polvere da sparo allo studioso inglese Ruggero Bacone (1214–1294 ca.). Nonostante abbia descritto in uno dei suoi libri un'esplosione di polvere da sparo e abbia divulgato la sua esistenza, Bacone non ne fu l'inventore, ma più probabilmente imparò come realizzarla dai cinesi dell'Asia Centrale.

CHRISTIAN SCHÖNBEIN

SOFFICE MA LETALE

Il primo esplosivo ad alto potenziale era fatto di ovatta. Il chimico tedesco naturalizzato svizzero Christian Schönbein (1799–1868) trattò le fibre di cotone con acido nitrico per realizzare un esplosivo che fu battezzato fulmicotone. Era molto più potente della polvere da sparo, al punto da non poter essere usato come propellente per cannoni e armi da fuoco.

RUGGERO BACONE

ASCANIO SOBRERO

L'uomo dinamite

Il chimico e imprenditore svedese Alfred Nobel (1833–1896) era collega di Ascanio Sobrero. Divenne ossessionato dall'idea di rendere la nitroglicerina sicura dopo che suo fratello Emil morì in un'esplosione accidentale. Nobel scoprì che bastava aggiungere al composto argilla, segatura o altri materiali assorbenti per creare bastoncini che potevano essere maneggiati e trasportati senza rischio di detonazione. Questo nuovo esplosivo sicuro prese il nome di dinamite.

Boom!

Hermann Sprengel (1834–1906) inventò un esplosivo "sicuro" semplicemente miscelando le varie parti (combustibili altamente reattivi e sostanze contenenti ossigeno) subito prima dell'uso. Nel 1885, Il Corpo degli ingegneri dell'esercito americano usò quasi 130 tonnellate di questa miscela per far saltare in aria delle rocce a Hell Gate, vicino al porto di New York: fu una delle più potenti esplosioni preatomiche.

Trinity test

La bomba atomica fu sviluppata nell'ambito del progetto top-secret Manhattan durante la Seconda guerra mondiale (1939–1945). Sotto la direzione di Robert Oppenheimer (1904–1967), una squadra di scienziati portò a termine con successo la prima esplosione atomica nel luglio 1945, con il nome in codice Trinity test.

Esplosivo gelido

Il professore di ingegneria tedesco Carl von Linde (1842–1934) fu un pioniere nel campo della refrigerazione industriale. Nel 1895 von Linde riuscì a liquefare l'aria a una temperatura di -195 °C. Poi ottenne ossigeno liquido (LOX) facendo evaporare l'azoto. Combinato con il carbone, il LOX diventava un potente esplosivo, ampiamente usato nelle miniere di carbone fino alla metà del XX secolo.

PROIETTILI
In corsa

Quando si preme il grilletto di una pistola, un propellente all'interno del proiettile brucia. Questo genera gas, che spara il proiettile attraverso la canna a circa 300 m/s. A questa velocità, il proiettile ha una quantità di movimento e un'energia cinetica molto elevate. Al momento dell'impatto, l'energia del proiettile viene trasferita al bersaglio, con effetti devastanti.

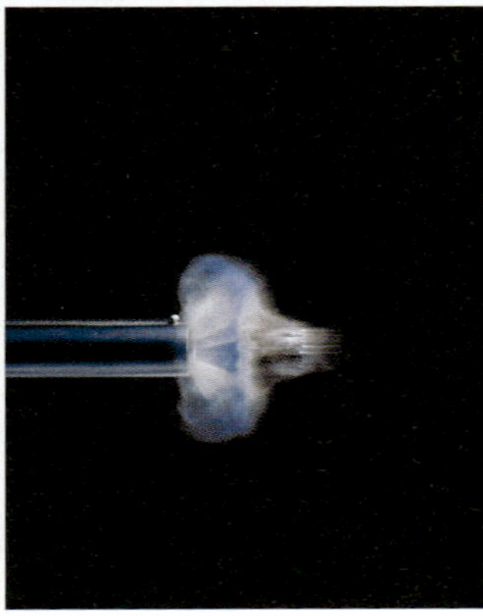

Colpo di fucile

La cartuccia di un fucile può contenere fino a 500 proiettili sferici, racchiusi all'interno di un bossolo di plastica e separati dal propellente grazie a una leggera imbottitura. Quando la pistola spara, i gas si espandono spingendo la cartuccia lungo la canna. Quando la cartuccia fuoriesce dalla canna, l'imbottitura e il bossolo cadono e i proiettili si disperdono.

1 Il proiettile e l'imbottitura escono dalla canna.

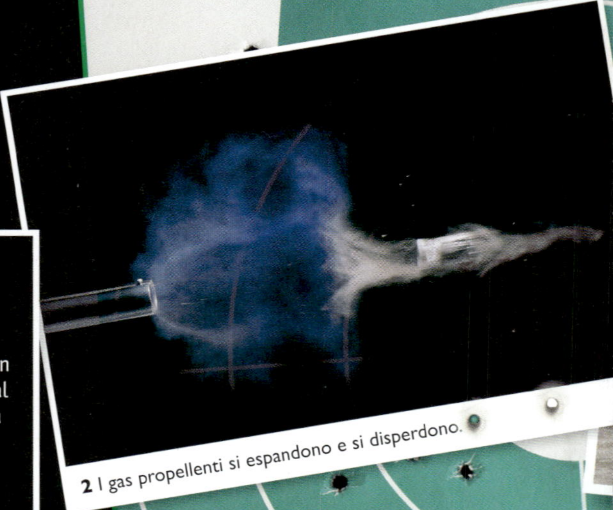

2 I gas propellenti si espandono e si disperdono.

3 Il bossolo di plastica si stacca.

4 Il proiettile si separa dall'imbottitura.

LENTO E COSTANTE

Uno dei primi prototipi di fucile anticarro ad alta velocità prevedeva per prima cosa di rallentare il proiettile. Il fucile sPzB 41, usato durante la Seconda guerra mondiale, sparava un proiettile più grande della bocca dell'arma. Attraversando la canna rastremata, il proiettile rallentava, schiacciandosi per adattarsi alla sua dimensione. L'espansione dei gas generava una forte pressione e il proiettile partiva dalla canna a una velocità elevatissima: fino a 1.400 m/s.

▼ Quest'arma aveva una portata di circa 500 m.

Armi anticarro

Le armi anticarro sparano frecce metalliche, dette penetratori, progettate per trapassare le corazze dei carri armati nemici, arrivando fino a 30 cm di profondità. I penetratori sono racchiusi in un leggero involucro di plastica che cade quando il proiettile fuoriesce dalla bocca dell'arma a una velocità di circa 1.800 m/s.

▲ Un soldato carica munizioni contenenti penetratori in un carro armato.

▶ Questo vetro antiproiettile racchiude uno strato di plastica tra due strati di vetro. La plastica lo rende 100 volte più resistente rispetto al semplice vetro.

Fermare una pallottola

Le protezioni antiproiettile non sono infallibili: difendono solo da alcuni tipi di proiettile. I moderni giubbotti antiproiettile sono realizzati con plastiche superforti come il kevlar, in grado di bloccare pallottole di pistola a bassa velocità. Per fermare un colpo ad alta velocità servono protezioni aggiuntive come placche di ceramica balistica. Alcuni giubbotti sono dotati di un gel che provoca la dispersione dell'energia cinetica del proiettile.

SHOCK elettrizzante

L'elettricità è una forza invisibile che fornisce energia a gran parte del mondo. Un flusso di corrente elettrica si produce quando degli elettroni scorrono attraverso un filo o saltano nell'aria. Quando vediamo una scintilla, si tratta in realtà di aria trasformata in plasma dall'elettricità.

SENTIRSI SCOSSI

La scossa che talvolta prendiamo toccando una superficie metallica in realtà avviene una frazione di secondo prima di quando la avvertiamo. Di solito l'elettricità viaggia tramite conduttori come i metalli, mentre non attraversa materiali isolanti come il vetro e l'aria. Tuttavia, l'elettricità può saltare tra due conduttori oltrepassando uno spazio di aria isolante: più alto è il voltaggio, più lungo può essere il salto.

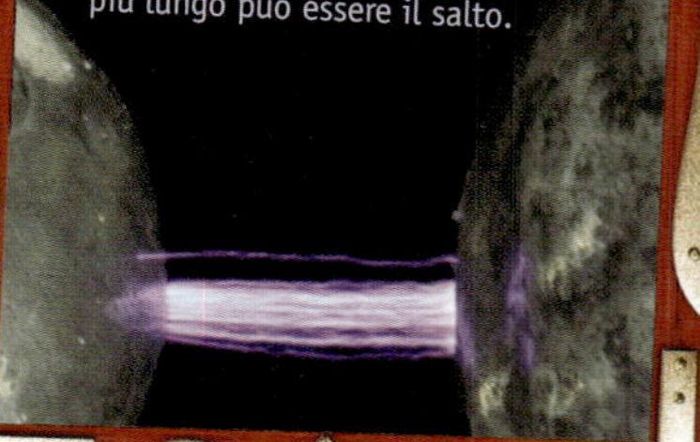

▲ Una scarica elettrostatica viola salta oltre lo spazio che divide due sfere di metallo.

Gabbia di sicurezza

Lo scienziato inglese Michael Faraday (1791–1867) dimostrò che circondando un soggetto con una "rete" conduttrice, come una gabbia di metallo, le scariche elettriche viaggeranno lungo i lati della rete, lasciando indenne ciò che si trova al suo interno, almeno finché non tocca le pareti! Le gabbie di Faraday sono usate per proteggere l'attrezzatura elettrica dai fulmini.

▶ Toccando la sfera metallica di un generatore di Van de Graaff si crea una piccola scarica elettrica che fa drizzare i capelli.

▲ Al sicuro in una gabbia di Faraday, questo ricercatore è sopravvissuto a una scarica da 2 milioni di volt.

▼ Le squadre di manutenzione delle linee elettriche seguono rigide procedure di sicurezza.

A PROVA DI SHOCK

Le squadre di manutenzione lavorano in sicurezza su linee elettriche che trasportano oltre 100.000 volt di elettricità. L'elicottero dei lavoratori deve essere fissato alla linea tramite una speciale asta metallica, che consente all'elettricità di scorrergli attorno. Da quel momento, l'elicottero non può toccare nient'altro, altrimenti i passeggeri rimarrebbero fulminati all'istante. Così gli operai sono liberi di risolvere i problemi sulla linea senza correre gravi rischi.

Megavolt

Inventata dall'ingegnere elettrico americano Nikola Tesla (1856–1943), la bobina di Tesla può generare scariche elettriche da più di un milione di volt e lunghe oltre 3 m. I voltaggi più alti (fino a 1,5 milioni di volt) si producono nella parte superiore della bobina, che presenta una forma a ciambella per sfruttare quanta più superficie possibile. Un tempo usata nelle trasmissioni radio e per fornire alti voltaggi all'illuminazione al neon, oggi la bobina di Tesla è stata sostituita dai ritrovati della moderna elettronica.

▼ Un inventore australiano ha usato una bobina di Tesla per creare questa cornice scintillante.

Invenzione elettrizzante

Il generatore di Van de Graaff, inventato dal fisico americano Robert Van de Graaff (1901–1967), è un semplice dispositivo per la produzione di corrente ad alta tensione. All'interno di una sfera di metallo, una cinghia rotante produce una carica elettrica. Quando la sfera entra in contatto con un conduttore, gli trasmette una scarica. Enormi generatori di Van de Graaff vengono usati per produrre gli altissimi voltaggi necessari a spaccare gli atomi all'interno degli acceleratori lineari.

Rischio RADIOATTIVO

Quando elementi instabili decadono in altri elementi, producono pericolose quantità di radioattività. Esistono tre tipi di radiazioni: alfa, beta e gamma. I raggi alfa e beta sono composti da frammenti di atomi, detti particelle subatomiche, che viaggiano ad alte velocità. I raggi gamma sono la forma di luce più energetica che esista.

Raggi beta

I raggi beta sono costituiti da minuscoli granelli di materia: gli elettroni – cioè le più piccole fra le particelle stabili – che viaggiano circa al 90% della velocità della luce. Questi elettroni, detti particelle beta, possono danneggiare i tessuti umani, ma hanno poco potere penetrante: per bloccarli basta uno strato di alluminio spesso 5 mm.

▶ I raggi beta sono usati da alcune macchine per controllare lo spessore di materiali come la plastica. Se la plastica diventa troppo spessa, assorbe più radiazioni, cosa che viene rilevata dal contatore Geiger. Questo fa sì che i rulli si avvicinino tra loro, riducendo lo spessore.

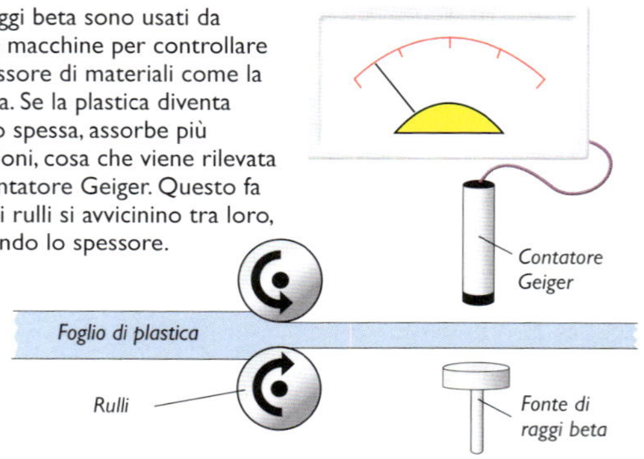

Lenti e costanti

I raggi alfa sono composti da particelle alfa, che sono circa 8.000 volte più grandi e più pesanti delle beta e viaggiano molto più lentamente, a circa 16.000 km/s. Le particelle alfa sono dannose per i tessuti viventi, ma sono talmente grandi e lente da non poter penetrare la pelle. Possono essere bloccate con un semplice foglio di carta.

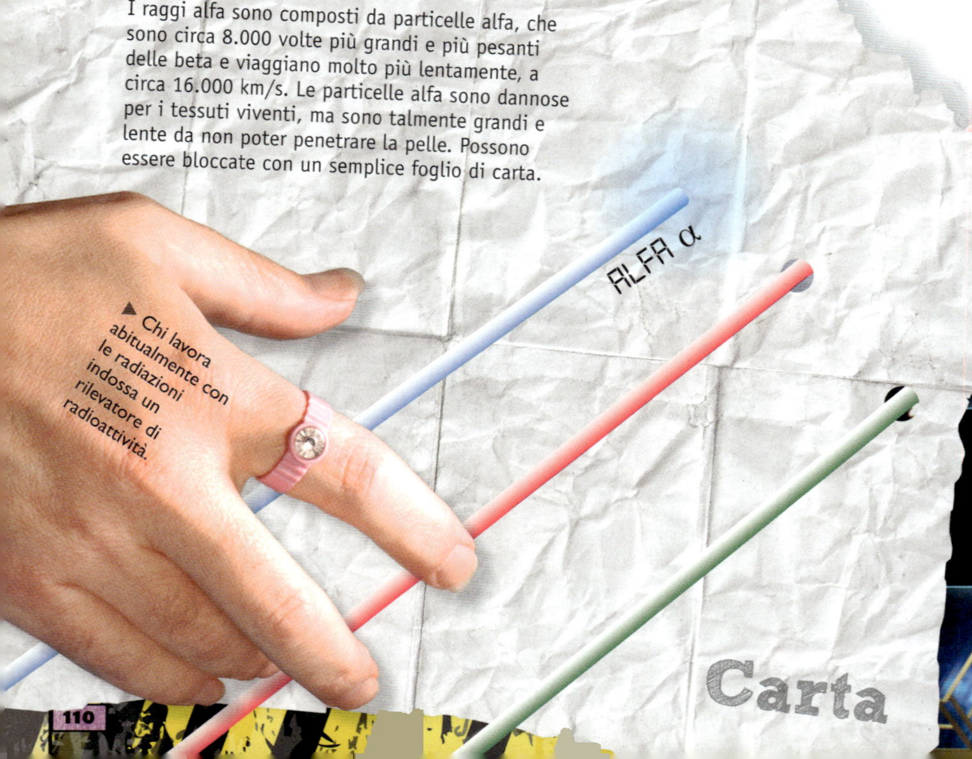

▲ Chi lavora abitualmente con le radiazioni indossa un rilevatore di radioattività.

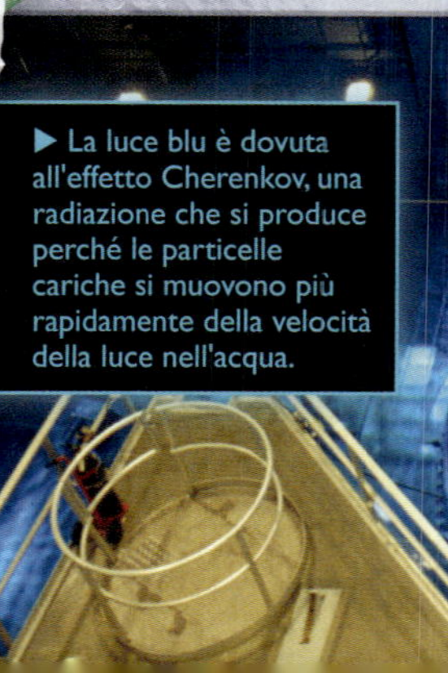

▶ La luce blu è dovuta all'effetto Cherenkov, una radiazione che si produce perché le particelle cariche si muovono più rapidamente della velocità della luce nell'acqua.

▶ Gli ufficiali di dogana usano scanner a raggi gamma per controllare il carico dei camion.

Luce penetrante

I raggi gamma attraversano la materia con la stessa facilità con cui la luce attraversa un vetro; possono essere bloccati solo da uno strato di piombo spesso diversi centimetri. Quando i raggi gamma passano attraverso il corpo umano, la grande quantità di energia che veicolano può causare danni terribili. Alti dosaggi causano ustioni da radiazioni e morte rapida; dosi minori uccidono più lentamente attraverso il cancro e altre malattie indotte dalle radiazioni.

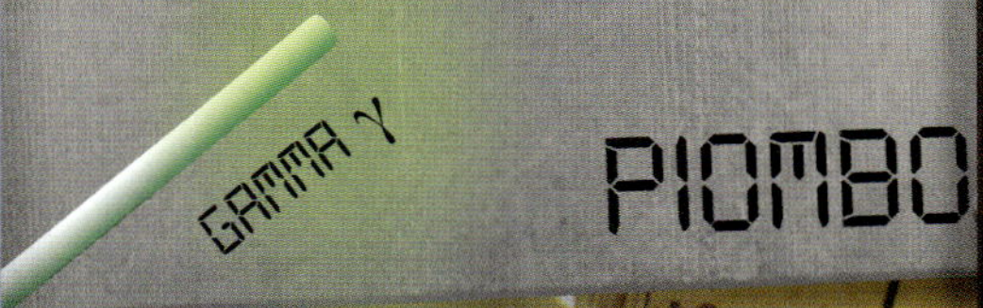

Elettricità nucleare

Una centrale nucleare sfrutta l'energia prodotta dal decadimento di elementi altamente instabili, come il plutonio, e la usa per generare elettricità. Nonostante i raggi alfa, beta e gamma siano invisibili, il livello di radioattività all'interno di una centrale nucleare è abbastanza elevato da far brillare la semplice acqua di una luce blu.

DISASTRI

CHERNOBYL, UCRAINA, APRILE 1986

Il 25 aprile, gli ingegneri della centrale nucleare iniziarono un test per capire se il sistema di raffreddamento potesse funzionare in mancanza di energia elettrica. Questo provocò un surriscaldamento del reattore che fece esplodere il combustibile e scatenò un incendio. Il reattore non era ben protetto dal guscio di cemento, e così le scorie radioattive si dispersero nell'atmosfera, trasportate dal vento per centinaia di chilometri.

▼ A destra, una mela cotogna mutata, molto più grande di quelle normali, trovata due anni dopo il disastro.

FUKUSHIMA, GIAPPONE, MARZO 2011

L'11 marzo uno tsunami si abbatté sulle coste del Giappone, danneggiando il sistema di raffreddamento della centrale nucleare di Fukushima. Di conseguenza, il combustibile nucleare si surriscaldò e prese fuoco, emettendo una grande quantità di radiazioni e materiale radioattivo nell'atmosfera. Si raggiunsero livelli di radioattività così elevati che le autorità evacuarono l'intera area di Fukushima per un raggio di 19 km.

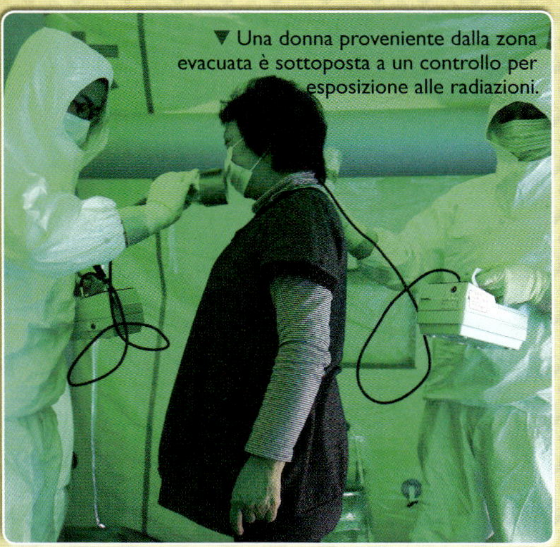

▼ Una donna proveniente dalla zona evacuata è sottoposta a un controllo per esposizione alle radiazioni.

È nata una STELLA

Le stelle sono composte dagli atomi dei due elementi più leggeri, idrogeno ed elio, tenuti insieme dalla gravità. Il momento della nascita di una stella è avvolto in spesse nubi di polvere, ma nulla può nascondere lo spettacolo che accade attorno a un simile evento esplosivo.

1 Nebulosa Aquila

Uno spazio non proprio vuoto

Le grandi distese di spazio tra una stella e l'altra non sono completamente vuote. Ogni cm cubo di spazio contiene un atomo, solitamente di idrogeno, talvolta di elio e più raramente di un altro elemento. Questi atomi non sono distribuiti equamente, poiché tendono a raggrupparsi in nubi. Le più grandi sono dette "nubi molecolari giganti" (GMC), ed è qui che nascono molte stelle.

Gas compressi

Quando una nube molecolare gigante diventa abbastanza grande (cioè almeno 1.000 volte più del Sole) si crea un collasso gravitazionale: la nube implode, andando in pezzi. Questo genera grandi quantità di energia, creando onde d'urto che comprimono e riscaldano i frammenti della nube al punto da innescare una fusione nucleare. La parte centrale di ogni frammento diventa il nucleo di una nuova stella.

2 Ammasso delle Pleiadi

3 Nebulosa di Orione

Prove nebulose

Il collasso della nube molecolare gigante e la conseguente nascita delle stelle lasciano una traccia visibile nel cielo notturno sotto forma di nebulosa lucente. Le giovani stelle emanano radiazioni, creando delicate forme luminose che spariranno dopo qualche milione di anni.

Gli scienziati pensano che il 95% di tutte le stelle che esisteranno è già nato.

Nuovi pianeti

La gravità di una nuova stella può attirare gas e polveri che iniziano a vorticare, formando un disco protoplanetario attorno a essa. Col tempo, dopo numerose collisioni, polveri e gas si uniscono creando piccoli planetesimi, che combinandosi tra loro possono formare dei pianeti. Finora gli astronomi hanno scoperto oltre 1.000 pianeti in orbita attorno a stelle diverse dal Sole.

Annunciare il proprio arrivo

Le giovani stelle annunciano la loro presenza lanciando nello spazio due getti gemelli di materiali ad alta velocità. Le polveri e i gas attratti dalla nuova stella entrano in orbita e poi vengono espulsi in lunghi flussi che si dipartono dai due poli. L'onda d'urto di questi getti viaggia a una velocità di oltre 300 km/s, e attraversando i gas circostanti li fa brillare di una luce intensa.

Globuli stellari

I globuli di Bok sono piccole, dense nubi di gas e polveri che assorbono la luce. Furono scoperti nel secolo scorso dall'astronomo Bart Bok (1906–1983), da cui prendono il nome. Gli scienziati ritengono che al loro interno possano formarsi nuove stelle per la contrazione di polveri e gas dovuta alla gravità.

Universo SCONFINATO

Tempeste grandi il doppio della Terra, galassie in collisione e stelle nascenti: un emozionante tour dell'Universo per sentirsi davvero minuscoli.

La teoria del Big Bang 116
Galleria galattica 118
La Via Lattea 120
Stelle nascenti 122
Stelle morenti 124
Occhi nel cielo 126
Esplorando l'Universo 128
Lotteria esoplanetaria 130
Ricercato: sole cocente 132
Il Sistema solare 134
Pianeti rocciosi 136
La Luna 138
Vita su Marte 140
Giganti di gas 142
Molte lune 144
Nani spaziali 146
Sistema estremo 148

◀ La Nebulosa di Orione è una delle più vicine alla Terra. Ha un diametro di circa 30 anni luce e contiene 2.000 volte più materia di quella che si trova nel Sole.

La teoria del Big Bang

L'Universo è grande oltre ogni immaginazione. Contiene tutta la materia e l'energia di cui siamo a conoscenza, e offre ancora tanto da imparare. La teoria del Big Bang descrive il modo in cui l'Universo è nato, espandendosi rapidamente fino a diventare quello che conosciamo oggi.

▲ Queste cinque galassie, chiamate quintetto di Stephan, sono state colorate per mostrarne lo spostamento verso il rosso. Le galassie rosse sono molto più lontane e viaggiano più velocemente di quella azzurra, più vicina.

COME FACCIAMO A SAPERE CHE L'UNIVERSO SI STA ESPANDENDO?

Quando una galassia si allontana dalla Terra, le onde luminose che emana formano una scia, conferendole una colorazione rossastra. Questo effetto, detto spostamento verso il rosso, fu scoperto dal matematico austriaco Christian Doppler nel 1842. In seguito, Edwin Hubble dimostrò che lo spostamento verso il rosso di una galassia è proporzionale alla sua distanza dalla Terra: più lontana è la galassia, maggiore sarà lo spostamento verso il rosso, e di conseguenza più veloce il suo moto di allontanamento. Questo fenomeno rivela che gli oggetti più distanti dell'Universo si allontanano da noi a velocità sorprendenti, che spesso sfiorano quella della luce.

L'Universo è iniziato con la produzione di un'enorme quantità di energia a partire da un punto microscopico, detto singolarità.

Si ritiene che un tempo l'Universo fosse più piccolo di un atomo. Questa entità minuscola prende il nome di singolarità. Poi, circa 13,8 miliardi di anni fa, la singolarità scoppiò in tutte le direzioni come una palla di fuoco incandescente. Questa enorme esplosione è chiamata Big Bang. Espandendosi, l'Universo si raffreddò e una parte della sua energia cominciò a condensarsi, formando le prime particelle di materia.

Le conseguenze del Big Bang

Siamo riusciti a mappare il riverbero del Big Bang, detto "radiazione cosmica di fondo" e visibile ancora oggi. Le sue increspature portarono alla formazione delle stelle e delle galassie come le conosciamo oggi. Il satellite Cosmic Background Explorer (COBE) ha tracciato la prima mappa all'inizio degli anni '90, ma la più dettagliata è stata prodotta nel 2010 dal satellite Planck.

IL MULTIVERSO

Fino a qualche anno fa si riteneva che il Big Bang fosse all'origine di tutto: tempo, spazio, energia e materia. Secondo ipotesi più recenti, invece, il Big Bang non sarebbe stato il principio di tutto, ma solo del nostro Universo, uno fra tanti. Questa è la teoria del multiverso, che tuttavia non è ancora stata provata.

▲ L'ammasso di galassie Abell 2744 dista 3,5 milioni di anni luce da noi, quindi oggi lo vediamo com'era 3,5 milioni di anni fa.

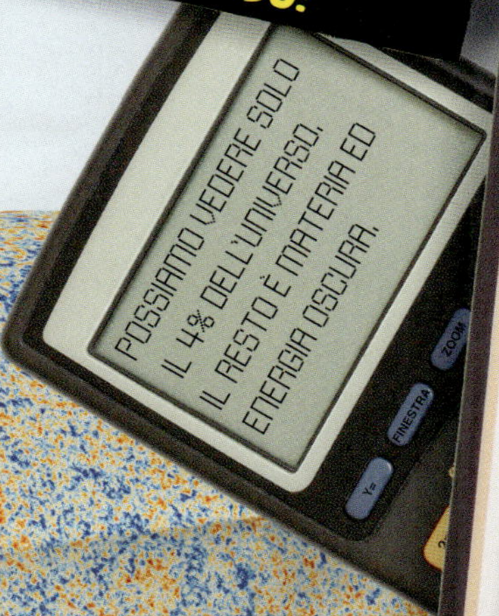

▼ Il satellite Planck ha tracciato questa mappa della radiazione rimasta da quando l'Universo aveva solo 380.000 anni.

Guardare indietro nel tempo

Gli scienziati usano moderni telescopi per guardare il passato di galassie lontane. Se una galassia si trova a un milione di anni luce dalla Terra, le onde luminose che emette impiegheranno un milione di anni per giungere a noi. Quindi ciò che vediamo è altrettanto vecchio! Gli astronomi hanno scoperto galassie che hanno 13 miliardi di anni e nubi di gas che ne hanno 12, formate dagli elementi più semplici: idrogeno ed elio. È possibile determinare l'età di un oggetto lontano analizzando lo spostamento verso il rosso della luce che emette.

GALLERIA galattica

Le stelle viaggiano nello spazio all'interno di gruppi giganti detti galassie. Ne esistono miliardi, e ciascuna contiene miliardi di stelle. Le galassie sono così vaste e distanti tra loro che le loro dimensioni e distanze reciproche si misurano in anni luce: un anno luce è la distanza percorsa dalla luce in un anno.

A spirale

Ellittica

Irregolare

Forme

In base alla loro forma, le galassie si dividono in tre gruppi principali. Circa i tre quarti di tutte le galassie hanno una forma a spirale, con un centro da cui si dipartono bracci lunghi e ricurvi. Se il centro è rettangolare, si parla di galassia a spirale barrata. Il secondo tipo più comune è quello delle galassie ellittiche, di forma rotonda o ovale, in cui nascono poche nuove stelle. Le galassie irregolari non hanno forma definita e sono il risultato della collisione tra due galassie.

Galassia di Andromeda

La nostra vicina

Una delle galassie più grandi dell'Universo si chiama Andromeda ed è una galassia a spirale. Nonostante si trovi a circa 2,5 milioni di anni luce dalla Terra, è così grande da essere visibile a occhio nudo. Andromeda è circondata da una dozzina di galassie nane, allineate in uno strano modo che gli scienziati non sono ancora riusciti a spiegare.

Campo ultra profondo di Hubble

Brulicante di galassie

Nel 2004, il telescopio spaziale Hubble scattò la fotografia di una piccola regione dello spazio. Si scoprì che questa immagine conteneva 10.000 delle galassie più distanti mai osservate. Sulla base di questo, gli scienziati capirono che l'Universo poteva contenere anche 500 miliardi di galassie. La loro luce viaggia nell'Universo per circa 13 milioni di anni prima di raggiungere la Terra.

Nebulosa Aquila

Incubatrici di stelle

Le nebulose sono vaste nubi di gas e polveri all'interno delle galassie. Emanano una luce intensa poiché sono calde o illuminate da stelle vicine. Le nebulose oscure sono nubi di polveri che assorbono la luce proveniente dalle stelle di fondo. All'interno di una nebulosa ci sono tutti gli ingredienti necessari alla formazione di nuove stelle. La Nebulosa Aquila ha un diametro di 75 anni luce e presenta al suo interno varie regioni di formazione stellare.

NELL'UNIVERSO CI SONO OLTRE 7.000 NEBULOSE CONOSCIUTE.

Rotta di collisione

Talvolta, due galassie possono scontrarsi. Quando accade, l'energia generata dall'impatto crea flussi di gas e stelle che sfrecciano nello spazio. A volte le due galassie si fondono, formandone una nuova. La Via Lattea è in rotta di collisione con la Galassia di Andromeda, ma l'impatto non avverrà prima di 4 miliardi di anni. Le Galassie Antenne si sono scontrate violentemente qualche miliardo di anni fa; nell'impatto alcune stelle si sono staccate, formando un arco tra le due.

Galassie Antenne

UN ANNO LUCE EQUIVALE A CIRCA 9,5 TRILIONI DI KM.

LA VIA LATTEA

Quando osserviamo il cielo notturno, le stelle che vediamo appartengono alla nostra galassia, la Via Lattea. Si tratta di una galassia a spirale barrata, con un diametro di 100.000 anni luce e uno spessore variabile tra i 1.000 e i 7.000 anni luce. Le sue nubi di gas e polveri contengono oltre 100 miliardi di stelle.

CHE FORMA HA?

Dalla Terra, la Via Lattea appare come una striscia brillante e caliginosa. Questo dimostra che è piatta e a forma di disco. Le altre galassie simili hanno una forma a spirale, così gli scienziati hanno dedotto che anche la Via Lattea è una galassia a spirale.

▲ La Terra si trova in uno dei grandi bracci di stelle ricurvi che si diramano dal centro della Via Lattea.

UOVA FRITTE

Vista di lato, la Via Lattea appare come un disco sottile con una protuberanza centrale, detta bulbo, che la fa somigliare a due uova fritte sovrapposte specularmente. Nel bulbo ci sono le stelle più vecchie e nel disco quelle più giovani. Le nubi di polveri formano una linea scura che corre attraverso il disco. Il Sole è vicino al bulbo, a circa due terzi del percorso dal centro della galassia.

▲ Il movimento rotatorio di una galassia le conferisce la forma di un disco schiacciato con un grande rigonfiamento centrale pieno di stelle.

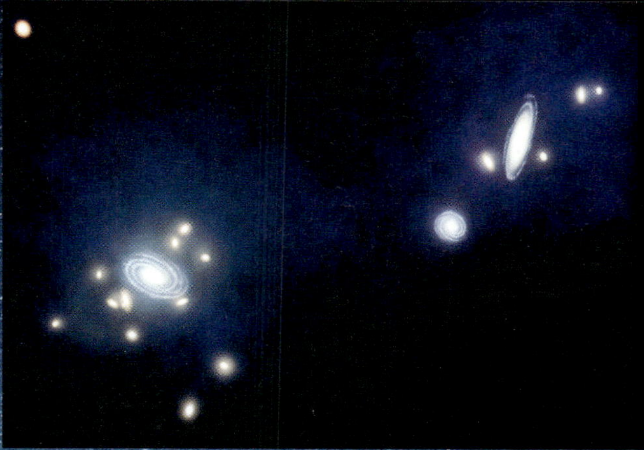

VICINE VICINE

La Via Lattea (a sinistra) e Andromeda (a destra) si muovono nello spazio in un ammasso galattico detto Gruppo Locale, formato da oltre 50 galassie tenute insieme dalla gravità. Alcuni degli ammassi più grandi, come quello della Chioma, contengono più di 1.000 galassie. Il Gruppo Locale e altri 100 ammassi di galassie formano il Superammasso della Vergine. Nell'Universo esistono milioni di superammassi.

◀ Il Gruppo Locale ha un diametro di circa 10 milioni di anni luce.

◀ Il disco della Via Lattea che si allunga nel cielo, visto dal Dorset, Regno Unito.

Lampi arcuati

Sfrecciando nello spazio, le stelle perdono particelle che entrano in collisione con le polveri e i gas che le circondano. Se una stella viaggia velocemente, i gas e le polveri si scontrano così violentemente da generare luce. Un lampo brillante a forma di arco, detto *bow shock*, appare allora intorno alla stella, chiaramente visibile a lunghezze d'onda infrarosse.

▼ La stella bianco-azzurra Kappa Cassiopeiae è circondata da un arco rosso luminoso provocato dall'onda d'urto dei gas.

STELLE nascenti

Ogni stella che brilla nel cielo notturno è in realtà un'enorme palla di gas incandescente con un reattore nucleare al centro, che sprigiona energia. Le stelle più gigantesche dell'Universo sono grandi anche 1.500 volte il nostro Sole.

▼ Una stella come il Sole ha un nucleo incandescente in cui la temperatura raggiunge i 15 milioni di °C.

Ammassi

Sappiamo che le stelle nascono in gruppi, o ammassi, perché abbiamo visto che nuove stelle si formano molto vicine tra loro. I grandi ammassi possono contenere un milione di stelle. Alcuni restano insieme per miliardi di anni, mentre altri si dividono dopo qualche milione di anni. Alcune stelle sono così vicine tra loro che orbitano l'una intorno all'altra, formando un sistema binario.

▼ Uno degli ammassi stellari più vicini alla Terra è il gruppo delle Pleiadi, o Sette sorelle.

Brilla brilla

Al centro di una stella la temperatura e la pressione sono così elevate che i nuclei di idrogeno si fondono tra loro, formando nuclei di elio. Questa reazione sprigiona energia, che viaggia dal nucleo alla superficie della stella, facendola brillare, per poi diffondersi nello spazio.

▼ Il satellite Hipparcos è rimasto nello spazio quattro anni, misurando la posizione di 118.000 stelle.

Quanto dista?

Le distanze tra le stelle sono immense. La stella più vicina alla Terra dopo il Sole, Proxima Centauri, si trova a 4 anni luce da noi. Da secoli gli astronomi praticano l'astrometria, cioè il calcolo della posizione delle stelle, ottenendo una precisione sempre maggiore. Il satellite Hipparcos fu il primo mezzo spaziale progettato per l'astrometria di precisione.

▲ Le prime stelle apparvero circa 100 milioni di anni dopo il Big Bang.

Formazione stellare

1. Una supernova innesca il collasso di una nube gigante di gas, polveri e ghiaccio.
2. Collassando, la nube inizia a ruotare.
3. Il moto di rotazione genera un disco.
4. Al centro del disco si forma una stella, e tutto intorno i pianeti.

▲ Il colore della luce emessa dalle stelle rivela quanto sono calde.

Tipo di stella	Temperatura superficiale
O	Oltre 24.730 °C
B	10.730–24.730 °C
A	7.225–10.730 °C
F	5.725–7.225 °C
G	4.725–5.725 °C
K	3.225–4.725 °C
M	Meno di 3.225 °C

Colori caldi

Le stelle blu sono le più calde: la loro temperatura superficiale supera i 22.000 °C. Le stelle bianco-azzurre sono un po' meno calde: Rigel ha una temperatura di 12.000 °C. Le stelle rosso-arancioni sono più fredde, e possono avere una temperatura di appena 1.700 °C. Betelgeuse è una stella rossa con una temperatura superficiale di 3.000 °C.

DISEGNI NEL CIELO

Da millenni gli esseri umani suddividono il cielo notturno in costellazioni, figure immaginarie formate da gruppi di stelle, i cui nomi sono ispirati a personaggi e creature mitologiche. Popoli diversi interpretavano queste figure in modi diversi: per gli l'Orsa maggiore, o Grande carro, per gli Egizi era la zampa di un toro, mentre per i Maya era un pappagallo mitico. Oggi il cielo è suddiviso in 88 costellazioni internazionalmente riconosciute.

▶ Le costellazioni possono avere dimensioni diverse, dalla piccola Lira all'enorme Orsa maggiore.

Emisfero boreale

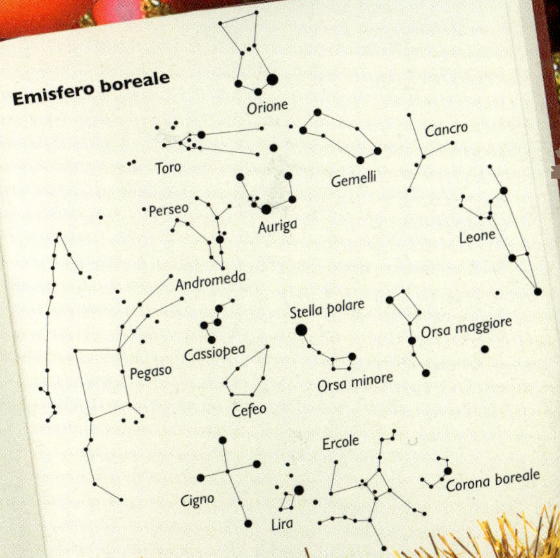

Stelle MORENTI

Anche se, nei secoli, sembrano identiche e immutabili, le stelle non durano per sempre. Per tutto il tempo in cui brillano consumano combustibile, e quando questo si esaurisce la stella muore, causando una tra le esplosioni più violente dell'Universo.

1. Gigante rossa

Quando una stella esaurisce il carburante diventa centinaia di volte più grande delle sue dimensioni originarie, formando una gigante rossa. Espandendosi, i suoi strati esterni si raffreddano, facendola apparire rossa. Tra circa 5 miliardi di anni, il Sole diventerà una gigante rossa abbastanza grande da inglobare Mercurio e Venere. Le supergiganti rosse possono essere fino a 1.500 volte più grandi del Sole.

▼ Le giganti rosse sono stelle che hanno consumato tutto l'idrogeno nel loro nucleo.

QUANDO DIVENTERÀ UNA GIGANTE ROSSA, IL SOLE SARÀ FINO A 200 VOLTE PIÙ GRANDE DI COM'È OGGI.

2. Nana bianca

Il nucleo di una gigante rossa può perdere gli strati esterni, che vanno alla deriva nello spazio. Questi strati formano un enorme involucro di gas detto nebulosa planetaria, con al centro una nana bianca, cioè quel poco che resta della stella. Una nana bianca non produce il calore necessario per sopravvivere, così si raffredda gradualmente e muore.

▲ Un enorme anello di gas, la nebulosa planetaria, circonda una stella morente.

3. Supernova

Le stelle più massicce finiscono i loro giorni con una violenta esplosione, detta supernova. Il nucleo della stella collassa così velocemente da spazzare via gli strati esterni. Subito i gas si espandono in ogni direzione, formando un involucro luminoso, al cui centro resta una stella piccola e calda. Una supernova può brillare più di un'intera galassia. Poi, dopo qualche settimana, si affievolisce e scompare.

4. Stella di neutroni

Dopo l'esplosione di una supernova, il nucleo collassa formando un oggetto denso, chiamato stella di neutroni. Queste stelle sono più massicce del Sole, ma così dense da essere 60.000 volte più piccole. Se un Boeing 747 avesse la stessa densità di una stella di neutroni sarebbe grande quanto un granello di sabbia!

▲ Un quasar è un buco nero circondato da un disco. È l'oggetto più luminoso dell'Universo.

▼ Una supernova espelle gas nello spazio in ogni direzione.

▼ Una stella di neutroni è fatta, per l'appunto, di neutroni, particelle di materia prive di carica elettrica che di solito si trovano nei nuclei degli atomi.

5. Buco nero

Se una stella massiccia continua a collassare dopo lo stadio di stella di neutroni, forma un buco nero. La regione che occupa nello spazio è così densa e ha una gravità così potente che nulla, neanche la luce, può sfuggirle. Così risucchia le stelle e le nebulose vicine. Molte galassie hanno al loro centro un buco nero supermassiccio. Quello al centro della Via Lattea ha una massa equivalente a 4,3 milioni di soli.

OCCHI nel cielo

Parte dell'energia emessa dalle stelle e dalle galassie è bloccata dall'atmosfera della Terra, pertanto non raggiunge i telescopi sulla sua superficie. Per studiare questa energia, si lanciano nello spazio telescopi e altri strumenti, che restano in attività per dieci anni o più.

SPETTROSCOPIA

Buona parte delle radiazioni elettromagnetiche viene bloccata o alterata dall'atmosfera terrestre. Riescono a raggiungere la superficie la luce visibile e alcune onde radio. I raggi gamma e X, gran parte dei raggi ultravioletti e infrarossi e le onde radio lunghe, possono essere studiati solo tramite strumenti lanciati in orbita nello spazio.

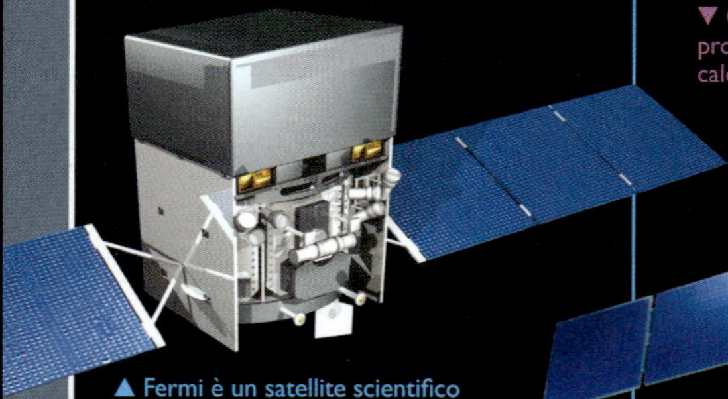

▲ Fermi è un satellite scientifico dotato di un telescopio che cerca i raggi gamma nell'Universo.

▼ Chandra studia i raggi X provenienti dai punti più caldi dell'Universo.

Esploratore di alta energia

Il telescopio spaziale per raggi gamma Fermi è stato lanciato in orbita nel 2008 per studiare radiazioni ad alta energia provenienti dallo spazio. Questi raggi arrivano da strani oggetti come buchi neri e pulsar. Le pulsar sono stelle di neutroni che ruotano molto velocemente emettendo fasci di enèrgia. Fermi ha scoperto nuove pulsar e ha osservato esplosioni ad alta energia dette lampi gamma. È progettato per funzionare nello spazio per dieci anni.

Alla ricerca dei raggi X

Il Chandra X-ray Observatory orbita in cerca di raggi X dal 1999. Lungo 14 m, è stato il più grande satellite mai lanciato da uno Space Shuttle. Chandra ha scoperto i raggi X provenienti da buchi neri e pulsar; inoltre ha trovato nuove stelle fino ad allora sconosciute. Alcuni degli oggetti che studia sono così lontani che la luce e i raggi X che emettono hanno impiegato 10 miliardi di anni per raggiungere il Sistema Solare.

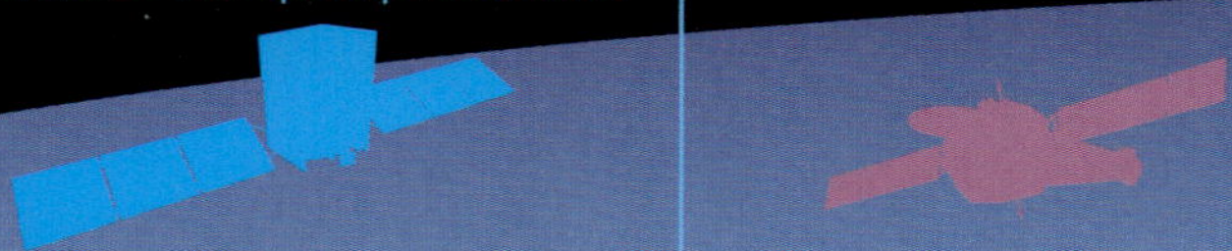

I fantastici quattro

Tra il 1990 e il 2003, il programma Grandi Osservatori della NASA ha lanciato quattro potenti telescopi spaziali, ciascuno dei quali studia una banda dello spettro elettromagnetico. Il primo è stato il telescopio spaziale Hubble, che si occupa principalmente della luce visibile. Hubble ha riportato molte scoperte importanti, e immortalato la collisione della cometa Shoemaker-Levy 9 con Giove, nel 1994. In seguito sono stati lanciati il Compton Gamma Ray Observatory e il Chandra X-ray Observatory. L'ultimo è stato il telescopio spaziale Spitzer, che lavora con le lunghezze infrarosse.

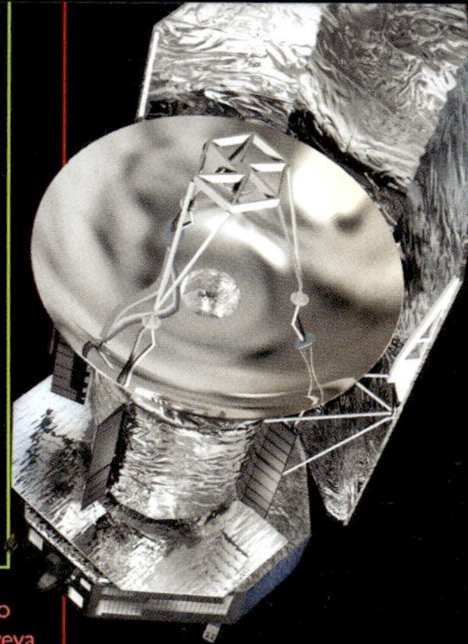

▲ Il telescopio spaziale Herschel pesava 3.300 kg ed è stato progettato per studiare gli oggetti più freddi e polverosi dello spazio.

▼ Per funzionare, il telescopio spaziale a infrarossi Spitzer aveva bisogno di temperature bassissime: veniva raffreddato con elio liquido a –267°C.

▼ Il telescopio spaziale Hubble scatta spettacolari fotografie delle stelle dal 1990.

Le scoperte di Herschel

Nel 2009, l'Agenzia Spaziale Europea ha lanciato l'Herschel Space Observatory, a cui si devono importanti scoperte sul processo di formazione delle stelle e sull'evoluzione delle galassie. Attorno a una giovane stella, l'Herschel ha trovato abbastanza vapore acqueo da poter riempire migliaia di oceani, avvalorando l'ipotesi che nell'Universo possano esistere diversi pianeti ricoperti d'acqua. La sua missione si è conclusa nel 2013, quando ha esaurito l'elio liquido che lo raffreddava.

▲ Il telescopio spaziale James Webb cercherà nuovi sistemi planetari in formazione.

Prossimo lancio

Il telescopio spaziale James Webb è stato concepito come successore di Hubble. Il suo lancio è previsto per il 2021, e lavorerà principalmente con lunghezze infrarosse, studiando la storia del nostro Universo, dal Big Bang all'evoluzione del Sistema solare.

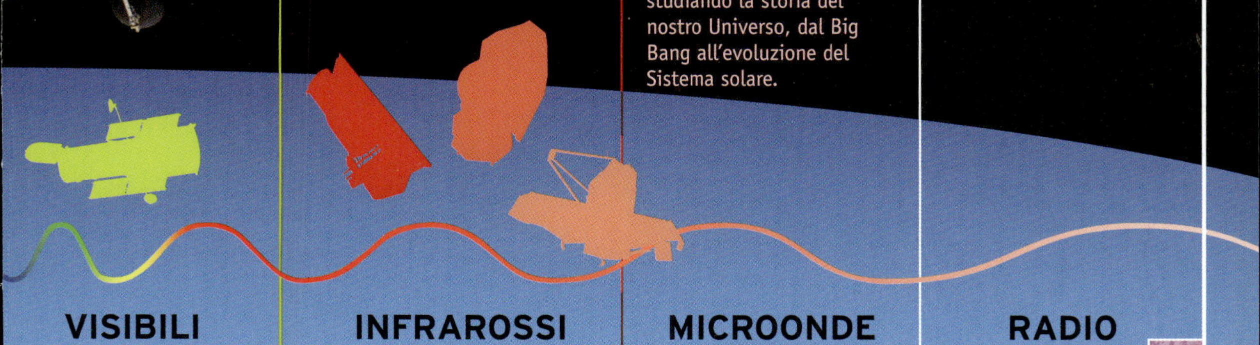

ESPLORANDO l'Universo

L'Universo è così vasto che la maggior parte dei luoghi è impossibile da raggiungere con i veicoli spaziali. Perciò si usano potenti telescopi per esplorare e osservare galassie, pianeti e altri oggetti distanti. I telescopi più grandi sono anche i più efficaci, poiché creano immagini molto dettagliate.

STUDI STELLARI

Fino al XX secolo, gli astronomi studiavano solo la luce visibile emessa da stelle e galassie. Tuttavia, questa è solo una parte delle radiazioni che producono. Sfruttando altre frequenze – radio, raggi X, ultravioletti e infrarossi – si ottengono altre informazioni su ciò che sta accadendo nelle stelle, nelle galassie e nello spazio che le circonda.

▼ I cinque telescopi HESS hanno scoperto numerose fonti di raggi gamma nella Via Lattea.

Effetto Cerenkov

L'atmosfera terrestre blocca i raggi gamma provenienti dallo spazio, ma quando questi si immergono nell'atmosfera e si scontrano con i suoi atomi, producono lampi di luce detti radiazione di Cerenkov. I cinque telescopi dell'osservatorio High Energy Stereoscopic System (HESS) in Namibia, Africa, monitorano il cielo da diverse angolazioni per trovare questa luce rivelatrice.

Osservatori altissimi

L'atmosfera terrestre devia la luce delle stelle e le fa luccicare, cosa che rende difficile per i telescopi ottici fornire immagini definite. Per ovviare a questo problema si posizionano i telescopi più in alto possibile nell'atmosfera, per esempio sulle cime delle montagne. È il caso del W.M. Keck, situato sulla vetta del Mauna Kea, nelle Hawaii. L'altitudine, la scarsa umidità e l'assenza di inquinamento luminoso rendono questo vulcano un sito ideale per i telescopi astronomici.

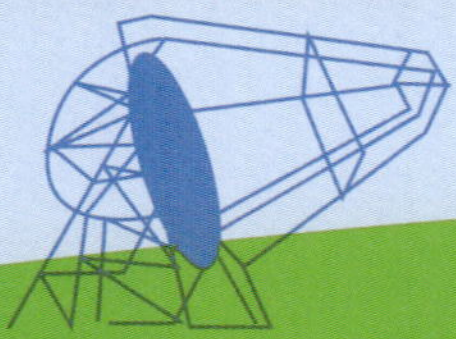

ENERGIA ELETTROMAGNETICA

RAGGI GAMMA | RAGGI X | ULTRAVIOLETTI

◀ Le aree arancioni sono nubi di gas caldi ai lati di una galassia. Sono invisibili per i telescopi ordinari, ma i radiotelescopi le rilevano.

SKA in progress

Mentre i telescopi ottici usano la luce per creare immagini, i radiotelescopi usano le onde radio. Per studiare le radiazioni provenienti dalle parti più remote dell'Universo, gli astronomi hanno bisogno di radiotelescopi enormi, perciò hanno deciso di costruirne il più grande mai esistito. Lo Square Kilometre Array (SKA) combinerà i segnali radio captati da migliaia di antenne più piccole in un'area di un chilometro quadrato.

▼ Lo Square Kilometre Array è in costruzione in due siti: uno in Australia e uno in Sudafrica.

CARMA

Il Combined Array for Research in Millimeter-wave Astronomy (CARMA) è un gruppo di telescopi che studiano le onde radio prodotte da polveri e gas freddi nello spazio. I dati raccolti dai 23 telescopi vengono combinati per formare immagini dettagliate. Il complesso è stato costruito a 2.200 m di altitudine, sulle Inyo Mountains, in California (USA), dove l'aria secca e rarefatta è perfetta per ricevere onde radio dallo spazio.

▼ I telescopi del CARMA studiano nubi di gas e polveri in altre galassie dove nascono nuove stelle.

▼ La vetta del Mauna Kea ospita una dozzina di telescopi astronomici.

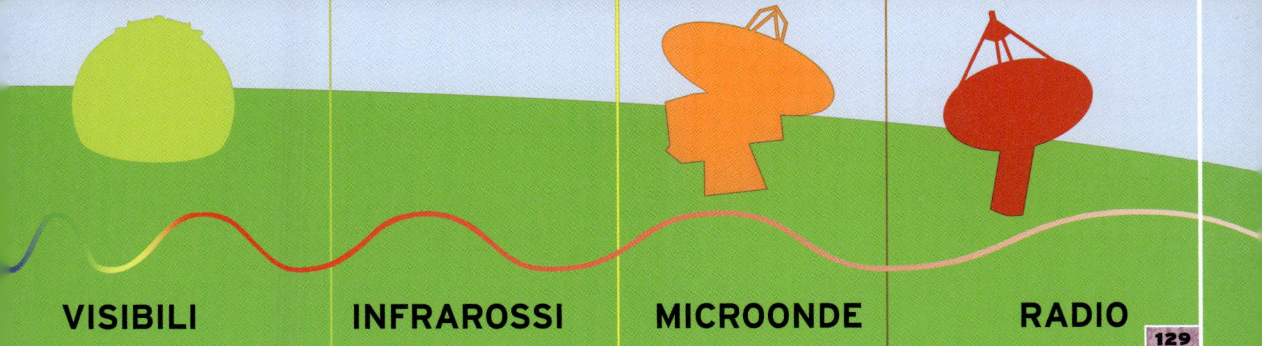

Lotteria ESOPLANETARIA

Per secoli, gli astronomi hanno creduto che attorno ad altre stelle dell'Universo orbitassero dei pianeti, come avviene nel Sistema solare; tuttavia, non potevano provarlo. Poi, nel 1992 venne scoperto il primo pianeta extrasolare, o esopianeta. Oggi sappiamo che esistono diverse migliaia di esopianeti.

SUPER TERRA

I primi esopianeti scoperti erano più grandi di Giove. Con il progresso tecnologico, è stato possibile vederne anche di più piccoli. Gli esopianeti più grandi della Terra ma più piccoli dei giganti gassosi si chiamano super Terre. 55 Cancri e, la prima super Terra in orbita attorno a una stella simile al Sole, è stata scoperta nel 2004. Kepler-22b, scoperta nel 2011, è più grande della Terra ma più piccola di Nettuno.

MONDI ABITABILI

La lista di pianeti abitabili aumenta, e recenti scoperte hanno permesso di includervi anche Kepler-62e. Sono chiamati "pianeti Goldilocks" e si trovano nella zona abitabile circumstellare, detta "zona Goldilocks", cioè a una distanza dalla stella tale da consentire la vita. Si ritiene che 40 miliardi di stelle nella nostra galassia siano simili al Sole e che possano esistere 8,8 miliardi di pianeti di dimensioni affini alla Terra. Non è da escludere che questi pianeti siano adatti a ospitare la vita e che, in un lontano futuro, possano essere colonizzati dagli esseri umani.

TELESCOPIO
A CACCIA DI PIANETI

Molti degli esopianeti conosciuti prendono il nome dal veicolo spaziale che li ha scoperti: Kepler. Il nome include anche un numero, che identifica la stella, e una lettera, che identifica il pianeta. Per esempio, Kepler-22b è il secondo pianeta che orbita intorno alla stella Kepler-22. Il telescopio spaziale Kepler monitorava oltre 100.000 stelle contemporaneamente, rilevandone le minime variazioni di luminosità dovute alle orbite dei pianeti che le circondano.

▶ La missione Kepler è durata dal 2009 al 2018.

TROPPO CALDI

Il primo esopianeta di dimensioni simili alla Terra che orbita intorno a una stella affine al Sole è stato scoperto nel 2011. Si chiama Kepler-20e, è un po' più piccolo della Terra e orbita troppo vicino alla sua stella perché la sua superficie possa essere ricoperta d'acqua. Un altro pianeta nello stesso sistema, Kepler-20f, orbita un po' più lontano dalla stella, ma la sua temperatura superficiale è ancora troppo alta perché possa esistere acqua allo stato liquido.

CALO RIVELATORE

Gli esopianeti sono così lontani che l'unico modo per individuarli è osservarne gli effetti sulle loro stelle. Quando un pianeta passa davanti alla stella, si verifica un piccolo calo di luminosità. I telescopi lo percepiscono e rilevano così il pianeta.

▼ Passando davanti a una stella, un pianeta ne diminuisce la luminosità solo dello 0,01%.

PERICOLO ESTREMO

RICERCATO!

SOLE COCENTE

Il Sole è la stella più vicina alla Terra e le fornisce il giusto apporto di energia e calore per consentire la vita. Sembra un piccolo disco giallo, ma in realtà è una gigantesca palla di gas caldissimi allo stato di plasma. Sulla sua superficie si scatenano tempeste magnetiche e violente esplosioni di energia.

SEGNI PARTICOLARI

1. A temperature superiori ai 10 milioni di °C, le radiazioni del ferro provocano esplosioni dette brillamenti solari sulla superficie della stella.
2. L'elio emette radiazioni che rivelano cosa accade nella cromosfera solare, lo strato intermedio tra la fotosfera e la corona, spesso 2.000 km.
3. Questa immagine a ultravioletti mostra l'attività della cromosfera e della corona.
4. Le radiazioni del ferro a 600.000 °C rivelano l'attività dell'atmosfera solare, detta corona.
5. Una mappa magnetica del Sole mostra dettagli del suo campo magnetico.
6. Le radiazioni del ferro a 6 milioni di °C mostrano gli effetti dei brillamenti solari sulla corona.
7. Un'immagine in luce visibile del Sole mostra uno strato chiamato fotosfera, cioè la sua superficie visibile.
8. Questo dopplergramma del Sole mostra i gas che salgono in superficie per poi ridiscendere.
9. Le regioni magneticamente attive della corona vengono rivelate dalle radiazioni del ferro a 2,5 milioni di °C.
10. Le radiazioni del ferro fino a 20 milioni di °C mostrano le regioni più calde della corona.

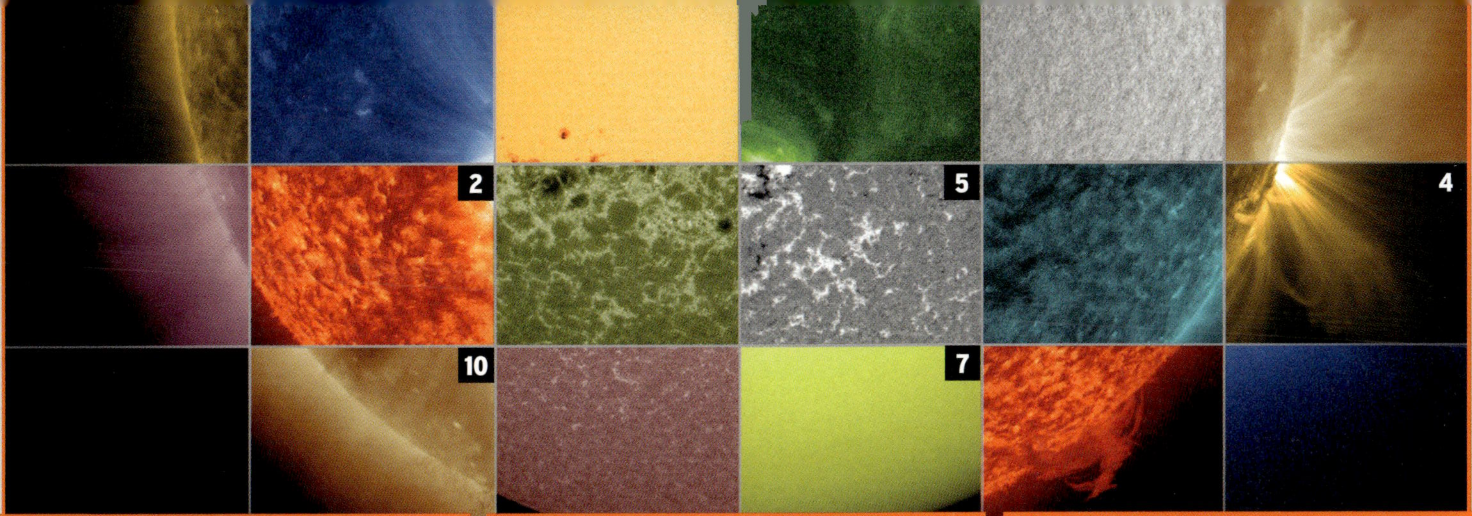

GIOCHI DI LUCE NEL CIELO

Un fenomeno luminoso detto aurora polare appare spesso nel cielo in prossimità dei poli nord e sud della Terra. È causato da un flusso di particelle detto vento solare, che viaggia a una velocità di 800 km/sec. Entrando nell'atmosfera vicino ai poli, queste particelle si scontrano con atomi di gas, producendo le luci che generano l'aurora.

▲ L'aurora boreale si verifica nella regione artica, mentre l'aurora australe appare in quella antartica.

SUPERFICIE A CHIAZZE

Spesso sulla superficie del Sole appaiono le cosiddette macchie solari. Durano circa una settimana o due, e poi spariscono. Sono causate da regioni di intensa attività magnetica, che bloccano la risalita dei gas caldi in superficie. Appaiono scure perché sono più fredde del resto del Sole. La loro attività varia seguendo un ciclo di 11 anni.

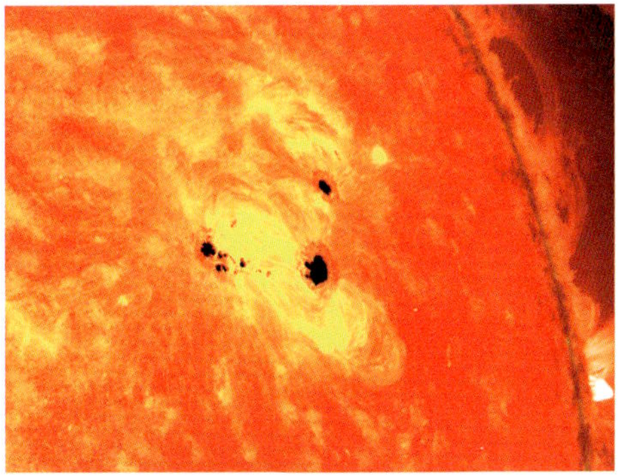

▲ Le macchie solari più grandi superano di oltre sei volte le dimensioni della Terra.

SPUTAFUOCO!

La superficie del Sole emette lunghe lingue ricurve di gas, dette protuberanze. Di solito si formano in circa un giorno e durano varie settimane. La più lunga mai registrata misurava 800.000 km. Normalmente, i gas ricadono sul Sole, ma talvolta vengono scaraventati nello spazio, e possono raggiungere la Terra.

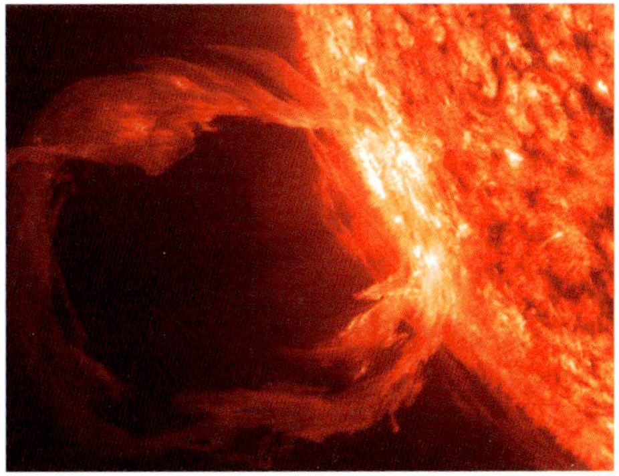

▲ Le protuberanze sono anelli di idrogeno più freddo tenuti insieme dal campo magnetico del Sole.

Il Sistema SOLARE

Il Sistema solare è composto dal Sole e da tutti i corpi che lo circondano, dai pianeti agli asteroidi. Con un diametro di circa 4 anni luce, questo vasto sistema di pianeti, lune e altri oggetti è tenuto insieme dalla gravità.

***Terra**: l'unico pianeta dell'Universo conosciuto che ospita forme di vita.*

***Marte**: il pianeta rosso prende il nome dal dio della guerra romano.*

***Urano**: il primo pianeta scoperto in età moderna grazie a un telescopio.*

***Sole**: la stella caldissima al centro del Sistema solare.*

GIRO COMPLETO

I pianeti seguono un'orbita ellittica, muovendosi nella stessa direzione della rotazione del Sole. Inoltre ruotano su sé stessi nella stessa direzione del Sole, eccetto Venere che ruota nella direzione opposta e Urano che ha un asse inclinato di 98° rispetto all'orbita, quindi più che ruotare sembra "rotolare" lateralmente. Probabilmente queste rotazioni anomale sono dovute a collisioni con altri corpi avvenute durante il periodo di formazione dei pianeti.

DISTANZE ASTRONOMICHE

La Terra orbita intorno al Sole a una distanza di circa 150 milioni di km, che corrispondono a un'unità astronomica. Il pianeta più esterno, Nettuno, orbita a una distanza di 30 unità astronomiche dal Sole. L'immensa forza di gravità del Sole ha una portata di 2 anni luce, cioè oltre 126.000 unità astronomiche.

▶ I quattro pianeti più vicini al Sole sono piccoli e rocciosi, mentre i quattro pianeti più lontani sono giganti gassosi.

***Mercurio**: il pianeta più interno del Sistema solare, nonché il più piccolo.*

***Giove**: il pianeta più grande del Sistema solare, e il primo dei quattro giganti gassosi.*

***Venere**: il secondo pianeta più vicino al Sole, nonché quello più vicino alla Terra.*

***Saturno**: il secondo pianeta più grande del Sistema solare è famoso per gli anelli che lo circondano.*

***Nettuno**: l'ottavo pianeta del Sistema solare e il più lontano dal Sole.*

ALLA SCOPERTA DEL SISTEMA SOLARE

1610 Galileo Galilei scopre le quattro lune principali di Giove, dette "satelliti galileiani". Scopre anche gli anelli di Saturno, ma non sa cosa siano.

1655 Giovanni Domenico Cassini scopre la tempesta di Giove, detta Grande macchia rossa. Christiaan Huygens scopre Titano, la luna più grande di Saturno.

1781 Urano viene scoperto da William Herschel.

1846 Nettuno viene scoperto da Urbain Le Verrier e Johann Gottfried Galle.

1930 Plutone viene scoperto da Clyde Tombaugh e dichiarato nono pianeta del Sistema solare.

1958 Il satellite Explorer 1 scopre attorno alla Terra la fascia di Van Allen, uno strato di particelle cariche che emettono radiazioni.

1972 La sonda spaziale Mariner 9 scopre su Marte letti di fiumi asciutti, canyon giganti e l'Olympus Mons, il vulcano più grande del Sistema solare.

1992 Viene scoperta la fascia di Kuiper, una regione di corpi ghiacciati oltre il pianeta più esterno.

2005 Scoperta del pianeta nano Eris. La mini sonda Huygens atterra su Titano, la luna di Saturno, e invia le prime immagini della sua superficie.

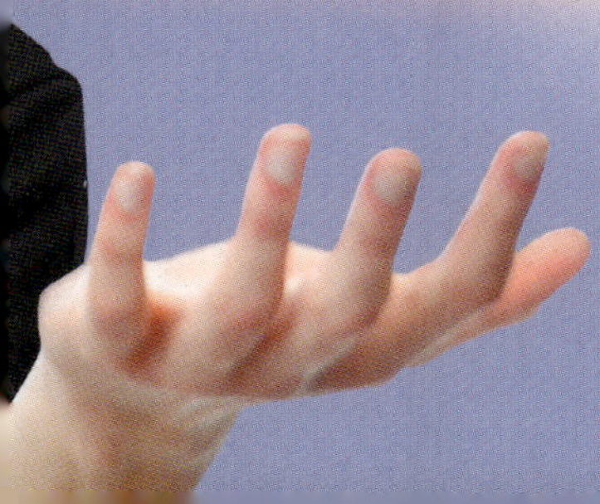

ASTRI VAGABONDI

Da millenni gli esseri umani studiano il Sistema solare. Prima dell'invenzione del telescopio, gli astronomi potevano vedere solo cinque pianeti oltre alla Terra: Mercurio, Venere, Marte, Giove e Saturno. Gli antichi Greci li chiamavano "plàn tes astéres", che significa "astri erranti", per il loro modo di muoversi nel cielo.

Pianeti ROCCIOSI

I quattro pianeti più vicini al Sole sono rocciosi, e ciascuno ha un nucleo di ferro. Hanno tutti la stessa struttura interna della Terra, composta da metalli e rocce silicee, perciò sono noti anche come pianeti terrestri.

Pianeta serra

Poco più piccolo della Terra, Venere è avvolto in una densa atmosfera di anidride carbonica e ricoperto da nubi di acido solforico. Questa atmosfera intrappola il calore del Sole, facendone il pianeta più caldo del Sistema solare. La sua superficie è ricoperta da centinaia di vulcani, e la pressione superficiale è 92 volte superiore a quella della Terra. È visibile dalla Terra accanto al Sole subito prima dell'alba e subito dopo il tramonto, perciò è detto anche "stella del mattino" o "stella della sera".

Roccia abbrustolita

Mercurio è il pianeta più vicino al Sole, ma non è il più caldo poiché è privo di un'atmosfera densa che intrappoli il calore. È il pianeta più piccolo del Sistema e ha una superficie polverosa e ricoperta di crateri. Un lato di Mercurio è abbrustolito dal Sole, mentre l'altro è congelato. Presenta la più grande escursione termica tra notte e giorno di tutti i pianeti: passa da −173 °C a 427 °C.

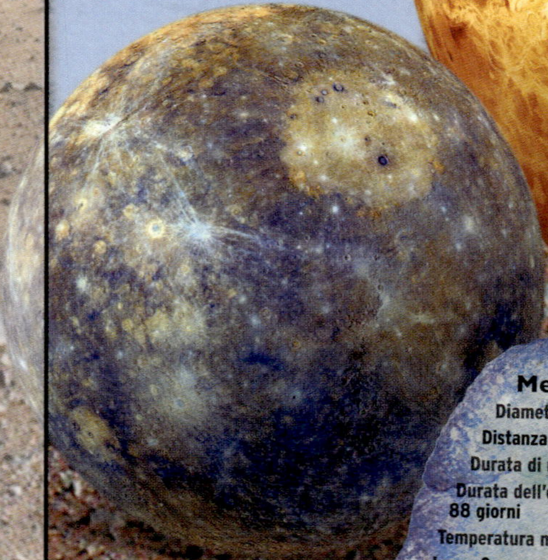

Mercurio
Diametro: 4.876 km
Distanza dal Sole: 58 milioni di km
Durata di una rotazione: 59 giorni
Durata dell'orbita intorno al sole: 88 giorni
Temperatura media: 167 °C
Lune: 0

Venere
Diametro: 12.104 km
Distanza dal Sole: 108 milioni di km
Durata di una rotazione: 243 giorni
Durata dell'orbita intorno al Sole: 225 giorni
Temperatura media: 464 °C
Lune: 0

Pianeta casa

La Terra è il più grande dei pianeti terrestri. È l'unico pianeta conosciuto che presenta acqua allo stato liquido in superficie. L'acqua, il calore del Sole e l'atmosfera ricca di ossigeno forniscono condizioni ideali per lo sviluppo e il mantenimento della vita. La superficie terrestre è una sottile crosta rocciosa, posta sopra uno strato di roccia detto mantello. Sotto il mantello, al centro del pianeta, c'è un nucleo di ferro solido, circondato da ferro liquido.

Il pianeta rosso

Marte è grande la metà della Terra ed è circondato da una sottile atmosfera di anidride carbonica. Un tempo ospitava oceani e fiumi, ormai scomparsi, evaporati probabilmente nell'atmosfera rarefatta. L'unica acqua presente su Marte si trova nel sottosuolo o allo stato di ghiaccio sulle calotte polari. Il colore rosso del pianeta è dovuto all'ossido di ferro, la stessa sostanza che conferisce alla ruggine la sua colorazione rossastra.

Marte
Diametro: 6.779 km
Distanza dal Sole: 228 milioni di km
Durata di una rotazione: 24,6 ore
Durata dell'orbita intorno al Sole: 687 giorni
Temperatura media: -65 °C
Lune: 2

Terra
Diametro: 12.742 km
Distanza dal Sole: 150 milioni di km
Durata di una rotazione: 23,9 ore
Durata dell'orbita intorno al Sole: 365,2 giorni
Temperatura media: 15 °C
Lune: 1

VENERE IN TRANSITO

Venere è più vicina al Sole della Terra. Di tanto in tanto, questo pianeta passa direttamente tra il Sole e la Terra, apparendo come un piccolo puntino nero sul disco luminoso del Sole. Secoli fa, gli scienziati usavano i transiti di Venere per calcolare le dimensioni del Sistema solare. L'ultimo transito è avvenuto a giugno 2012, e non ce ne saranno altri prima del 2117.

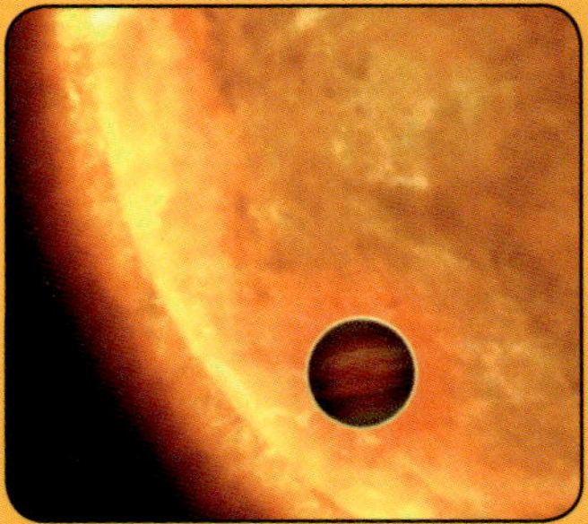

LA LUNA

Signora del cielo notturno, la Luna gira intorno alla Terra, completando un'orbita ogni 27 giorni. Oltre alla Terra, è l'unico oggetto spaziale su cui gli esseri umani abbiano mai messo piede, ma abbiamo ancora molto da imparare su di essa.

▼ Il protopianeta che si scontrò con la Terra si chiamava Theia, dal nome di un'antica dea greca. L'impatto lo distrusse completamente.

L'atmosfera solare diventa visibile quando la Luna oscura il Sole, creando un'eclissi totale.

CRASH! BANG!

Si pensa che la Luna si sia formata a causa della collisione tra la Terra e un protopianeta delle dimensioni di Marte, che provocò una violenta espulsione di materiali dalla superficie terrestre. Alcune rocce lanciate nello spazio cominciarono a orbitare intorno alla Terra, fino a unirsi, formando la Luna. Questa collisione gigante avvenne circa 4,5 miliardi di anni fa e fu l'impatto più grande nella storia della Terra.

INCREDIBILI ECLISSI

Poiché la Luna orbita intorno alla Terra e la Terra orbita intorno al Sole, di tanto in tanto i tre corpi celesti si allineano. Se la Luna passa tra la Terra e il Sole, si crea un'eclissi solare: la Luna copre in parte o completamente il Sole, lasciando visibile solo un anello di luce. Se la Terra passa tra il Sole e la Luna, il risultato è un'eclissi lunare, e per via della rifrazione dei raggi solari che attraversano l'atmosfera terrestre, la Luna assume un colore rossastro.

▼ Le colonie lunari sfrutteranno tunnel, pareti dei crateri o profonde caverne per proteggere gli astronauti dalle radiazioni solari.

BYE BYE LUNA!

La Luna si sta lentamente allontanando dalla Terra, a un ritmo di circa 3,78 cm all'anno. Quando si è formata, la Luna distava solo 22.500 km dal pianeta, e un giorno sulla Terra era lungo solo cinque ore. Di pari passo con l'allontanamento della Luna, la rotazione terrestre è rallentata, fino a raggiungere la giornata di 24 ore che ben conosciamo. Oggi la Luna dista 384.400 km dalla Terra.

▲ La distanza tra la Terra e la Luna si misura sparando un laser sui riflettori lasciati sul satellite dagli astronauti del programma Apollo.

COLONIE LUNARI

Per decenni le colonie lunari sono state protagoniste di opere di fantascienza, ma oggi molti Paesi stanno pensando di mandare astronauti sulla Luna, per la prima volta dall'ultima missione Apollo del 1972. Invece di vivere sulla superficie, potrebbero insediarsi all'interno di grandi tunnel e caverne scoperti dalle sonde spaziali. Vivendo sottoterra, gli astronauti sarebbero infatti protetti dalle pericolose radiazioni solari.

▼ La superluna appare più grande del 15% e più luminosa del 20% rispetto al solito.

LUNA GIGANTE

Il fenomeno della superluna si verifica quando l'orbita ellittica della Luna la porta nel punto più vicino alla Terra, o perigeo. Se la Luna è piena, il suo disco apparirà più grande e più brillante. Il perigeo può essere raggiunto anche durante la fase di Luna nuova, ma in questo caso la superluna sarà invisibile.

ACQUA SULLA LUNA

Alcuni scienziati ritengono che possa esserci acqua sulla Luna. Potrebbe esistere allo stato di ghiaccio nell'ombra permanente dei crateri vicino ai poli. Nel 2009, la sonda indiana Chandrayaan-1 ha scoperto oltre 40 crateri in ombra permanente vicino al polo nord lunare. Lo stesso anno, la sonda LCROSS della NASA ha lanciato un missile sulla superficie della Luna e ha analizzato i detriti generati dall'impatto, trovando tracce di acqua.

▼ La sonda spaziale LCROSS segue il missile Centaur in rotta di collisione con la Luna, alla ricerca di acqua.

MEGA STUDIOS PRESENTA

VITA SU MARTE

LA SONDA MARINER 9 FU LA PRIMA A ORBITARE INTORNO A UN ALTRO PIANETA.

IMPERDIBILE
★★★★★

Poiché Marte è il pianeta più simile alla Terra nel Sistema solare, è sempre stato al centro della ricerca di forme di vita. Benché il primo veicolo spaziale atterrato su Marte abbia trovato un mondo secco e polveroso, privo di segni di vita, gli scienziati non si arrendono, e la ricerca continua.

ASTRONAUTI SU MARTE

Fin dalla metà del secolo scorso esiste il progetto di inviare astronauti su Marte, ma nessuno ha ancora messo piede sul pianeta rosso. Tuttavia, Russia, America, Cina e diverse agenzie spaziali private hanno annunciato che concretizzeranno il progetto entro il 2040. Un viaggio spaziale su Marte rappresenta una sfida ardua: i primi esploratori potrebbero rimanere lontani dalla Terra per 2 o 3 anni.

CLIMA RIGIDO

Marte ha un'atmosfera meno densa di quella terrestre, quindi è più freddo. Di notte, la temperatura vicino ai poli può precipitare a –125 °C. Vicino all'equatore, i rover hanno registrato temperature superiori a 30 °C. Nei pressi delle calotte polari si verificano tempeste di neve d'inverno e tempeste di polvere d'estate.

▲ Questa tempesta di polvere sulla superficie di Marte è stata individuata dalla sonda Mars Reconnaissance Orbiter nel 2006.

MEGA STUDIOS E PIANETA ROSSO PRESENTANO UN FILM DI DAVID JONES: "VITA SU MARTE" CON HERBERT WELLS E MANFRED STEINER SCRITTO E DIRETTO DA DAVID JONES

TERRAFORMAZIONE

L'ipotetico processo volto a rendere un pianeta più simile alla Terra è detto "terraformazione". Alcuni ritengono che sia possibile rendere Marte un ambiente in cui gli esseri umani possano vivere senza indossare tute spaziali. Sciogliendo le calotte polari per ottenere anidride carbonica, o importando grandi quantità di ammoniaca o metano dalla Terra, l'atmosfera di Marte diventerebbe più densa e più calda. Ciò permetterebbe alle piante di crescere, aumentando l'ossigeno tramite la fotosintesi.

◀ In un futuro lontano, Marte potrebbe avere un aspetto simile a quello della Terra, con acqua e vegetazione.

ROCCIA VIVA

Nel 1996, alcuni scienziati annunciarono di aver trovato la prova che un tempo c'era vita su Marte in un meteorite, chiamato ALH 84001 e raccolto in Antartide nel 1984, che conteneva microscopici fossili. Tuttavia, altri scienziati affermarono che tali strutture erano più probabilmente il risultato di processi non biologici. I test effettuati non riuscirono a risolvere la questione.

▼ Strutture simili a vermi sul meteorite marziano ALH 84001 potrebbero essere fossili di batteri che un tempo vivevano su Marte.

CERCANDO LA VITA

Sonde spaziali orbitanti, veicoli di atterraggio e rover cercano segni di vita su Marte fin dalla missione Mariner 9 del 1971. Un tempo, quando era più caldo e umido, il pianeta rosso potrebbe aver ospitato la vita; tuttavia, finora non è stata trovata alcuna traccia di vita passata o presente.

▼ Il rover Curiosity è in esplorazione su Marte da agosto 2012. Tra i suoi compiti c'è quello di scoprire se il pianeta potrebbe aver ospitato la vita in passato.

Giganti di GAS

Dopo Marte ci sono quattro pianeti giganti detti pianeti gioviani, da Giove. Sono fatti quasi interamente di gas, con nuclei rocciosi circondati da liquidi. Gli astronauti non metteranno mai piede su questi pianeti poiché non hanno una superficie solida, ma diverse sonde sono state inviate ad analizzarli nel dettaglio.

Gigante tra i giganti

Giove è il pianeta più grande del Sistema solare, con una massa equivalente a 2,5 volte quella di tutti gli altri tre messi insieme. È composto principalmente di idrogeno ed elio, gli stessi elementi di cui sono fatte le stelle, quindi se fosse stato 70 volte più massiccio sarebbe diventato una stella. Al di sotto dell'atmosfera, il gas è sottoposto a una pressione così elevata che diventa liquido, mentre più in profondità si comporta come un metallo. Al centro del pianeta c'è un nucleo solido e roccioso.

Giove

Diametro: 139.822 km
Distanza dal Sole: 779 milioni di km
Durata di una rotazione: 9,9 ore
Durata dell'orbita intorno al Sole: 11,9 anni
Temperatura media: -110 °C
Lune: 67

LA GRANDE MACCHIA ROSSA DI GIOVE È UNA TEMPESTA SIMILE A UN URAGANO E GRANDE 2,5 VOLTE LA TERRA.

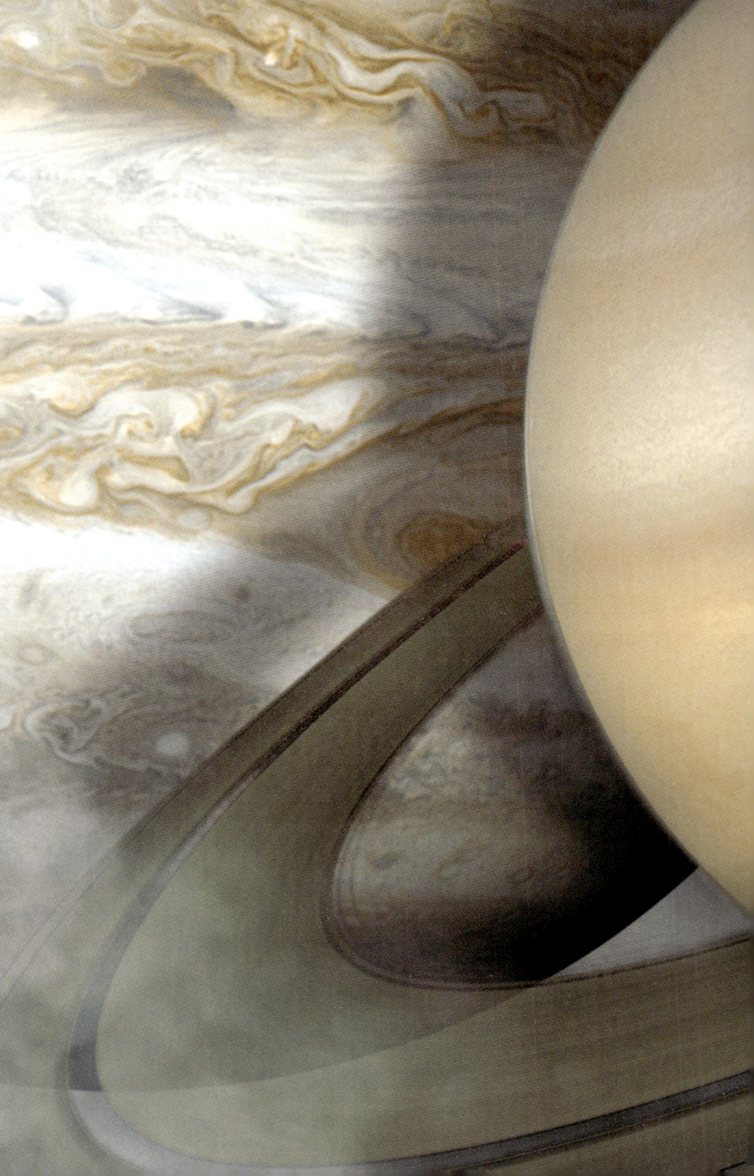

Il più lontano

Nettuno è il pianeta più esterno del Sistema solare, e ha una composizione chimica simile a quella di Urano. Il suo colore blu è dato dal metano presente nell'atmosfera, dove di tanto in tanto si verificano tempeste enormi e scure, grandi quanto la Terra, che però spariscono dopo qualche anno. Su questo pianeta si registrano i venti più forti di tutto il Sistema solare, con una velocità massima di 2.400 km/h.

Nettuno
Diametro: 49.243 km
Distanza dal Sole: 4.495 milioni di km
Durata di una rotazione: 16,1 ore
Durata dell'orbita intorno al Sole: 163 anni
Temperatura media: -200 °C
Lune: 14

Pianeta ad anelli

Saturno, il secondo pianeta più grande del Sistema solare, è famoso per i suoi anelli luminosi, composti da ghiaccio d'acqua. Anche gli altri tre giganti gassosi hanno degli anelli, ma sono sottili, scuri e polverosi. Come Giove, Saturno è fatto per lo più di idrogeno ed elio. Venti fortissimi e il calore proveniente dall'interno del pianeta producono strisce gialle e nebbiose nella sua atmosfera.

Saturno
Diametro: 120.698 km
Distanza dal Sole: 1.434 milioni di km
Durata di una rotazione: 10,7 ore
Durata dell'orbita intorno al Sole: 29,4 anni
Temperatura media: -140 °C
Lune: 62

Urano
Diametro: 50.724 km
Distanza dal Sole: 2.873 milioni di km
Durata di una rotazione: 17,2 ore
Durata dell'orbita intorno al Sole: 83,7 anni
Temperatura media: -195 °C
Lune: 27

Rotazione inclinata

Oltre all'idrogeno e all'elio, Urano contiene acqua, ammoniaca e gas di metano. Il metano nell'atmosfera gli conferisce il suo colore blu-verde. Orbita intorno al Sole inclinato su un lato, per cui un polo è costantemente illuminato per 42 anni mentre l'altro è sempre al buio, finché non si invertono.

MOLTE *Lune*

Oltre 160 lune orbitano intorno ai pianeti del Sistema solare. Il progresso tecnologico ha permesso di scoprirne sempre di più: il numero conosciuto di lune è quasi raddoppiato dal 2003 a oggi. Molte di esse sono piccoli mondi nell'orbita dei giganti gassosi, ma Ganimede, la maggiore tra le lune di Giove, è più grande persino di Mercurio.

Titano, denso e con fiumi di metano

Una delle lune di Saturno, Titano, è l'unica provvista di una densa atmosfera ed è l'unico corpo celeste nel Sistema solare, oltre alla Terra, a presentare sostanze liquide in superficie. Il veicolo spaziale Cassini ha lanciato su Titano la sonda Huygens, che ne ha fotografato la superficie; tuttavia, i fiumi e i laghi trovati non sono pieni d'acqua, ma di metano liquido.

Satelliti pastore, polverosi e pieni di crateri

Alcuni degli anelli di Saturno sono molto definiti per via delle lune che orbitano nelle vicinanze o negli spazi vuoti tra di essi. Queste lune sono dette satelliti pastore poiché la loro gravità tiene insieme le particelle dell'anello come fa un pastore con un gregge di pecore. Se una particella esce dall'anello viene rispedita al suo interno oppure finisce sulla luna, attratta dalla gravità.

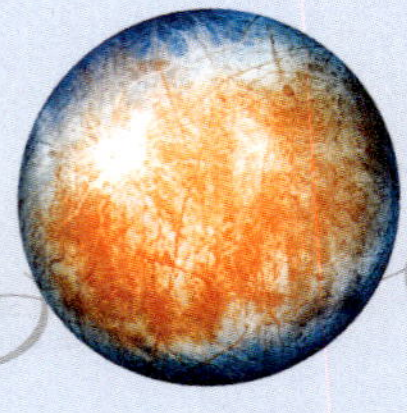

Europa, acquoso e con una spessa superficie ghiacciata

Una delle lune di Giove, Europa, è ricoperta di ghiaccio, che potrebbe galleggiare su un oceano d'acqua profondo anche 100 km. Si ritiene che questo oceano possa ospitare la vita. Per proteggerlo dalla contaminazione batterica, la sonda spaziale Galileo che ha esplorato Giove e le sue lune è stata bruciata nell'atmosfera.

Tritone, che erutta azoto liquido

Molte lune nell'orbita dei pianeti esterni sono in realtà asteroidi catturati dalla gravità. Un indizio di questa origine è una rotazione contraria a quella delle altre lune, come nel caso di Tritone, la luna più grande di Nettuno. Tritone è così freddo da avere vulcani di ghiaccio che eruttano una miscela di azoto liquido, metano e polvere.

Miranda, glaciale con crepe e canyon

Miranda, il satellite più piccolo di Urano, è ricoperto da uno strano insieme di canyon, solchi e crepe. Forse questa piccola luna fu spaccata da un'antica collisione, dopo la quale le sue parti tornarono a orbitare insieme. Secondo gli scienziati, la sua superficie sarebbe fatta principalmente di ghiaccio.

Ganimede, ricoperto di ghiaccio

Ganimede, una delle lune di Giove, è la più grande del Sistema solare, perfino più grande di Mercurio. Si pensa che sia ricoperta da uno strato di ghiaccio spesso fino a 800 km. Scoperte nel 1610, Ganimede e le altre tre grandi lune di Giove furono i primi satelliti individuati nell'orbita di altri pianeti.

NANI spaziali

Innumerevoli, piccoli mondi fatti di roccia e ghiaccio orbitano intorno al Sole tra i pianeti e molto oltre. Alcuni sono grandi quasi come pianeti, perciò sono detti pianeti nani. Molti si trovano nella fascia di Kuiper.

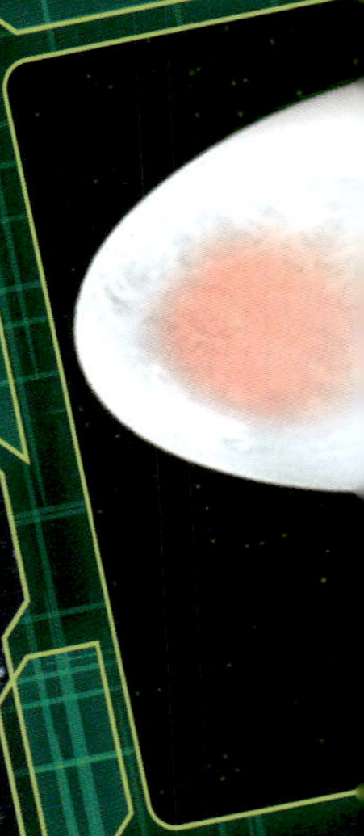

EX-PIANETA

Nel 1930, l'astronomo statunitense Clyde Tombaugh scoprì il nono pianeta del Sistema solare, Plutone. Nel 2005 fu trovato un altro pianeta lontano, battezzato Eris. All'inizio fu salutato come il decimo pianeta del Sistema solare; poi gli astronomi capirono che probabilmente esistono molti altri pianeti simili, in attesa di essere scoperti, e hanno deciso di chiamarli pianeti nani.

▲ La sonda spaziale New Horizons ha sorvolato Plutone nel 2016, per poi proseguire verso la fascia di Kuiper.

FASCE A CONFRONTO

La fascia di Kuiper somiglia a quella degli asteroidi ma è molto più grande e più lontana. Si trova oltre l'orbita di Nettuno, è grande il doppio del Sistema solare ed è il luogo di formazione di molte comete. La fascia degli asteroidi si estende da Marte a Giove. Nonostante la fascia di Kuiper sia 20 volte più vasta e 200 volte più massiccia, è così lontana che possiamo vedere molto poco di ciò che contiene.

▼ La fascia di Kuiper è una regione a forma di disco che si estende dall'orbita di Nettuno fino a una distanza di 7,4 miliardi di km dal Sole.

PIANETA UOVO

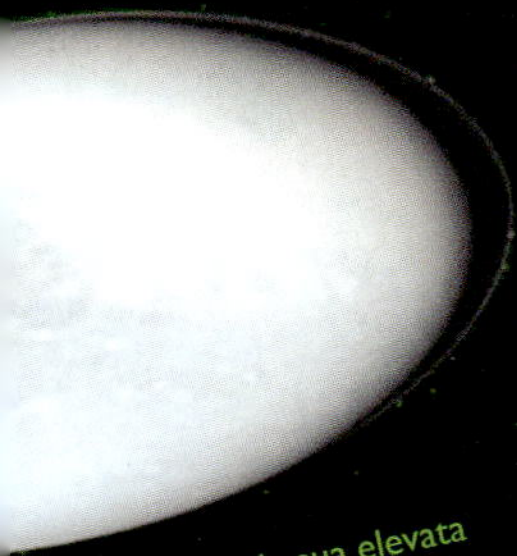

▲ Data la sua elevata densità, probabilmente Haumea contiene più roccia e meno ghiaccio di altri oggetti presenti nella fascia di Kuiper.

Il pianeta nano Haumea ha una macchia rossastra sulla superficie. In base a come riflette la luce, si pensa che abbia una forma ellittica e allungata, e che sia lungo il doppio di quanto è largo. Questa forma bizzarra potrebbe essere causata dalla sua rapida rotazione: fa un giro completo su sé stesso ogni quattro ore, forse per effetto di una collisione passata.

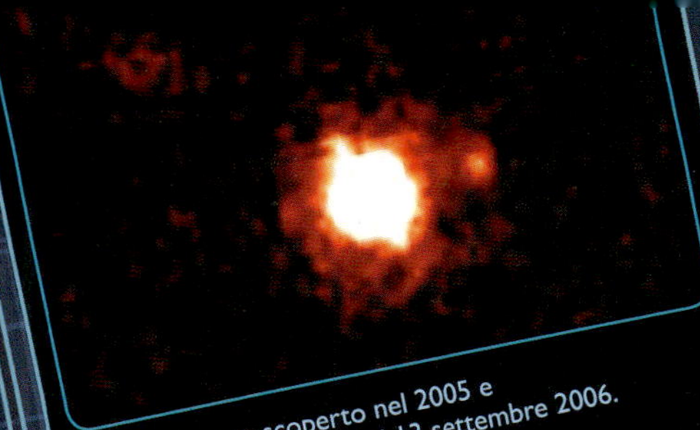

▲ Eris è stato scoperto nel 2005 e dichiarato pianeta nano il 13 settembre 2006.

PRINCIPESSA GUERRIERA

Il pianeta nano Eris orbita intorno al Sole tre volte più lontano di Plutone e ha una piccola luna, Disnomia. Dopo essere stato battezzato informalmente Xena, in onore della principessa guerriera protagonista della serie televisiva omonima, ha ricevuto il nome ufficiale di Eris, come la dea greca del conflitto, del caos e della discordia.

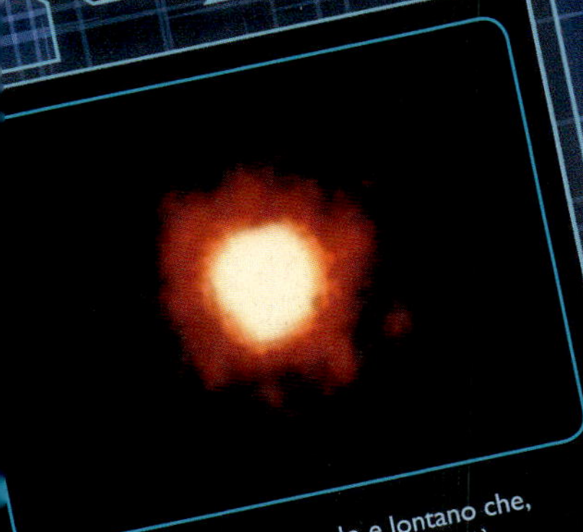

▲ Makemake è così piccolo e lontano che, anche osservandolo con i telescopi più potenti, appare minuscolo e sfocato.

LONTANISSIMO

Il pianeta nano Makemake è stato scoperto il 31 marzo 2005 dagli astronomi dell'osservatorio di Monte Palomar, negli USA. Prende il nome da una divinità adorata sull'Isola di Pasqua poiché la scoperta è avvenuta nel periodo pasquale. È così lontano che impiega quasi 310 anni a completare un'orbita intorno al Sole.

▼ Il pianeta nano Cerere potrebbe presentare uno spesso strato di ghiaccio sotto una crosta sottile e polverosa.

ASTEROIDE COLOSSALE

Con un diametro di 950 km, Cerere è l'oggetto più grande nella fascia degli asteroidi. Quando fu scoperto, nel 1801, si pensava che fosse una cometa; poi vennero trovati altri oggetti simili ma più piccoli, e per designarli fu coniata la parola "asteroide". Infine, quando Plutone è stato declassato a pianeta nano, anche Cerere è stato incluso in questa categoria. La sonda Dawn, lanciata nel 2007, si è avvicinata all'asteroide gigante Vesta nel 2011, per poi entrare nell'orbita di Cerere nel 2016.

SISTEMA ESTREMO

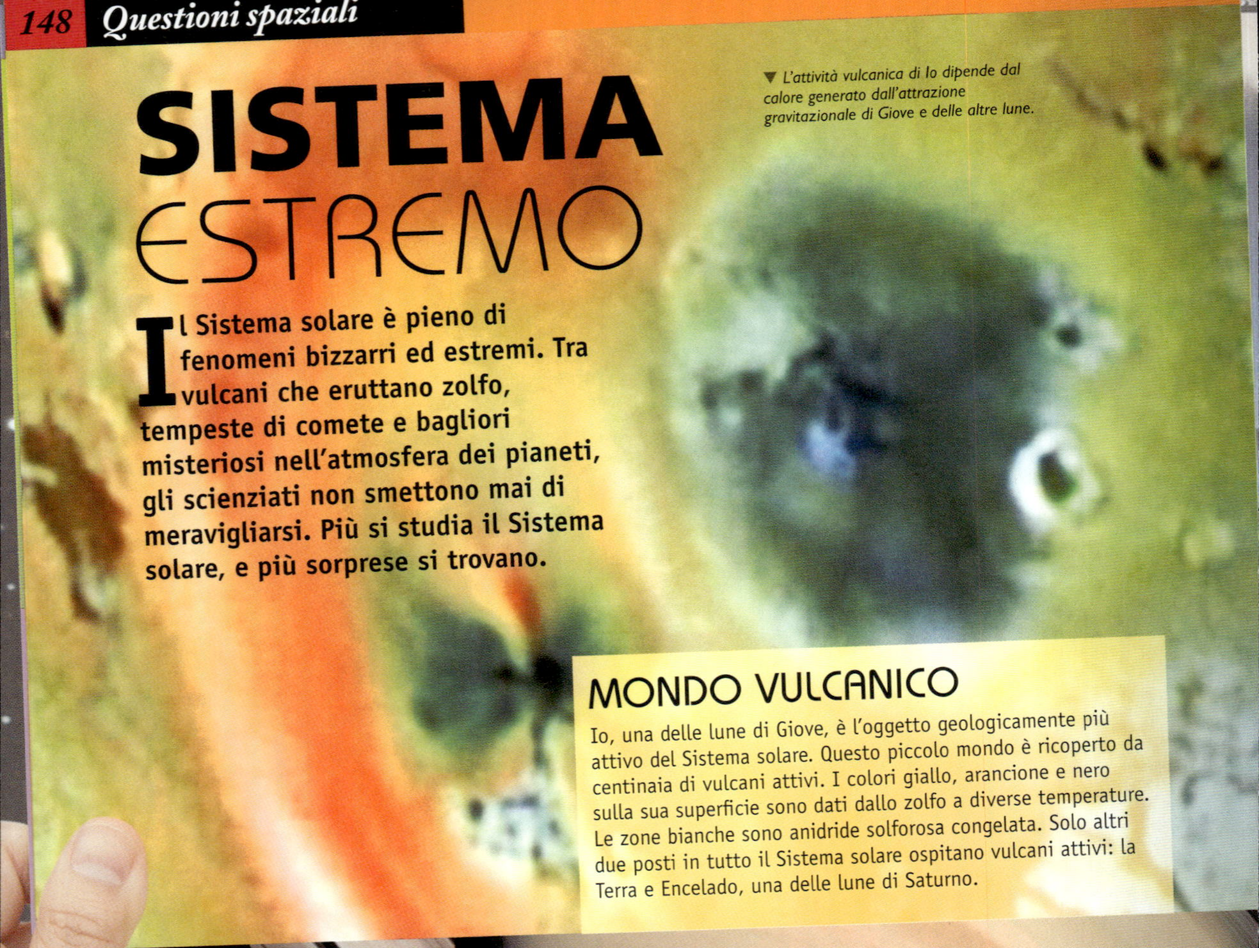

▼ *L'attività vulcanica di Io dipende dal calore generato dall'attrazione gravitazionale di Giove e delle altre lune.*

Il Sistema solare è pieno di fenomeni bizzarri ed estremi. Tra vulcani che eruttano zolfo, tempeste di comete e bagliori misteriosi nell'atmosfera dei pianeti, gli scienziati non smettono mai di meravigliarsi. Più si studia il Sistema solare, e più sorprese si trovano.

MONDO VULCANICO

Io, una delle lune di Giove, è l'oggetto geologicamente più attivo del Sistema solare. Questo piccolo mondo è ricoperto da centinaia di vulcani attivi. I colori giallo, arancione e nero sulla sua superficie sono dati dallo zolfo a diverse temperature. Le zone bianche sono anidride solforosa congelata. Solo altri due posti in tutto il Sistema solare ospitano vulcani attivi: la Terra e Encelado, una delle lune di Saturno.

Le aurore prendono il nome da Aurora, la dea romana dell'alba

Luci polari

I poli di Giove e Saturno sono talvolta illuminati da anelli di luce scintillanti detti aurore, alimentati da particelle che si staccano dalle loro lune. Nelle foto scattate dal telescopio spaziale Hubble, le aurore appaiono blu a causa della fotocamera a ultravioletti, ma in realtà sono rosse e viola. Il colore è determinato dalle molecole di idrogeno eccitate.

▲ *Le aurore di Saturno brillano fino a 1.000 km al di sopra delle sue nubi.*

Oggetti vicini alla Terra

Innumerevoli comete e asteroidi sfrecciano nel Sistema solare. Di tanto in tanto, le loro orbite subiscono l'attrazione gravitazionale di altri pianeti e satelliti, facendoli avvicinare alla Terra. Questo avvicinamento potrebbe costituire un pericolo, perciò migliaia di orbite vengono attentamente monitorate. Piccoli asteroidi rocciosi colpiscono la Terra ogni anno, ma impatti rilevanti avvengono solo a intervalli di migliaia di anni.

◀ *Il 13 febbraio 2013, un asteroide è entrato nella nostra atmosfera ed è esploso sopra la città di Chelyabinsk, in Russia.*

TEMPERATURE ESTREME

All'interno del Sistema solare, le temperature variano dai 15 milioni di °C al centro del Sole fino a pochi gradi sopra lo zero assoluto (–273 °C) nella Nube di Oort, situata nelle frange più esterne del Sistema.

"Nel 1965 una cometa radente chiamata Ikeya-Seki è passata a soli 450.000 km dalla superficie del Sole ed è sopravvissuta!"

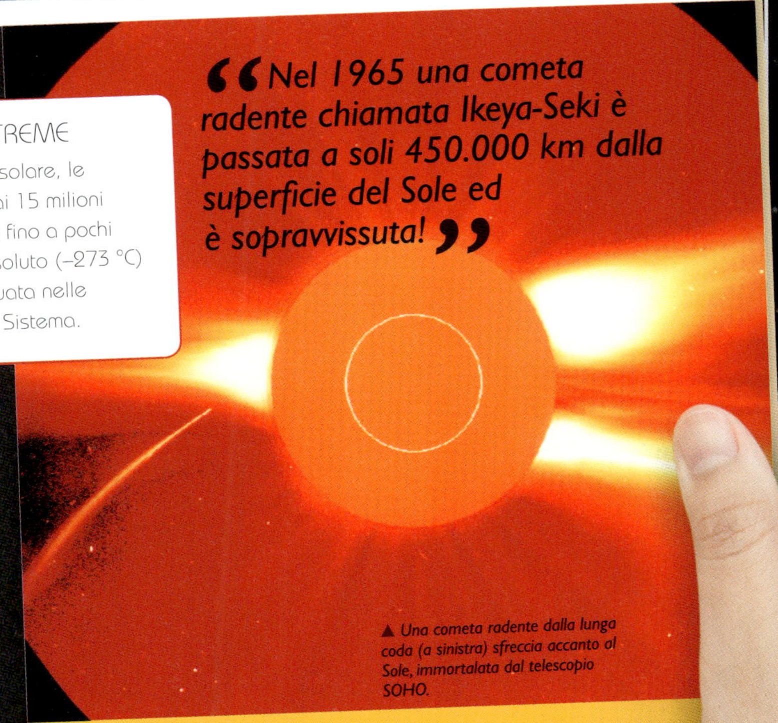

▲ *Una cometa radente dalla lunga coda (a sinistra) sfreccia accanto al Sole, immortalata dal telescopio SOHO.*

Tempesta di ghiaccio

Nel dicembre del 2011 c'è stata un'enorme tempesta di comete. In dieci giorni, 25 comete radenti sono state viste passare vicino al Sole. Si è trattato della più grande tempesta di comete mai vista, registrata dalla sonda spaziale del Solar and Heliospheric Observatory (SOHO). Il telescopio SOHO ha il compito di monitorare il Sole, e dal suo lancio nel 1995 ha scoperto oltre 2.400 comete.

INDICE ANALITICO

◀ Quando si scatena un'esplosione, tramite il calore o la frizione, si produce immediatamente un calore intenso e un grande volume di gas in espansione.

INDICE ANALITICO

Il **grassetto** indica le pagine in cui l'argomento è trattato per esteso.
Il *corsivo* si riferisce alle illustrazioni.

Abell 2744, ammasso di galassie 117, *117*
acceleratori lineari 109
acciaio 101
acetilene, bruciatore 101
acidi 10, **88–9**
acido carbonico 89
acido cloridrico 86, 88, 89
acido nitrico 11, 89, 104
acido solforico 89, 136
acidi nucleici 51
acido desossiribonucleico (DNA) 20, *20*, 23, *23*, 49, 51, *51*
acido lattico 66
acqua 44, 50, 135, 137, 139, 143
acqua piovana 89
punto di congelamento 14, 15
taglio a getto d'acqua 97
acqua regia 89
acromegalia 64
actina 67
adolescenza 65
adrenalina 77
adulta, età 65
aerobico 66
aerogel 12, *12*
AFM (microscopio a forza atomica) 23
Agenzia Spaziale Europea 127
alghe 25, *25*
allumino 84, 91, 92
alogeni **86–7**
ameba 25, *25*
amianto (asbesto) 91
ammassi stellari 122
Ammasso della Vergine 19
superammassi 19
amminoacidi 49
ammonia 141, 143
anaerobico 66
Andromeda, galassia 118, *118*, 119, 121
anidride carbonica 45, 51, 80, 89, 136, 137, 141
anidride solforosa 89
anni luce 19, 117, 118, 119, 122
Antartide 15, *15*
Antenne, galassie 119, *119*
antibiotici 74
anticorpi 45, 50, 75
antisettici 86
api 103
Apollo, programma spaziale 139
apparati corporei **44–5**
apparato circolatorio 44, 45, *45*, 53
apparato digerente 44, *44*, 45
apparato genitale 44, *44*, 45, *45*, **62–3**
apparato respiratorio 45, *45*
apparato tegumentario 44, *44*
apparato urinario 44, *44*, 45
apparato del Golgi 49, *49*
aria **82–3**
armi anticarro 107
arsenico 90
arterie 53, 56, *56*
arteriogramma 53, *53*
arti 74, *74*
artificiali 74, *74*
bionici 74, *74*
articolazioni 65, 68, *68*, 69, 74, *74*
artificiali 74, *74*
Arturo 19, *19*
asbesto (amianto) 91
asfalto 98
assoni 58, 59
asteroidi 144, 146, 147, 149
atmosfera 82
atomi 23, 38, 40, 80, 81, 83, 94, 95, 112
ATP 49, 54
aurora 133, *133*, 148
aurora australe 133
aurora boreale 133
Australia 129
automobili **30–1**
azoto 82, 92, 93, 96, 105, 144

Bacone, Ruggero 104
balle di fieno 101
bambini **62–3**, 64, *64*
Barton, Hazel 29
bastoncelli 61
batteri 23, *23*, 48, **70–1**, 74
batterie 91
BEC (condensato di Bose-Einstein) 14, *14*, 81
benzina 99
berillio 90
Betelgeuse 123
biacca 91
Big Bang 17, *17*, 41, 97, **116–17**, 123
biologia marina 29, *29*
bitume 99
Bok, globuli 113
bombe 9, 39, *39*
bomba atomica 105
bomba H 39
bomba termonucleare 39, *39*
bomba Zar 39
Boomerang, nebulosa 14, *14*
bosone di Higgs 36, 37
bow shock 121, *121*
Braun, Wernher von 33, *33*
bromo 87
bruciatore a torcia 101
buchi bianchi 35
buchi neri **34–5**, 97, 125, 126
buchi neri supermassicci 34
buckminsterfullerene (buckyball) 95
butano 99

cacciatori di tempeste 29, *29*
cadmio 91
calcare 89
calcio 51, *51*, 68, *68*
campi magnetici 93
capelli 22, *22*, **46–7**, 50, 65, 70
capillari 53
carboidrati 51, 55
carbone 16, 89, 94, 95, 102, 105
carbonio **92–3**, **94–5**
datazione al carbonio 39
cartilagine 69
Cassini, Giovanni Domenico 135
cave 9, *9*
cellule 22, *22*, 44, 45, 46, 47, *47*, **48–9**, 50, *50*, 52, *52*, 53, *53*, 54, 56, 58, 59, 68, 75
cellule adipose 50, *50*

cellule del pancreas 49
cellule staminali 75
globuli rossi 22, *22*
ovuli 48, *48*, 62, *62*
Cerenkov, radiazione 110, 128
Cerere 147, *147*
cerussite 91
cervelletto 57, *57*
cervello 44, 48, **56–7**, 59, 61, 64, 67
corteccia cerebrale 56, 57
corteccia motoria 57, *57*
corteccia prefrontale 56, *56*
corteccia sensoriale 57, *57*
corteccia visiva 57, *57*, 61
emisferi 56, *56*, 57
cesio 84
Chandra X-ray Observatory 126, *126*, 127
cheratina 47
Chernobyl Nuclear Plant accident 39, *39*, 111
cinabro 91
citoplasma 49, *49*
citoscheletro 48, 49
clatrato di metano 81
cloro 86, 87
cloruro di idrogeno 88
coagulazione 52, 53
coca cola, reazione chimica 10, *10*
collagene 69
Combined Array for Research in Millimeter-wave Astronomy (CARMA) 129, *129*
combustibili 89, **98–9**
combustibili fossili 89, **98–9**
combustione 85, 86, 87, **100–1**
combustione spontanea 101
comete 127, 149
comete radenti 149, *149*
Compton Gamma Ray Observatory 127
condensato di Bose-Einstein (BEC) 14, *14*, 81
conduzione 95
congelamento **14–15**
coni (occhi) 61
contatore Geiger 110
contrazione muscolare 67
cornea 60, *60*, 61
corona 132
coronavirus 23, *23*
corpuscoli di Pacini 59
corpuscoli di Ruffini 59
corrente alternata (CA) 32
costellazioni 123, *123*
crash test 37, *37*
crescita umana **64–5**, 77
cristallino dell'occhio 60, 61, *61*
cromosfera 132
cromosomi 49, 62
crosta terrestre 84, 90
croste 52, *52*
CRP (plastica rinforzata con fibre di carbonio) 12, *12*
criochirurgia 95
criogenia **94–5**
cuore 53, *53*, 66, 77
Curie, Marie 85, *85*
Curiosity, rover 141
cyborg 33, *33*

demodecio dei follicoli 70, *70*
demolizione 8, *8*
dendriti 59
derma (pelle) 47, *47*
detersivi 88
detonatori 9
diamanti 94
diatomee 25, *25*
diesel 99
dinamite 9, 105
Dippel, Johann Konrad 32, *32*
dirigibili 82, *82*
disinfettanti 86, 87
Disnomia 147
distillazione frazionata 98
DNA (acido desossiribonucleico) 20, *20*, 23, *23*, 49, 51, *51*
Doppler, Christian 116
dopplergramma 132
Doswell, Chuck 29

eclissi 138, *138*
eclissi lunare 138
eclissi solare 138, *138*
elementi piroforici 101
elementi reattivi 86
elettricità 32, 83, **108–9**
corrente elettrica 108
linee elettriche 109
scossa elettrica 108
elettroni 110
elettrostatica 108
elio 15, 93, 112, 117, 122, 127, 132, 142, 143
embrioni 62, 63, *63*, 75, *75*
emisferi (cervello) 56, *56*, 57
Emma Maersk ship 30, *30*
emoglobina 50, 51, 53
Encelado 148
endorfine 93
energia **38–9**, 44, 50, **54–5**, 66, 76, 77, **110–11**, 116, 119, 122, 126
energia cinetica 106
energia nucleare **38–9**, 111
energia termica **16–17**, **54–5**
enzimi 50
erionite 91
Eris 135, 146, 147, *147*
Escherichia coli (E coli) 71, *71*
esercizio fisico 55, 67, 77
esopianeti **130–1**
esplosioni **8–9, 150–1**
esplosivi 82, 98, **102–5**
estrogeni 77
Eta Carinae 17, *17*
Europa 144

F22 Raptor, jet 13, *13*
Faraday, Michael 108
gabbie di Faraday 108, *108*
fascia degli asteroidi 146
fecondazione **62–3**
fegato 51, 54, 55, 76
Fermi, telescopio spaziale per raggi gamma 126, *126*
ferro 51, 84, 132
ossido di ferro 137
fertilizzanti 82
feto 63, *63*
fiamma a diffusione 101
fiammiferi 100, 101
fibrina 52, *52*, 53
fissazione 82

fluoro 86, 87
fluoroplastiche 86
fluoruri 87
fontanelle 64
forze **30–1**
 forze di contatto 31
fosforo 90, 101
Fossa delle Marianne 97
fotosfera 132
fotosintesi 141
francio 84
fucili 107
Fukushima 111
fulmicotone 104
fulmini 80, 108
fuochi d'artificio 11, *11*, 103
fuoco **100–1**
 incendi 100
 spegnere il fuoco 82, *82*, 97, 98, 100
fusione nucleare 112

galassie 19, *19*, 21, 34, *34*, 35, 41, 116, 117, *117*, **118–21**, 125, 128
 galassie a spirale 118, 120
 galassie ellittiche 118
Galileo Galilei 135
Ganimede 144
gas inerti 82
gas nobili 83
Geiger, contatore 110
gemelli 62
genoma umano, Progetto 20
germi 45
ghiaccio 81, 84
 ghiaccio bollente 81
 ghiaccio secco 80
ghiandole 44, 47, 64
 ghiandola pituitaria 64, 76, 77
 ghiandola tiroidea 77
 ghiandole uterine 51, *51*
gigantismo 64
Giove 18, *18*, 127, 135, 142, *142*, 144, 148
giubbotto antiproiettile 106
glicogeno 51, 55
globuli di Bok 113
globuli rossi 22, *22*
glucosio 55, 66, 76
gluoni 40
Golgi, apparato 49, *49*
grafene 95
grafite 94, 95
Grande Collisore di Adroni (LHC) **36–7**
Grande macchia rossa 135, 142, *142*
Grande muraglia di Sloan 19
Grandi Osservatori, programma 127
grasso 47, *47*, 50, 55
 grasso sottocutaneo 47, *47*
gravidanza **62–3**, 65
gravità 97, 101, 112, 113, 125, 134, 149
 assenza di gravità 101
Gruppo locale di galassie 121, *121*

Haumea 147, *147*
Hawaii 128
Helicobacter pylori 24, *24*
Herschel, William 135
 Herschel, telescopio spaziale 127, *127*
Higgs, bosone 36, 37
High Energy Stereoscopic System (HESS) 128, *128*
Hindenburg, dirigibile 82, *82*
Hipparcos, satellite 122, *122*
Hubble, Edwin 116
 Hubble, telescopio spaziale 118, 127, *127*, 148
Huygens, Christiaan 135

iceberg 15, *15*
idrocarburi 98
idrogeno 10, 40, 82, 84, 85, 88, 97, 112, 117, 122, 124, 133, 142, 143, 148
 idrogeno metallico 97
ignifughi, materiali 87
Ikeya-Seki 149
illuminazione stradale 80
imaging a risonanza magnetica (MRI) 26, *26*
immersioni subacquee 96
implosioni 8
impronte digitali 27
incendi 100
Indice di Esplosività Vulcanica (VEI) 9
inerzia 36, 37
inflazione 40
infortuni sportivi 93
infrarossi 126, 127, 128
inquinamento 83
insulina 76
intossicazioni alimentari 71
Io 148
iodio 86, *86*
ipotalamo 55, 57, *57*
ippocampo 57, *57*
iride 60, *60*
isolanti 86, 95, 108
isole di Langerhans 76, *76*
isotopi 39
ISS (Stazione spaziale internazionale) 20, *20*

James Webb, telescopio spaziale 127, *127*
jet 13, *13*
 combustibile per jet 99

Kappa Cassiopeiae 121, *121*
Keck, osservatorio 128, *128*
Kepler, veicolo spaziale 131, *131*
Kepler-20b 130, 131
Kepler-20e 131
Kepler-20f 131
Kepler-62e 130
kevlar 13, *13*, 106
Krafft, Maurice e Katia 28
Kuiper, fascia di 135, 146
KW Sagittarii 19, *19*
Kwolek, Stephanie 13

lampadine alogene 87, *87*
laser 81
 luce laser 26, 27
LCROSS, missione 13
legamenti 69
leghe 13
legno 95
leucociti 52
LHC (Grande Collisore di Adroni) **36–7**

LiDAR (Light Detection and Rangefinding) 27
Lilienthal, Otto 32, *32*
Linde, Carl von 105
linee elettriche 109
lipidi 50
lisosomi 49, *49*
luce **26–7**
onde luminose 117
Luna (della Terra) **138–9**
eclissi lunare 138
superluna 139, *139*
lune 135, **138–9**, **144–5**, 147, 148

M87, galassia 35
macchie solari 133, *133*
magnesio 84, 85
Makemake 147, *147*
Manhattan, progetto 105
Marte 134, 135, 137, **140–1**
massa 36, 37
materia **80–1**, 92
materia grigia 57
materiali **12–13**
materiali ignifughi 87
materiali isolanti 86, 95, 108
Mauna Kea 128, 129
Maynard-Casely, Helen 28
memoria 56, 57
menopausa 65
Mercurio 91, 135, 136
mestruazioni 65, 77
metalli 17, **84–5**
metano 81, 99, 141, 143, 144
meteoriti 97, 141
microscopi **6–7**, **22–3**, **24–5**, **42–3**
microscopi a effetto tunnel (STM) 22, 23
microscopi a forza atomica (AFM) 23
microscopi elettronici 23
microscopi elettronici a scansione (SEM) **6–7**, **42–3**
microscopi elettronici a trasmissione (TEM) 23
microscopi ottici 23
midollo spinale 58
mielina 58
Millennium Run 21, *21*
mine terrestri 9
minerali tossici **90–1**
miniere 89, 105
miosina 67
Miranda 144
mitocondri 49, *49*, 54
molecole 23
moscerino della frutta **6–7**, 24, *24*
MRI (imaging a risonanza magnetica) 26, *26*, 93
Multiverso 117
muscoli 44, *44*, 50, 51, 53, 54, 55, 63, 65, **66–7**, 77
contrazione 67
fibre 67
muscolo cardiaco 53, 66, *66*

Namibia 128
nafta 99
nanoingegneria 95
NASA 139
nascita umana 63
navi 30
combustibile per navi 99
nebulose 14, *14*, 112, **114–15**, 119, *119*, 124, *124*
Nebulosa Aquila 119, *119*
Nebulosa Granchio, supernova **8–9**
Nebulosa di Orione **114–15**
neon 80, 83
neonati 64, *64*
Nettuno 15, *15*, 134, 135, 143, 144
nervi 44, 57, **58–9**
fibre nervose 58, *58*
nervo ottico 61
neurotrasmettitori 59
newton 30
NGC 4438, galassia 34, *34*
NGC 6397, ammasso 41
nitrati 82
nitrato di potassio 102
nitroglicerina 9, 104, 105
Nobel, Alfred 9, 105
noradrenalina 77
nubi molecolari giganti (GMCs) 112
nucleo 49, *49*, 59
occhi **60–1**, 77
Occhi della Vergine, galassie 34, *34*
oggetti vicini alla Terra 149
olio lubrificante 99
ologrammi 26, *26*
Olympus Mons 135
onde d'urto 98, 102, 112, 113
onde luminose 117
onde radio 21, 93, 126, 128, 129
Oppenheimer, Robert 105
organelli 49
organi
organi sessuali 44
sostituzione 75, *75*
organismi microscopici 24–5
orizzonte degli eventi 35
ormoni 44, 50, 64, **76–7**
ormoni sessuali 77
oro 89
Orsa maggiore **123**
ossa 50, 51, 64, 65, **68–9**
fratture 68, *68*
midollo osseo 68
ossigeno 45, 50, 51, 53, 54, 56, 66, 82, 83, 91, 92, 100, 101, 105, 137, 141
osteoblasti 68
osteoclasti 68
osteociti 68
ottica adattiva (AO) 27
ovaie 77
ovuli 48, *48*, 62, *62*
ozono 83

paesaggi carsici, 89
pancreas 76
paraffina 98, 99
parassiti **70–1**
pelle 44, 45, **46–7**, 50, 55, 59, 65, 77
artificiale 47, *47*
derma 47, *47*
epidermide 47, *47*
pelle d'oca 55
penetratori 107
pentano 99
pepe 22, *22*
Perseo-Pesci, superammasso 19

petrolio **98–9**
petrolio greggio **98–9**
petrolio liquido 98
pianeti **18–19**, 113, 123, **130–1**, **134–5**, **136–7**, **140–1**, **142–3**, **146–7**
esopianeti **130–1**
pianeti gassosi **142–3**
pianeti gioviani **142–3**
pianeti Goldilocks 130
pianeti nani **146–7**
pianeti rocciosi **136–7**, **140–1**
pianeti terrestri **136–7**
vita su altri pianeti 130, 141
piastrine 52
Pictor A, galassia 35
pidocchi 24, 25, 70, *70*
pioggia acida 89
piombo 91
Planck, era di 40
Planck, pressione di 97
plasma 52, 80, *80*, 83, 100
plastiche 88
plastica rinforzata con fibre di carbonio (CRP) 12, *12*
Pleiadi 122, *122*
Plutone 135, 146, 147
plutonio 111
polline 25, *25*
polmoni 45, 53
polvere da sparo 11, 95, 102, 103, 104
potassio 51, 59, 85, 101
potenza 30
pressione **96–7**
pressione atmosferica 96, 97
pressione dell'acqua **96–7**
progesterone 77
proiettili **78–9**, **106–7**
proteine 49, 50, *50*, 64
protopianeti 138
protozoi 25, *25*
protuberanze 133, *133*
Proxima Centauri 122
pubertà 65, 77
punto di ebollizione 16
punto di fusione 17
Pulham, Colin 28
pulsar 126
pupilla 60, 60

quantità di moto 36, 37
quark 40
quartetto di Stephan 116, *116*
quasar 125
radiazioni **38–9**, 85, **110–11**, 112, 117, 128, 129, 132, 135, 139
radiazione cosmica di fondo 116
raggi alfa 38, 39, 110
raggi beta 38, 39, 110
raggi gamma 38, 39, 111, 126, 128
raggi infrarossi 126, 127, 128
raggi ultraviolettti 27, *27*, 83, 126, 128
raggi X 126, 128
radio 85
radiotelescopi 20, 21, 129
radiocarbonio, datazione 39, *39*
rame 11, *11*
rapporto sessuale 62
razzi 11, *11*, 102, 103
combustibile per razzi 92
razzi a combustibile solido (SRB) 11
reazioni esotermiche 84
recettori sensoriali 44, 47, 59
refrigerazione 86, 105
reni 44
reticolo endoplasmatico rugoso 48, 49
retina 61
ribosomi 48, 49
riflessi 59
Rigel 123
ruggine 10, *10*

sale 22, *22*
San Francisco, terremoto 31, *31*
sangue 45, 47, *47*, 51, **52–3**, 56, 68, 77
coaguli **42–3**, 52, *52*
satelliti 122, *122*, 126, *126*, 135
satelliti galileiani 135
satelliti pastore 144
Saturno 135, 143, 144, 148
Saturn V, razzo 30
scansione corporea 26, *26*
scheletro 69, *69*
appendicolare 69, *69*
assile 69, *69*
Schönbein, Christian 104
scienziati **28–9**, **32–3**, **104–5**
scintille 100, 108, 109
Seabreacher, sommergibile 13, *13*
selenio 91
sfere geodetiche 95
Shoemaker-Levy 9, cometa 127
silicone 91
simulazioni al computer 21, *21*
sinapsi 59
singolarità 116
sistema limbico 57, *57*
sistemi corporei
sistema endocrino 44, *44*, 45, 76
sistema immunitario 45, *45*, 52, **72–3**, **74–5**
sistema linfatico 45, *45*
sistema nervoso 44, 57, **58–9**
sistema nervoso centrale **58–9**
sistema nervoso periferico 58
sistema scheletrico 44, *44*, 45, **68–9**
Sistema solare 41, **134–5**, **148–9**
smog 83
smog fotochimico 83
Sobrero, Ascanio 104
sodio 84, *84*, 87, *87*
Solar and Heliospheric Observatory (SOHO) 149
Sole 17, *17*, 18, *18*, 38, 41, 120, 122, 124, **132–3**, 134, 136, 137, 138
brillamenti solari 132
eclissi solare 138, *138*
energia solare 38, 95
macchie solari 133, *133*
vento solare 133
sostanze chimiche
corporee **50–1**, 64, **76–7**
corrosive **88–9**
reazioni **10–11**
spettro elettromagnetico 126, 127
Soyuz, veicolo spaziale 20, *20*
Space Shuttle 126
sperma 48, *48*, 62, 65, 77
Spitzer, telescopio spaziale a

infrarossi 127, *127*
spostamento verso il rosso 116
Sprengel, Hermann 105
Square Kilometre Array (SKA) 129, *129*
SRB (razzi a combustibile solido) 11
SSC Ultimate Aero TT, auto 30
staffa (osso) 68, *68*
Stazione spaziale internazionale (ISS) 20, *20*
stelle 17, *17*, 19, *19*, 31, *31*, 41, 118, 119, 120, 121, 126, 128, 131
ammassi stellari 122
giganti rosse 124, *124*
morte **124–5**
nane bianche 124, *124*
nascita **112–13**, **122–3**
sistema binario 122
stelle blu 123
stelle di neutroni 125
terremoti stellari 31, *31*
steroidi 77
STM (microscopi a effetto tunnel) 22, 23
stomaco 44
sommergibili 13, *13*
sottomarini a energia nucleare 38, *38*
Sudafrica 129
sudore 55
supernove **8–9**, 34, 123, 125, *125*
super Terre 130

tallio 90
tavola periodica 82, 84
telescopi **20–1**, 118, **126–7**, **128–9**, 148
telescopi spaziali 116, 117, 118, **126–9**
televisione 80
temperatura corporea 16, **54–5**
tempeste magnetiche 132
TEM (microscopi elettronici a trasmissione) 23
tendini 50, 67
tenia 71, *71*
termogramma 16, *16*, 54, *54*
Terra 18, *18*, 41, 120, 134, 135, 137, 138, 148
terraformazione 141
terremoti 30, 31
terremoti stellari 31, *31*
Tesla, Nikola 32, *32*, 109
bobina di Tesla 109
testosterone 77, *77*
Theia 138
tireoglobulina 76, *76*
tiroide 77
titanio 13
Titano 135, 144
TNT (Trinitrotoluene) 9, 82
Tollund, uomo di 39, *39*
Tombaugh, Clyde 135, 146
tornado 29, *29*
trabecole 69, *69*
Trinitrotoluene (TNT) 9
Tritone 15, *15*, 144
tunnel spazio-temporale 35

ultravioletti 27, *27*, 83, 126, 128
unghie **46–7**, 50
unità astronomiche 134
Universo **18–19**, **114–49**
nascita **40–1**
Urano 134, 135, 143, 144
utero 51, 62, 63, *63*

V2, razzo 33, *33*
vaccini 74, 75
vacuoli 49, *49*
vaiolo 75, *75*
van Allen, fascia di 135
Van de Graaff, generatori di 108, 109
vasi sanguigni 45, 53, *53*
vecchiaia 65
VEI (Indice di Esplosività Vulcanica) 9
veicoli spaziali 116, 117, 131, *131*, 135, 139, 140, 141, 144, 146, 147
vene 53
Venere **16–17**, 134, 135, 136, 137
vermi nematodi 25
vermiglio, rosso 91
vertebre 65
Very Large Array (VLA) **20–1**
vescica 44, 75, *75*
vetro 81, *81*, 88, 90, 106
vetro antiproiettile 106
Via Lattea, galassia 19, *19*, 21, 34, 41, 119, **120–1**, 125
Vergine, ammasso della 19
virus 23, *23*
vista 57, **60–1**, 77
vita su altri pianeti 130, 141
voli in aliante 32, 33
volo, tentativi 32, 33
voltaggi 108, 109
vulcani 9, *9*, 28, 136, 144, 148
pozze vulcaniche 16
vulcanologi 28, 29

Warwick, Kevin 33, *33*
Wernicke, area di 57, *57*
Wurman, Josh 29
wurtzite, nitruro di boro 13, *13*

zero assoluto 14, 92
zolfo 102, 148

REFERENZE FOTOGRAFICHE

L'editore ringrazia per l'uso delle fotografie:
a=alto, b=basso, c=centro, s=sinistra, d=destra, p=principale, sf=sfondo

LEGENDA
A/AL=Alamy, B=Bridgeman, CO=Corbis, D=Dreamstime, F=Fotolia, FLPA=Frank Lane Picture Agency, GI=Getty Images, GW=Glow Images, IS=istockphoto.com, MP=Minden Pictures, N=Newscom, NG=National Geographic Creative, NPL=Nature Picture Library, P=Photoshot, PL=Photolibrary, R=Reuters, RF=Rex Features, S=Shutterstock, SJC=Stuart Jackson-Carter, SPL=Science Photo Library, SS=Superstock, TF=Topfoto

FRONTE DI COPERTINA Eric Boucher/S, COSTA amy27feb/S, RETRO DI COPERTINA Andrea Danti/S, Mark Scott/S, Sebastian Kaulitzki/S, Tony Hallas/NASA, PAGINE PRELIMINARI 1 F, 2-3 RTimages/S, 4 Dmitri Melnik/S, 5 SNEHIT/S, iurii/S

SCOPERTE INCREDIBILI 6–7 A 8–9 David Scharf/SPL 8(as) Pedro Nogueira/S, (ad) NASA-JPL, (bs) Lane V. Erickson/S, (b, s–d) Top Photo Group/RF 9(as) Pedro Nogueira/S, (bs) James Balog/Aurora Photos/Corbis, (d, a–b) oku/S, David Arts/S, Dmitri Melnik/S, Sergey Kamshylin/S, Andrey Burmakin/S, (cornice) Phase4Photography/S 10–11(p) NASA/GI, (b) Joseph C Dovala/P 10(s) Edward Kinsman/SPL, (c) Abel Tumik/S, (s, riquadro) Matthias Pahl/S, (b, catena) Henry Nowick/S, (d) Phase4Photography/S 11(s) E.R.Degginger/SPL, (d, a–b) Melli/S, Vakhrushev Pavel/S, Arsgera/S, ArtmannWitte/S 12–13(sf) lolloj/S 12(p) GI, (a) Eye of Science/SPL, (bs) Nicemonkey/S, (bd) Lawrence Berkeley National Laboratory/SPL 13(as) NASA/SPL, (ad) RF, (bp) Innespace Productions/SEABREACHER, (bs) Dmitri Mihhailov/S, (bd) Gwoeii/S 14–5(sf) dinadesign/S, (cornice) ivn3da/S, (c) adziohiciek/S, (cubetti di ghiaccio) Alex Staroseltsev/S 14(ad) NASA/Science Faction/Corbis, (bs) Vitaly Raduntsev/S, (bd) SPL 15(as) Patrick Landmann/SPL, (ad) Ria Novosti/SPL, (ad, cornice) Hintau Aliaksei, (bs) Diego Barucco/S, (bd) Yva Momatiuk & John Eastcott/GI 16–7(sf) Zinatova Olga/S, (c) Gordan/S, (b) Sergey Mironov/S, (a) NASA-JPL 16(s) Edward Kinsman/SPL, (d) Jean-Luc & Françoise Ziegler/P 17(a) NASA-GSFC, (bs) NASA-JPL, (bd) NASA/WMAP Science Team/SPL 18–9(sf, legno) Ford Photography/S, (sf, libro) Valentin Agapov/S, (scarabocchi) Bukhavets Mikhail/S, (scotch carta) Studio DMM Photography, Designs & Art/S, (cornici) Phase4Photography/S 18(a) NASA-MSFC, (b) NASA-JPL 19(ad) Viktar Malyshchyts/S, (d) happydancing/S 20–1(p) Tony Craddock/SPL 20(b) J.C. Revy, ISM/SPL 21 Volker Springel/Max Planck Institute for Astrophysics/SPL 22–3(sf) Kheng Guan Toh/S, (atomi) Johan Swanepoel/S, (molecole) Serdar Duran/S 22(s) Steve Gschmeissner/SPL, (ad) David McCarthy/SPL, (bd) Susumu Nishinaga/SPL 23(a) Dr Gary Gaugler/SPL, (cs) Dr Linda Stannard, UCT/SPL, (cd) Omikron/SPL, (b) Jan Kaliciak/S 24(a) Eye of science/SPL, (c) Ower and Syred/SPL, (b) SPL 25(as) Jan Hinsch/SPL, (ad) Susumu Nishinaga/SPL, (bs) Steve Gschmeissner/SPL, (bd) Astrid & Hanns-Frieder Michler/SPL 26(sf) argus/S, (p) Thierry Berrod, Mona Lisa Production/SPL, (b) Bristish Museum/Munoz-Yague/SPL 27(p) Stephen & Donna O'Meara/SPL, (as) Jochen Tack/P, (ad) Augusto Cabral/S, (bs) Smit/S 28–9(p) Anakaopress/Look at sciences/SPL 28(b) optimarc/S 29(a) Stephen Alvarez/GI, (c) Carsten Peter/GI, (b) Jeff Rotman/NPL 30–9(a) shelbysupercars.com, (b) David J. Cross/P 30 GI 31 NASA/SPL 32(sf, rosa) Panos Karapanagiotis/S, (sf, scritte) Inga Nielsen/S, (as) National Library of Medicine/SPL, (ad) Dmitrijs Bindemanis/S, (cs) Library of Congress/digital version by Science Faction, (bs) Bettmann/Corbis, (bd) Dominik Michálek/S 33(as) Jacqueline Abromeit, (ad) RF, (cs) Bettmann/Corbis, (bs) Graeme Dawes/S, (bc) NASA-MSFC, (bd) Reuters/Corbis 34–5(p) Russell Kightley/SPL 34 NASA/ESA/STSCI/J.Kenney & E. Yale, Yale University/SPL 35 Chandra X-ray Observatory/NASA/SPL 36–7(sf) David Parker/SPL, (dal bs in senso orario) Christophe Vander Eecken/Reporters/SPL, Adam Hart-Davis/SPL, Tim Wright/Corbis, optimarc/S, Sylverarts/S, Emilio Naranjo/epa/Corbis 38–9(bordo) gorica/S 38(as) INSAGO/S, (cs) R-studio/S, (bs) GI 39(as) Christophe Boisvieux/Corbis, (bs) Time & Life Pictures/GI, (d) Omikron/SPL 40–1 Jose Antonio Peñas/SPL (c) T Carrafa/Newspix/RF, (d) Anan Kaewkhammul/S

IL CORPO UMANO 42–3 Segalen/Phanie/RF; 44–5 aliisik/S, Sarunyu_foto/S, aopsan/S; 44(ad) Willdidthis/S, (ad) R-studio/S; 45 Cordelia Molloy/SPL, (b) Viacheslav A. Zotov/S, (bs) vvoe/S, (bd) Andrea Danti/S, (ad) Twelve/S, (as) SeDmi/S; 46 Steve Gschmeissner/SPL, (bd) SPL/GI; 47 Dr. Kessel & Dr. Kardon/Tissues & Organs/GI, (bs) Alexey Khromushin/F, (bd) J.C. Revy, ISM/SPL, (a) Aaron Amat/S; 48–9 Science Picture Co/GI, Palsur/S; 48(bs) GRei/S, (bs) Linali/S; 50–1 R-studio/S, (ac) TebNad/S; 50(bs) Michal Kowalski/S, (bs) R. Bick, B. Poindexter, Ut Medical School/SPL, (bd) Litvinenko Anastasia/S, (bd) Olivier Le Queinec/S, (bd) B Calkins/S, (cs) kedrov/S, (cd) Nixx Photography/S, (cd) Anusorn P nachol/S, (cd) Prof. P. Motta/Dept. of Anatomy/University "La Sapienza", Rome/SPL, (as) Oleksii Natykach/S, (as) ZoneFatal/S, (as) wmedien/S, (as) ojka/S, (ad) Yevgen Kotyukh/S; 51(bs) happykanppy/S, (bd) Anthony DiChello/S, (cs) Scimat/SPL, (cd) nikkytok/S, (as) Yaraz/S, (as) Steve Gschmeissner/SPL, (ad) Volker Steger/SPL; 52–3 Sergey Panteleev/IS; 52(bs) St Bartholomew's Hospital/SPL, (bd) Paul Gunning/SPL, (cd) Fedor Kondratenko/S; 53(bd) SPL, (a) Dr. Richard Kessel & Dr. Randy Kardon/Tissues & Organs/Visuals Unlimited/CO; 54 Leigh Prather/S, (bd) Diego Cervo/S, (cd) Mikhail/S, (cd) Bill Longcore/SPL, (s) Scientifica/GI, (ad) Ozerina Anna/S; 55 Gunnar Pippel/S, (d) Colleen Petch/Newspix/RF, (bc) Alex Staroseltsev/S, (bs) AFP/GI, (bs) Alex Varlakov/IS, (bd) Martin Dohrn/SPL, (cd) Alex073/S, (as) Eric Gevaert/S; 56–7 Neliyana Kostadinova/S, Ramon Andrade 3Dciencia/SPL; 56(bd) 3d4medical.com/SPL, (s) Sebastian Kaulitzki/S, (s) Zephyr/SPL; 57(ad) Sovereign, ISM/SPL; 58–9 Medical Images, Universal Images Group/SPL; 58(bs) Sergey Furtaev/S, (cd) Steve Gschmeissner/SPL; 59(bs) Gunnar Pippel/S, (bd) Kannanimages/S, (as) Similar Images Preview/GI; 60–1 pio3/S, Eky Studio/S, Mark Beckwith/S; 60(bs) Pascal

Goetgheluck/SPL, (ad) Suren Manvelyan/RF; 61(bd) Anatomical Travelogue/SPL, (cs) Ralph C. Eagle, Jr/SPL, (cd) Omikron/SPL, (ad) guido nardacci/S; 62-3(c) Dragana Gerasimoski/S, (ac) Carolina Biological Supply Co/Visuals Unlimited, Inc/SPL; 62(bc) Dr Yorgos Nikas/SPL, (as) Medi-Mation/GI; 63(bs) Zephyr/SPL, (bd) Eugen Shevchenko/S, (ad) Simon Fraser/SPL; 64(bc) Monika Wisniewska/S, (d) Monkey Business Images/S; 65(d) Troels Graugaard/IS, (d) Yuri Arcurs/S, (bc) Kais Tolmats/IS, (ac) 4x6/IS; 66-7 Franck Boston/S, (c) Friedrich Saurer/SPL; 66(bs) Thomas Deerinck, NCMIR/SPL, (cs) Frederick R. Matzen/S, (ad) Aptyp_koK/S; 67(bc) Olga Lipatova/S, (bd) Professors P.M. Motta, P.M. Andrews, K.R. Porter & J. Vial/SPL, (ad) Don Fawcett/SPL; 68-9(c) Gustoimages/GI; 68(bc) SPL/GI, (bs) ImageryMajestic/S, (cs) Steve Gschmeissner/SPL; 69(bd) Netfalls-Remy Musser/S, (cs) Gustoimages/GI, (ac) Susumu Nishinaga/SPL; 70-1 blackred/IS, Skocko/S, Angela Harburn/S; 70(bs) Thierry Berrod, Mona Lisa Production/SPL, (bd) Power and Syred/SPL, (a) D. Kucharski & K. Kucharska/S, (a) Ultrashock/S, (as) Retrofile/GI; 71(bs) Francis Leroy, Biocosmos/SPL, (bd) Coneyl Jay/SPL, (ad) Dr. Richard Kessel & Dr. Gene Shih, Visuals Unlimited/SPL; 72-3 Ford Photography/S, Nata-Lia/S; 72(cs) Andrew Taylor/S, (a) Falkiewicz Henryk/S, (as) Igor Kovalchuk/S, (ad) Picsfive/S, (ad) Johanna Goodyear/S; 73(bs) discpicture/S, (as) Marilyn Volan/S; 74-5 saicle/S; 74(s) Murdoch Ferguson/RF; 75(bs) Mark Carrel/S, (bs) Library Of Congress/SPL, (bd) Dr Yorgos Nikas/SPL, (ad) Zephyr/GI, (ad) Gordan/S, (ad) SAM OGDEN/SPL; 76-7 robertlamphoto/S; 76(bs) kanate/S, (c) Sukharevskyy Dmytro (nevodka)/S, (cs) Dee Breger/SPL, (a) David Mack/SPL; 77(bd) Lusoimages/S, (bd) Michael W. Davidson/SPL, (cs) Paul A. Souders/CO, (ad) Nils Jorgensen/RF

MATERIALI SORPRENDENTI 78-9 Al Francekevich/CO, 80-1 alexwhite/S, 80-1(sf) Bobbie Sandlin/S, 80-1(sf) Elkostas/S, 80(bd) Rex Features, 80(cs) N, 81(bs) MATT MEADOWS/SPL, 81(bd) KAZUHIRO NOGI/AFP/GI, 81(a) NATIONAL INSTITUTE OF STANDARDS AND TECHNOLOGY (NIST)/SPL, 83 mashurov/S, 82-3 val lawless/S, 82-3 kanate/S, 82-3 nikkytok/S, 82-3(sf) Romeo/D, 82-3(c) Courtesy Everett Collection/RF, 82(bd) Top Photo Group/RF, 82(cs) US NAVY/SPL, 83(b) ZUMA/RF, 83(d) kristian sekulic/S, 83(a) Andrey Bayda/S, 83(ad) Loskutnikov/S, 83(ad) 123RF, 84-5 val lawless/S, 84-5 kanate/S, 84-5(sf) S_L/S, 84(bs) Andraž Cerar/S, 84(bs) Gavran/S, 84(bd) Theodore Gray/Visuals Unlimited/CO, 84(bd) Triff/S, 84(cs) Philip Evans/Visuals Unlimited/CO, 84(cd) photastic/S, 84(cd) Surrphoto/S, 85(bs) HEALTH PROTECTION AGENCY/SPL, 85(bd) Myotis/S, 85(bd) gabor00/S, 85(bd) RIA NOVOSTI/SPL, 85(cs) CHARLES D. WINTERS/SPL, 85(as) Picsfive/S, 85(ad) CHARLES D. WINTERS/SPL, 86-7 kanate/S, 86-7(sf) Peter Dazeley/GI, 86(bs) graja/S, 86(bd) Jaimie Duplass/S, 86(c) ANDREW LAMBERT PHOTOGRAPHY/SPL, 86(cs) Konstanttin/S, 86(ad) Picsfive/S, 87(b) dcb/S, 87(b) ivelly/S, 87(b) Odua Images/S, 87(cd) phototh/S, 87(cd) Picsfive/S, 87(cd) CHARLES D. WINTERS/SPL, 87(s) CHARLES D. WINTERS/SPL, 87(ad) Liveshot/S, 87(ad) inxti/S, 87(ad) Andrey_Popov/S, 88-9 Anneka/S, 88-9 Kerstin Schoene/S, 88-9 (sf) bluecrayola/S, 88(b) rangizzz/S, 88(bs) JOCHEN LUEBKE/epa/CO, 88(ad) hxdbzxy/S, 88(ad) Thinkstock, 89(bc) gabor00/S, 89(bd) MICHAEL DONNE/SPL, 89(c) Christian Kober/GI, 89(a) Custom Medical Stock Photo/N, 89(a) silky/S, 89(ad) kanate/S, 90-1 val lawless/S, 90-1 kanate/S, 90-1(b) SPL, 90-1(sf) S, 90-1(a) Mark Schneider/Visuals Unlimited/CO, 90(b) Visuals Unlimited/CO, 90(bs) gabor00/S, 90(ac) Theodore Gray/Visuals Unlimited/CO, 90(as) Theodore Gray/Visuals Unlimited/CO, 91(bs) D, 91(bd) Theodore Gray,/Visuals Unlimited/CO, 91(cd) SCIENTIFICA, VISUALS UNLIMITED/SPL, 91(ac) CHARLES D. WINTERS/SPL, 91(ad) bonchan/S, 92-3 Liam Brazier, 94-5(sf) Joel Shawn/S, 94-5(sf) FuzzBones/S, 94(bs) Wolna/S, 94(bs) PASQUALE SORRENTINO/SPL, 94(bd) archetype/S, 94(c) Dmitry Naumov/S, 94(c) Michal Kowalski/S, 94(ad) DAVID PARKER FOR ESA/CNES/ARIANESPACE/SPL, 95(b) DR P. MARAZZI/SPL, 95(cd) Denis Semenchenko/S, 95(cd) DU CANE MEDICAL IMAGING LTD/SPL, 95(ac) Natalia Semenchenko/S, 95(as) AFP/GI, 95(as) Africa Studio/S, 96-7(sf) S, 96(bd) DR KEN MACDONALD/SPL, 96(c) Anette Linnea Rasmus/F, 96(c) atip/S, 96(c) photo5963/S, 96(s) rook76/S, 96(s) Stanislav V/S, 96(ad) mikeledray/S, 96(ad) Tovkach Oleg/S, 96(ad) Garsya/S, 97(b) andzhey/S, 97(bc) PHOTO RESEARCHERS, INC/SPL, 97(bs) kanate/S, 97(cs) DETLEV VAN RAVENSWAAY/SPL, 97(as) N, 97(as) Guy J. Sagi/S, 99(bc) Malcolm Leman/S, 98-9 Dusit/S, 98-9(b) Reinhold Leitner/S, 98-9(sf) ivosar/S, 98-9(sf) Matee Nuserm/S, 98(bc) oksana/S, 98(bs) andersphoto/S, 98(bl) Jmiks/S, 98(bs) PETER MENZEL/SPL, 98(bd) Anteromite/S, 99(bs) Jim Barber/S, 99(bs) Pan Xunbin/S, 99(bd) Anthonycz/S, 99(bd) denirofoto/S, 99(cs) Voyagerix/S, 99(s) M.E. Mulder/S, 99(d) sabri deniz kizil/S, 99(as) ppart/S, 99(as) Ingrid Prats/S, 99(ad) PaintDoor/S, 99(d) stoyanh/S, 100-1 GAUTIER Stephane/SAGAPHOTO.COM/A, 100-1(b) NASA, 100(cs) Mikhail Bakunovich/S, 100(ac) Andrzej Wilusz/S, 100(as) Luc Sesselle/S, 100(ad) Eduardo Rivero/S, 101(bd) ROBERT BROOK/SPL, 101(cs) 2happy/S, 101(ad) Paul A. Souders/CO, 102-3(sf) unitypix/S, 102(bs) Danny Smythe/S, 102(c) Iaroslav Neliubov/S, 102(cs) Harry studio/S, 102(cs) Igor Iakovlev/S, 102(cd) xpixel/S, 102(ad) Claudio Divizia/S, 103(bd) John Wollwerth/S, 103(ac) Wade H. Massie/S, 103(ac) BsWei/S, 103(ac) Andrzej Tokarski/S, 103(ad) Louise Murray/RF, 103(ad) Designs Stock/S, 104-5(sf) Maglara/S, 104(bc) Andy Dean Photography/S, 104(bs) Bettmann/CO, 104(bs) Mats/S, 104(bd) SSPL/GI, 104(c) Incomible/S, 104(c) Garsya/S, 104(c) ROYAL INSTITUTION OF GREAT BRITAIN/SPL, 104(cs) Dragan85/S, 104(ad) RetroClipArt/S, 104(bs) bigredlynx/S, 105(bd) Everett Collection/RF, 105(c) Andrey Eremin/S, 105(c) EMILIO SEGRE VISUAL ARCHIVES/AMERICAN INSTITUTE OF PHYSICS/SPL, 105(cs) Snaprender/S, 105(cs) photosync/S, 105(cs) Kazyavka/S, 105(cs) SPL, 105(a) bigredlynx/S, 105(ac) SSPL/GI, 105(ac) Giuseppe_R/S, 105(as) Serazetdinov/D, 106-107(c) Anest/S, 106(b) Stephen Dalton/Minden Pictures/CO, 106(a) Gl0ck/S, 106(ad) Tatiana Popova/S, 107(bd) VOLKER STEGER/SPL, 107(c) US ARMY/SPL, 107(ad)

Imperial War Museum, 108–9(b) AFP/GI, 108–9(sf) Martin Capek/S, 108(bs) PETER MENZEL/SPL, 108(as) Masekesam/S, 108(ad) kbgen/S, 108(d) CROWN COPYRIGHT/HEALTH & SAFETY LABORATORY/SPL, 109(bd) Jakelv7500/D, 109(cd) Peter Terren/RF, 109(as) James L. Amos/CO, 109(as) caesart/S, 109(ad) Gunnar Pippel/S, 110–11(b) B.Lallo/IBL/RF, 110–11(a) Kyodo/N, 110(bs) HEALTH PROTECTION AGENCY/ SPL, 110(cs) Yuliyan Velchev/S, 111(bd) Asahi Shimbun/GI, 111(d) Icholakov/D, 111(as) Ed Kashi/CO, 111(as) Oksa/S, 111(ad) RIA NOVOSTI/SPL, 112–13 Steve Bonini/GI, 112–13(b) max blain/S, 112(b) jannoon/S, 112(b) gudinny/S, 112(c) TAKE 101 LTD/SPL, 112(ad) NASA/ESA/STSCI/J.HESTER & P.SCOWEN, ASU/SPL, 113(b) discpicture/S, 113(cs) Eric Boucher/S, 113(cs) NASA/JPL-CALTECH/SPL, 113(cd) MARK GARLICK/SPL, 113(as) TONY & DAPHNE HALLAS/SPL, 113(ad) NASA/JPL-CALTECH/STSCI/SPL

UNIVERSO SCONFINATO 114–15 Tony Hallas/NASA, 116–17 Ford Photography/S, 116–17(c) Igor Kovalchuk/S, 116–17(b) ESA and the Planck Collaboration, 116–17(b) nuttakit/S, 116(bs) Erik Svoboda/S, 116(bs) HARALD RITSCH/SPL, 116(bd) Nata-Lia/S, 116(as) Falkiewicz Henryk/S, 116(as) Bukhavets Mikhail/S, 116(as) rangizzz/S, 116(ad) DR JEAN LORRE/SPL, 117(bc) Lasse Kristensen/S, 117(bd) NASA, ESA, and J. Lotz, M. Mountain, A. Koekemoer, and the HFF Team(STScI), 117(bd) Evgenia Sh/S, 117(cd) Kbiros/S, 117(as) Fotolia, 117(as) Silhouette Lover/S, 117(as) MEHAU KULYK/SPL, 117(ad) optimarc/S, 117(ad) Tatiana Popova/S, 118–119 Peshkova/S, 118(bs) Robert Gendler/NASA, 118(bd) NASA, ESA, STScI (N. Pirzkal and the HUDF Team), 118(ad) Jean-Charles Cuillandre (CFHT) & Giovanni Anselmi (Coelum Astronomia), Hawaiian Starlight/NASA, 118(ad) Descubre Foundation, Calar Alto Observatory, OAUV, DSA, V. Peris (OAUV), J. L. Lamadrid (CEFCA), J. Harvey (SSRO), S. Mazlin (SSRO), I. Rodriguez (PTeam), O. L. (PTeam), J. Conejero (PixInsight)/NASA, 118(ad) NASA, ESA, The Hubble Heritage Team, (STScI/AURA) , 119(b) ESA/Hubble & NASA, 119(bc) Kamenetskiy Konstantin/S, 119(bd) bikeriderlondon/S, 119(d) far-infrared: ESA/Herschel/PACS/SPIRE/Hill, Motte, HOBYS Key Programme Consortium; X-ray: ESA/XMM-Newton/EPIC/XMM-Newton-SOC/Boulanger, 119(ad) Paris Owl/S, 120–1 Stephen Banks/Caters News Agency, 120(b) Fotolia, 120(bs) LeonP/S, 120(bs) Horiyan/S, 120(bd) Serge Brunier/NASA, 120(cs) NASA JPL, 121(d) Yarik/S, 121(b) NASA/JPL-Caltech, 121(b) Feng Yu/S, 121(a) MARK GARLICK/SPL, 122(c) EUROPEAN SPACE AGENCY/SPL, 122(d) Steve Collender/S, 122-3(a) Lisa A/S, 122–3(b) Olga Kovalenko/S, 122(bs) ANCH/S, 122(bs) Evikka/S, 122(bd) PAUL WOOTTON/SPL, 122(cs) Boris Sosnovyy/S, 122(s) HeinSchlebusch/S, 122(ac) Triff/S, 122(as) kikka69/S, 122(as) ROYAL OBSERVATORY, EDINBURGH/AAO/SPL, 123(d) rangizzz/S, 123(b) Hank Frentz/S, 123(bs) MARK GARLICK/SPL, 123(bd) Picsfive/S, 123(s) CHRISTIAN DARKIN/SPL, 123(ad) Redsapphire/S, 124–125(b) Rob van Esch/S, 124(bs) CHRIS BUTLER/SPL, 124(bd) STScI/NASA/CO, 124(as) MARK GARLICK/SPL, 125(d) UIG via GI, 125(bc) NASA/JPL-Caltech/CO, 125(bs) NASA, ESA, Zolt Levay (STScl), 126–7(c) NASA, 126(cs) CARLOS CLARIVAN/SPL, 126(cd) DETLEV VAN RAVENSWAAY/SPL, 127(cs) NASA/Bryan Allen/CO, 127(cd) NASA/SPL, 127(a) DAVID DUCROS, ESA/SPL, 128–9(c) SIMON FRASER/SPL, 128(cs) PATRICK DUMAS/LOOK AT SCIENCES/SPL, 129(c) Ed Darack/SuperStock/CO, 129(d) REBECCA LE MAY/epa/CO, 129(as) NRAO/AUI/NSF/SPL, 130–1(sf) zentilia/S, 130(s) NASA/Ames/JPL-Caltech , 130(s) zentilia/S, 130(ad) NASA/SPL, 131(bs) NASA/SPL, 131(bd) Artem Furman/S, 131(bd) Nicemonkey/S, 131(bd) DETLEV VAN RAVENSWAAY/SPL, 131(ad) LYNETTE COOK/SPL, 132–3 NASA/SDO/Goddard Space Flight Center, 132–3(sf) nuttakit/S, 132–3(sf) mexrix/S, 133(bd) Atiketta Sangasaeng/S, 133(cd) NASA/SDO/AIA/HMI/Goddard Space Flight Center, 133(ad) NASA/GSFC/Solar Dynamics Observatory's AIA Instrument, 134–5 Pavel L Photo and Video/S, 134–5 Bobboz/S, 134–5(c) Triff/S, 134–5(b) Vlue/S, 134(as) bepsy/S, 134(as) Christophe BOISSON/S, 136(d) World History Archive/N, 136–7 UIG via GI, 136(bc) kurt G/S, 136(bs) NASA / JHU Applied Physics Lab / Carnegie Inst. Washington, 136(bd) mdd/S, 137(bd) NASA ESA G Bacon(STScl), 137(bd) Kaspri/S, 137(s) NASA/NOAA/GSFC/Suomi NPP/VIIRS/Norman Kuring, 137(ad) DETLEV VAN RAVENSWAAY/SPL, 139 Frank Armstrong/UT-Austin, 138(c) Boris Franz/S, 138–9(sf) Claudio Divizia/S, 138(bc) Lunar and Planetary Institute, 138(cs) JUAN CARLOS CASADO (starryearth.com)/SPL, 138(as) Thomas Pajot/S, 138(ad) Thomas Bethge/S, 138(ad) JOE TUCCIARONE/SPL, 139(bd) NASA, 139(cs) Boston Globe/Contributor/GI, 139(cs) Thomas Pajot/S, 139(as) Thomas Bethge/S, 139(as) HRIS BUTLER/SPL, 140–1 DETLEV VAN RAVENSWAAY/SPL, 140–1(sf) Michal Modzelewski/S, 140(b) NASA/JPL-Caltech/Malin Space Sci/Kinetikon Pictures/CO, 140(ad) Seamartini Graphics/S, 141(b) DETLEV VAN RAVENSWAAY/SPL, 141(bd) iurii/S, 141(cd) NASA/SPL, 141(as) GIL BABIN/LOOK AT SCIENCES/SPL, 142 NASA/JPL, 142–3 SCIEPRO/SPL, 142–3(sf) nikkytok/S, 143(b) CALIFORNIA ASSOCIATION FOR RESEARCH IN ASTRONOMY/SPL, 143(ad) NASA/JPL, 144–5(sf) kzww/S, 144(a) Megin/S, 144(ad) Nattika/S, 145(bs) US GEOLOGICAL SURVEY/SPL, 145(bd) NASA/JPL/Ted Stryk, 145(cs) NASA/SPL, 145(cd) NASA/SPL, 145(as) NASA/JPL/UNIVERSITY OF ARIZONA/SPL, 145(ad) NASA/SPL, 146–7(sf) Procy/S, 146(cs) Paper Street Design/S, 146(cs) DETLEV VAN RAVENSWAAY/SPL, 147(bs) Princeton University, 147(bd) CHRIS BUTLER/SPL, 147(as) AFP PHOTO/ SINC/ JOSE ANTONIO PENAS, 147(ad) CALIFORNIA ASSOCIATION FOR RESEARCH IN ASTRONOMY/SPL, 148–9(sf) Procy/S, 148(b) NASA/ESA/STSCI/J. CLARKE, BOSTON U./SPL, 148(bs) jannoon028/S, 148(a) NASA/SPL, 149(d) EUROPEAN SPACE AGENCY/SPL, 149(as) RF

150 Vasily Smirnov/S

Tutte le altre fotografie sono tratte da: Corel, digitalSTOCK, digitalvision, Dreamstime.com, Fotolia.com, iStockphoto.com, John Foxx, PhotoAlto, PhotoDisc, PhotoEssentials, PhotoPro, Stockbyte

È stato compiuto ogni sforzo per contattare i detentori dei diritti d'autore di ogni immagine. L'editore si scusa per errori od omissioni non intenzionali.